Agustín Pániker

El sueño de Shitala

Viaje al mundo de las religiones

editorial Kairós

Numancia, 117-121
08029 Barcelona
www.editorialkairos.com

© del texto:
2011 by Agustín Pániker

© de la presente edición:
2011 by Editorial Kairós, S.A.
www.editorialkairos.com

© de las fotografías:
Agustín Pániker

Primera edición: Noviembre 2011
Segunda edición: Abril 2012

ISBN: 978-84-9988-029-7
Depósito legal: B-35.692/2011

Revisión tipográfica: Amelia Padilla Roig
Fotocomposición: Beluga & Mleka. Córcega, 267. 08008 Barcelona
Impresión y encuadernación: Índice. Fluvià, 81-87. 08019 Barcelona

A Flo, bien sûr

SUMARIO

III. RELIGIONES DEL MUNDO

IV. ANTROPOLOGÍA DE LA RELIGIÓN

V. LA PRÁCTICA RELIGIOSA

IX. MESTIZAJES

X. RELIGIÓN IN-CORPORADA

XI. RELIGIÓN Y POLÍTICA

XII. LA RELIGIOSIDAD, HOY

EPÍLOGO

INTRODUCCIÓN

Itinerario de viaje

Les invito a adentrarnos en el extraordinario mundo de las religiones y la espiritualidad. Un viaje al corazón de lo sagrado, tal y como se manifiesta en las tradiciones más conocidas del planeta, y en las menos reconocidas también.

A diferencia de un clásico libro de ensayo, *El sueño de Shitala* tiene un tono muchas veces personal, también periodístico, y una decidida vocación de divulgar la antropología; tratando siempre de entretener y aportar conocimientos nuevos. He prescindido, en la medida de lo posible, de sesudas elucubraciones filosóficas, aun a pesar de que se tocan temas de calado. Asimismo me he saltado la mayoría de protocolos académicos. El texto emana principalmente de mis experiencias de viaje y del estudio de las culturas. Por ello abarca un radio de acción mucho más amplio que el de anteriores textos míos, casi siempre centrados en el mundo índico. Viajaremos aquí por México y por China, por el Sudeste Asiático y por los países de Europa, por Sudamérica o la India, por África y por Japón, por las riberas del Mediterráneo u Oceanía. Recorreremos un verdadero *pluri*-verso de tradiciones, prácticas, cosmovisiones, sociedades, identidades, símbolos, funciones o fenómenos religiosos. Les anticipo algo del itinerario. Este peregrinaje comienza con una serie de pensamientos y relatos de corte intimista sobre la espiritualidad y la forma en que algunos hoy la vivimos. Será nuestro punto de partida para reflexionar luego sobre el concepto "religión". El hinduismo y la religión china nos ayudarán en la tarea. El objetivo es que estas consideraciones sirvan para revisar nuestras premisas y prejuicios. Y es que el universo de las religiones (ya en plural) es enrevesado y cromático. Por ello abordaremos tradiciones que normalmente no aparecen en los tratados generales: religiones africanas o afro-americanas, religiones "civiles" –de EE.UU. o China–, el pentecostalismo, el bön, entre otras. Si definir lo que la religión *es* resulta problemático, aparentemente más accesible parecería describir lo que la religión *tiene* o *hace*. Pero resulta que de lo que hacen o tienen los fenómenos religiosos también nos hemos formado un tropel de aprioris que trataremos de poner a prueba: ¿qué es una frontera religiosa?, ¿y la ortodoxia?, ¿qué significa convertirse?, ¿cuál es el papel de los textos sagrados?, ¿existen religiones ateístas? En nuestro periplo indagaremos en infinidad de prácticas y rituales: ¿qué hay detrás del culto a una imagen del Buddha?, ¿y de un vuelo chamánico?, ¿y de la peregrinación a Santiago de Compostela?, ¿o de un festival gitano en el Sur de Francia? Tocaremos valores como la contemplación, los *koans* del Zen, el monasticismo o la mística hindú de la no-dualidad. Y reflexionaremos sobre la inmanencia, esto es, la percatación de lo Divino en montañas, paisajes, árboles, personas o cavernas, ya sea en Nepal, en Australia, en el Mediterráneo o en California. Dicen que el ser humano es un animal eminentemente *symbolicus*. Las pinturas rupestres, las danzas extáticas en el Kalahari, las construcciones megalíticas, el Muro de Jerusalén, las ruinas de Angkor o el *stupa* de Borobudur lo atestiguan. Visitaremos todos estos espacios. Y un montón más. Si la religión constituye uno de los aspectos más longevos, conservadores y universales de la humanidad, al mismo tiempo las tradiciones están en diálogo, hibridación y transformación permanentes. Lo comprobaremos con la santería, la umbanda o el rastafarismo, con diferentes visiones "mestizas" de Cristo, o con los cultos populares del Sudeste Asiático. Para pasar a examinar cómo la religión se *in*-corpora constantemente. Lo sagrado tiene que ver con nuestro cuerpo, las vestimentas, los alimentos, nuestra salud: ¿qué significa un turbante para un sikh?, ¿por qué el Estado francés prohíbe el velo en las escuelas?, ¿cuáles son los significados del ayuno?, ¿de qué trata el sueño de Shitala? También tocaremos temas de máxima actualidad, como el de la relación entre la religión y el Estado o el ascenso de los fundamentalismos. Finalmente, abordaremos algunas de las transformaciones más importantes de la religiosidad contemporánea: la aparición de nuevos movimientos religiosos, el pluralismo religioso o la moderna renovación espiritual, en gran medida liderada por mujeres.

Que el itinerario no lleve a engaño. Esto no es una guía para hacer sacro-turismo. Tampoco es un manual de coaching o autoayuda espiritual, ni ninguna crítica o apología de la religión. No hay recetas sobre crecimiento interior, ni se pretende sentar cátedra en las materias y culturas que se abordan. Más allá de mi convicción de que en lo más profundo del ser humano existe un anhelo de trascendencia, ni siquiera se insinúa ninguna unidad fundamental de las religiones o una gran teoría de lo religioso. Que cada cual saque sus conclusiones.

El sueño de Shitala consiste más en una invitación al conocimiento del "otro", un diálogo con las tradiciones espirituales; una indagación que quiere ser amena en las infinitas facetas y manifestaciones del fenómeno religioso, evitando los extremos de la banalidad y la verborrea. Desde luego, ni se afrontan todas las religiones ni todos los ámbitos de lo religioso, pero he pretendido que el abanico de este libro sea amplio y elocuente. Aunque hay empatía por las tradiciones espirituales, y creo que ello permite acercarlas a los lectores y favorece el conocimiento interreligioso, he tratado de dejar que los rituales y fenómenos religiosos hablen por sí mismos. Ciertamente, la descripción viene salpicada de observaciones personales y refleja tanto mis inquietudes, mis preconceptos, como mi prisma; no puede ser neutral. El autor nunca acaba de desaparecer. En lo que sí me he esforzado, no obstante, es en enjuiciar lo mínimo posible y dejar que cada cual extraiga sus corolarios. Por eso he evitado las comparaciones.

Aunque algún apartado procede de obras anteriores y de alguna conferencia, buena parte del material que aquí se expone fue publicado en forma de artículos breves en mis secciones de la revista *Altaïr*, en la que he colaborado desde sus inicios. Sin embargo, todo el conjunto ha sido concienzudamente revisado, enriquecido y reelaborado. He refinado los materiales más ligeros y he añadido muchos textos inéditos que ayudan a hilvanar y dar consistencia a los temas centrales. El resultado es, por tanto, completamente novedoso y original. *El sueño de Shitala* no es una recopilación de artículos, sino un viaje con coherencia propia al asombroso mundo de lo sagrado.

Con este formato híbrido entre el ensayo, el relato de viaje, el artículo periodístico o el estudio antropológico, puede que la principal finalidad de esta obra resulte más plausible; a saber: que el conocimiento de otras sociedades y religiones nos enriquezca y abra nuevos interrogantes.

Agradecimientos

En este texto nos zambulliremos en múltiples sociedades y religiones. Abordaremos ámbitos y tradiciones que no son mi especialidad. En aras de mantener el rigor he recurrido a la opinión de reconocidos expertos y *connaisseurs*, muchos de los cuales son asimismo buenos amigos. Ellos y ellas han tenido la gentileza de aportar comentarios, hacer agudas matizaciones y aconsejarme reescribir algún párrafo desafortunado. Quiero expresar mi agradecimiento a todos ellos. Alfabéticamente: Josep Lluís Alay, Carmen Arnau Muro, Fernando Bermejo, Florence Carreté, Vicente Haya, Vicente Merlo, Yaratullah Monturiol, Pawel Odyniec, Víctor Pallejà de Bustinza, Xabier Pikaza, Laureano Ramírez, Josep Maria Romero, Mario Saban, Giulio Santa, Mario Satz, Mathilde Sommeregger y Anne-Hélène Suárez Girard.

Como suele decirse en estas circunstancias –pero no por trillado menos sincero–, todos los errores, interpretaciones dudosas e incoherencias que puedan aparecer son enteramente de mi responsabilidad. Aunque no aporto una bibliografía final, hay intertextualidad y apropiación de ideas, como en cualquier ensayo. Por tanto, es justo también reconocer mi deuda con los sabios y especialistas de los que he bebido y me han inspirado.

Mención especial de agradecimiento debo hacer a Albert Padrol y Pep Bernadas, directores de la revista *Altaïr* y grandes amigos, así como a Pepe Verdú, su redactor jefe, por su gentileza a la hora de permitirme reutilizar materiales que en su día fueron publicados en la revista.

I. TOPOFILIA

1. El sonido del Gran Erg

Todo el mundo conoce lugares que le han cautivado o impactado profundamente. No es necesario –y puede que hasta inconveniente– que tales paisajes sean idílicos o monumentales. Nuestros *lugares* pueden estar cerca, formar parte de lo cotidiano... o de nuestro lejano pasado familiar. Sospecho que estos espacios están relacionados con determinados estados de ánimo, con ciertas compañías, con unos contextos, en definitiva, propicios para el goce topográfico.

Creo que alguien acuñó el término "topofilia" para referirse a la sensación mágica que se tiene al rememorar *esos* lugares visitados. Yo dispongo de mi pequeño tesoro de espacios topofílicos. Y quiero compartir, ya desde estas primeras páginas, uno que, si me apuran, probablemente sea el primero que acude a mi mente cuando me atosigan con aquella farragosa pregunta: "¿cuál es el lugar del mundo que más le ha impresionado?"

Un pequeño rincón del Gran Erg Occidental, en Argelia. Y subrayo lo de *pequeño rincón*. Pues no fue el inmenso desierto de arena lo que me cautivó, sino un diminuto espacio que recorrí a camello, durante una memorable semana, el invierno de 1990. Tres amigos, un beduino, cuatro camellos y una tienda de campaña tradicional. Salida en Timimoun. Hay que decir que en diciembre el desierto no es ese paraje tórrido y asfixiante que puede devenir en otras épocas del año. La temperatura diurna suele ser suave; y por la noche hay que cubrirse bien con mantas.

Reconozco que en estas recreaciones topofílicas resuenan ecos de nuestro bagaje cultural. Ecos de las gestas de Lawrence de Arabia, de los hermanos Hernández y Fernández alucinando espejismos a diestra y siniestra; y aún diría yo más: de retales bíblicos –posiblemente ilustrados– perdidos en algún rincón de mi memoria. Toda experiencia, admitámoslo, está enraizada en nuestra biografía, en nuestras expectativas y en contextos específicos.

En esos lugares que inexplicablemente nos han maravillado aparece casi siempre (aunque no tengo pretensión de alzar ninguna teoría al respecto) un elemento de "sorpresa". Avanzando por las crestas de las dunas; o mejor, navegando por el oleaje de dunas, al paso –ligeramente más rápido que el humano– del camello, cuando el infinito cielo africano se sonroja, de repente, ¡el sonido del agua!

No fue tanto la visión como la audición del desierto. Con una sorprendente nitidez (la ausencia de ruidos artificiales en el desierto es de sobras conocida), se oye el agua corretear por las acequias. Y el ladrido de un perro. Lentamente, la duna va adquiriendo una tonalidad crepuscular, espejo de la bóveda celeste. Las huellas de algún roedor se distinguen con nitidez. ¿Quizás al amanecer pasó un jerbo por ahí? La sutileza del desierto me asombra. Tras la gran duna, ocre y granate, un valle verde, denso de palmeras y cultivos. Sí, es un oasis, de pocas hectáreas, compacto, surcado por las canalizaciones acuíferas que oía hacía escasos minutos. Algunas casas de adobe esparcidas entre la verdura. Voces de niños. El sempiterno sonido de las aguas. Los vecinos nos avistan y salen a recibirnos. ¡Ah!, la hospitalidad.

Cenamos *couscous*, y pan horneado en brasas enterradas bajo la arena, y dátiles, cientos de exquisitos *deglet nour*. Aquí nadie habla francés; pero a la vera del fuego, qué importa eso. De repente, una voz grave clama al cielo: "¡Allah es grande…!" No me había percatado de la pequeña mezquita. Sin micrófonos, como antaño; es la hora del rezo: el canto a la armonía de todas las cosas, a la magia o *baraka* que reside en lugares, objetos y personas, a eso que es lo sutil aquí abajo, entre las arenas, las huellas de camellos, fénecs y escarabajos; el mundo entero en una pupila oscura; y el agua que no cesa de manar.

2. Mediterráneo

El oasis en el Gran Erg es solo *uno* entre los muchos lugares topofílicos que ya forman parte de mi ser. Me remite a cierto goce estético y plenitud de ser, pero aquella experiencia no puso en cuestión mis esquemas conceptuales. O no demasiado.

Algo distinto me sucedió en Turquía, después de quince años sin visitarla. Recorrí varios miles de kilómetros de la geografía turca en cuatro semanas inolvidables. Me reencontré con las famosas mezquitas, plácidos mares, ruinas monumentales y rincones perdidos… disfrutando, como en mi infancia, del genuino sabor del tomate y la zanahoria; dejando pasar –confieso– las horas con cargados *çays* (tés) entre las manos.

Regresé de Turquía con una sensación bastante reconfortante: más que español o catalán, indio o barcelonés, me sentí profundamente *mediterráneo*. Insisto en que se trata de una sensación subjetiva y no de una identidad; o, como máximo, una identidad muy difusa y contextual; una que sospecho puede percibirse tanto en Toulouse como en el Rif, en Creta o en el Mar Muerto.

La zona mediterránea de Turquía, tantas veces banalizada en los folletos turísticos, retiene *tempos*, fragancias, sonidos o miradas que ya parecen extrañas en Barcelona, Estanbul o Tel Aviv. Me refiero tanto al olor de la pineda, el índigo del mar o el sabor de la berenjena, como a la hospitalidad con el forastero, la mirada de la lagartija o un canto lejano al atardecer. Más allá de las lenguas, de las religiones, de los climas o de las fronteras, son sensaciones y emociones comunes las que conectan las riberas de este continente. Los antiguos lo llamaron, con bastante presunción por cierto, el Medio-de-la-Tierra (*Medi-Terráneo*). Pero es que los antiguos siempre fueron –excusablemente– etnocéntricos. Lo mismo en China o Arabia que en estas latitudes entre el Bósforo y Gibraltar.

No reniego de mi pasaporte mediterráneo, pues. Uno que, por definición, no excluye dobles, triples y hasta séxtuplas nacionalidades. Porque este continente ha sido y es un magma de idiosincrasias, dialectos, éticas o microclimas. Y en ello me reconozco. Ahí, en la península de Datça, avistando la isla de Rhodas, la de los cruzados, rodeado de ruinas licias, griegas y romanas, no muy lejos de santuarios de la Diosa-Madre de inconfesable antigüedad, de mezquitas otomanas, iglesias bizantinas y sinagogas de los que huyeron de Sefarad… allí, digo, uno siente que lo sagrado está en la olivita picante que acabo de engullir. (La "gracia divina", lo veremos, suele entrar por la boca.)

Sé que estas cosas de la mente panteísta no agradan a algunos clérigos, tan celosos de sus dioses, recintos sacros y rituales establecidos. Y menos aún a los teólogos. Mis más respetuosas postraciones. Que no decaiga el rito; ni el mito. Pero creo que cada vez somos más los que –por estos lares– disfrutamos de una espiritualidad secular escasamente congregacional [véase §4]. Turco-mediterráneos incluidos. Una religiosidad heterodoxa; plagada de oliveras más que de dioses, y de goces estéticos más que extáticos o ascéticos. Y en esto de una vía sin dogma, Iglesia o nombre, los viejos mediterráneos, de todas las orillas, nos movemos con soltura. Muy a pesar de nuestra historia.

Ya ven, en Turquía, junto al mar, además del canto del muecín, de la siesta al mediodía, de los giróvagos de luenga barba o del eco de un salvador laico, sobresalen las ramas de los olivos y el croar de ciertas ranas. Que ahí anda escondido lo sagrado.

3. El retiro del ermitaño

Todas las culturas han imaginado paraísos o rincones topofílicos. Lo ilustraré ahora con una imagen ciertamente honda en el poso cultural hindú. Me refiero al espacio que la tradición sánscrita llamó *ashrama*: el "retiro", "ermita" o "refugio" donde moran los sabios. Ninguna paisajística moderna ha logrado desplazar la poética y las resonancias que el *ashram* es capaz de evocar. (Como en hindi, vamos a eliminar la *-a* muda final del sánscrito.)

Puede acusárseme de escoger una imagen esencialmente literaria y estática. Pero no se podrá negar que los textos han proporcionado valores, utopías y modelos que han calado en profundidad en determinadas comunidades y sensibilidades. La del *ashram* es solo *una* de las posibles visiones ecosóficas indias. Un imaginario que ha entretejido con finura ideas cosmográficas, espirituales, éticas y sociales, que puede ser interesante escuchar.

Las antiguas literaturas de la India gustaron de dividir el mundo habitable en dos espacios en cierta manera opuestos: el poblado (*grama*) y el bosque (*aranya*). Si el poblado simboliza lo social y ritualmente ordenado –es decir, el *dharma*–, el bosque representa lo caótico y hasta lo terrorífico –o sea, el *adharma*–; un lugar de amenaza permanente para la sociedad. El "bosque" designa, en verdad, el "otro" respecto al "poblado". Es un espacio allende lo social, sí... pero de ilimitadas posibilidades. El bosque –que, por cierto, bien puede ser un desierto, una selva o una cima montañosa– es, en esencia, una imagen de lo Absoluto. O mejor, del lugar desde el que se anhela lo Absoluto.

Aunque el arquetipo del asceta solitario o renunciante del mundo que mora en el espacio ignoto del bosque ha sido muy considerado, lo cierto es que la India entendió que el espacio *perfecto* sería aquel que fuera simultáneamente del poblado y del bosque. Este paisaje ideal constituye, sin duda, la más recurrente utopía india. Y ese es precisamente el refugio o *ashram* de "el que se ha ido al bosque" (*vanaprasthin*), el eremita que se aleja de la vida socialmente ordenada y se adentra en la jungla en pos de lo Absoluto. A diferencia del renunciante, el ermitaño no corta completamente sus lazos con lo social. Parte al refugio con esposa e hijos (el modelo clásico es, por supuesto, androcéntrico), quizá en compañía de otros eremitas, tal vez cautivado por la sabiduría de un maestro o un vidente.

El refugio es un espacio autónomo, al que se accede únicamente por la iniciación espiritual, pero que refleja permanentemente los ecos de la sociedad. Por ello el ermitaño no rompe con los ritos prescritos. El retiro es la solitud gobernada por el *dharma*.

La mayoría de las veces el *ashram* es representado como un pequeño claro en el bosque, en las afueras de alguna aldea. Los humos de los fuegos sacrificiales denotan la entrega sincera y auténtica de quienes anhelan lo Eterno. Los eremitas meditan, practican el yoga, cultivan los saberes, no cesan jamás en sus austeridades. El ambiente de paz y ascesis hace germinar las plantas, amansa las fieras... hasta el punto que siquiera los tigres acechan. Aquí las gacelas tienen confianza plena, van y vienen sin temor, canta el poeta Bhasa (siglo III). Los ermitaños desisten de violar la tierra con arados. Viven de los frutos caídos, las limosnas de los lugareños o el agua del rocío.

La literatura jainista también abunda en esta imagen de la noviolencia y la quietud. Lo mismo que la budista. En bastantes aspectos, el monasterio budista es homologable al *ashram* del eremita hindú. No extrañará que también las tradiciones de cuentos y fábulas populares se hayan explayado con este paisaje utópico.

Aunque los *ashrams* de los modernos gurus intenten transplantar este paisaje y modo de vida arquetípicos, esta fusión entre el poblado y el bosque es tan hermosa –y hoy tan irrealizable– a los ojos de los autores indios, que la han descartado del reino de lo posible en nuestra presente Edad Corrupta (*kali-yuga*).

4. Espiritualidad secular

Estas elucubraciones acerca de cierto inmanentismo (la percatación de lo sagrado en el mundo de lo cotidiano), panteísmo (lo sagrado lo interpenetra todo), utopía ecosófica (como la del *ashram*) o goce topofílico (mis experiencias subjetivas en el desierto o junto al Mediterráneo) plantean interrogantes atractivos. Al grano: ¿podemos considerar este tipo de ideales o emociones como experiencias de tipo religioso?, ¿espiritual? ¿Es eso que llamamos "sagrado" un sustituto de "Dios"? Me sinceraré.

Yo me crié en un contexto excepcionalmente laico. Eso no era aún la norma en la Barcelona de la década de los 1960s, pero tanto en el medio familiar como en el escolar estuve rodeado de un tamiz cristiano francamente discreto, y, a medida que transcurrieron los años, plenamente ausente. A diferencia de amigos, parientes o conocidos de otras generaciones, no he sentido ningún rechazo visceral por la religión; ni por sus instituciones. Yo no tuve que matar a Dios ni hacer el duelo por su deceso; entre otras cosas, porque otros ya lo habían hecho antes que yo.

No he desertado de ninguna Iglesia, porque nunca la tuve. Por tanto, no me cuesta reconocer que no soy creyente en Dios. No lo digo ni con vergüenza ni con petulancia. Soy ateísta. Evidentemente, no lo soy porque *sepa* que Dios no existe, sino porque no lo necesito. La hipótesis "Dios" me resulta innecesaria y muchas veces ininteligible. La ciencia puede proveernos hoy de nuevos mitos y de metáforas plausibles. Provisionales, desde luego, y contingentes; pero suficientemente válidas y enriquecedoras.

¡Ojo! no creo en Dios, como tampoco en la Razón, en la Ciencia, en el Progreso, en el Espíritu, en la Nación, en el Estado, en la Justicia… ni en nada que tenga propensión a la Mayúscula. Por eso tampoco comulgo con la mayoría de dogmas religiosos e ideologías políticas. No me atraen los -*ismos*.

Nunca he creído en un Dios Padre, Creador, Omnipotente, Eterno, Increado y Trascendente. Este Dios me resulta o demasiado lejano o sospechosamente humano. En un caso o en el otro, no creíble. Él, Eso o Ello nunca me ha contactado ni enviado señales. No he tenido experiencia Suya. (¿Cómo habría de tenerla si en el marco en el que crecí esa figura fue siempre remota?) En cualquier caso, si, como dicen tantos sabios, *ello* es inconcebible, o ello es *todo* –plus algo más de– lo que hay, ¿a santo de qué, entonces, concebirlo de forma personal? Además, un Dios así ni resiste bien el

problema de la teodicea (el mal en el mundo), ni el del libre albe-
drío, ni el de las diferentes revelaciones inconsistentes entre sí. Creo
que, hoy por hoy –aunque uno nunca sabe lo que puede ver, pensar
o sentir mañana–, la figura de un Padre Todopoderoso tiene los días
contados. No me seduce ninguno de los argumentos *lógicos* que
tratan de justificarlo.*

No practico ninguna religión conocida. Soy bastante alérgico a
la mayoría de movimientos espirituales. No me fío de los predica-
dores, ni del Este ni del Oeste. Pero me interesa poderosamente el
fenómeno religioso. ¡Este libro es fehaciente prueba! No ceso de
estudiar, profundizar, conferenciar y hasta dar clases sobre las religiones. A pesar de mi escepticismo, reconozco en mí cierta verticalidad u hondura espiritual.

Por eso mi ateísmo ha de cualificarse y no ha de entenderse
como una devaluación de las religiones o las emociones espirituales.** Mi posición se parece más al *trans*-teísmo de algunas tradiciones, que no necesitan ni de Causa última ni de Arquitecto inteligente, o a ciertas concepciones de un Absoluto impersonal. Soy un

---

* Como el viejo "argumento ontológico" (si podemos concebir un Dios es que debe
existir), ni el famoso "argumento cosmológico" (como todo tiene una causa, la primera causa ha de ser Dios), ni el "argumento teleológico" (dada la inverosímil complejidad del universo, solo puede haber sido creado por un Ser inteligente), o sus variantes modernas, como las del "diseño inteligente" (el universo está tan bien
"afinado" que exige un diseñador inteligente) o el "principio antrópico" (el universo concebido para favorecer el desarrollo de la vida y del cerebro humano).

** Por ello no comulgo con el credo del "nuevo ateísmo" que se articula a través de libros con ganas de polemizar de autores como Richard Dawkins, Christopher Hit-
chens o Daniel Dennett. Aunque comparto algunas –incluso bastantes– de sus críticas a la religión y pienso que su llegada ha sido necesaria, el tono ofensivo,
reduccionista, panfletario y excesivamente local (norteamericano) los desacredita.
Se deslizan con facilidad hacia un tipo de dogmatismo ateo no tan alejado del clericalismo que combaten o hacia un monismo materialista que me parece reduccionista. Además, al hacer del ateísmo una forma de anti-teísmo, se mantienen en el
mismo horizonte mítico del Dios único.

ateísta, pero no lo que vulgarmente se conoce como ateo, muy a pesar de la utilización que les otorga el *Diccionario de la lengua española*, que los emplea como sinónimos. (Y me resisto al adjetivo agnóstico –con el que simpatizo en su escepticismo–, que es quien deja la cuestión en suspenso.) No. Yo no creo en Dios. Me siento, en todo caso, más cómodo con el *dao*, la Naturaleza, el *brahman*… o el jerbo brincando por las dunas del Gran Erg.

Lo "divino" sería para mí *esta realidad*, este mundo vivo, natural, social, finito, contingente, simbólico, abstracto, cambiante, en interrelación. Un mundo que –si uno afina el oído– se abre a dimensiones profundas de las emociones, del cuerpo, la mente y la consciencia. De lo real a fin de cuentas. José Antonio Marina defiende que el *poder en lo real* está detrás de la mayoría de hierofanías, teofanías y epifanías (manifestaciones de lo sagrado). Los indios algonquinos lo llamaron *manitú*, los árabes, *baraka*… Lo real es que los árboles crezcan y las aguas del río fluyan. Eso es el *dao*, el *rita*, el *kosmos*, el *maat*… Me resisto a llamar el "Ser", "Dios", la "Divinidad" o la "Energía" a esa realidad, aunque entiendo que haya quien así quiera designarla. Para mí, "Dios" es una idea vaga y ambigua, pero no lo es la luminosidad de un día de primavera, el amargo sabor del chocolate, la consciencia de pertenecer a una realidad que todo lo interpenetra, la nota de la *tampura* que reverbera en mi estómago, una tremebunda sucesión de acordes bachianos, el silencio que los sutura, la infinitud en unos guijarros mojados, el dolor de la enfermedad, el cariño de los muy próximos, la alegría en una mirada, el sufrimiento en otra… y ese endiablado jerbo, que sigue saltando por ahí.

Mi posición se acercaría a lo que algunos han llamado espiritualidad ateísta (André Comte-Sponville), agnosticismo místico (Salvador Pániker), secularidad sagrada (Raimon Panikkar), espiritualidad trans-religiosa (Vicente Merlo), etcétera; que son posiciones menos paradójicas de lo que aparentan. Por naturaleza, sospecho de la Trascendencia, tan desprestigiada por las propias religiones. Un Dios absolutamente trascendente es impensable, contradictorio e irrelevante. Y no me siento cómodo con la idolatría y la religiosidad popular. Ni me parece necesaria la filiación a ninguna religión institucional o cuerpo doctrinal establecido. Ni haber tenido grandes experiencias cumbre. Me muevo más a mis anchas con un trans-teísmo de corte "oriental", con alguna forma de inmanentismo (porque, en todo caso, es en la inmanencia de lo Real donde podemos hallar algo que trasciende) o con cierto tipo de panteísmo.* Dependiendo del contexto. (Y a sabiendas de que estas posiciones no son equivalentes.)

Creo que fue Martín Lutero uno de los primeros en definir al ser humano como *homo spiritualis*. Estoy de acuerdo. Casi que más que *homo religiosus* (la expresión es de Mircea Eliade), somos espirituales; seres ávidos de apertura hacia lo infinito… o hacia lo infinitamente íntimo. Lo decía el propio Eliade: lo sagrado forma parte de la consciencia humana. Pero discrepo de quienes *solo* asocian

---

* "Panteísmo" es uno de esos vocablos con múltiples significados, que, cuando se emplea, nunca nadie osa desvelar a cuál de ellos está remitiendo. Para algunos, "panteísmo" quiere decir que todo –y, en especial, toda cosa viviente– es divina o sagrada. No hay cosas finitas que no sean dignas de ser veneradas. Estaríamos frente a un panteísmo llamémosle "pagano". El significado que yo le doy en este libro está próximo. Otros, los de corte más filosófico –en línea spinoziana–, postulan un Todo Unitario que es el único Dios, y nada existe independiente de él. Al final, este tipo de panteísmo no está tan alejado del teísmo o del monismo. (Ese panteísmo es el blanco de muchas críticas teológicas de los monoteístas, ya que un Creador que lo fuera Todo no dejaría lugar a la creatura.) Para otros, significa que nosotros somos divinos; o mejor, constituimos el lugar donde la Naturaleza se percata de sí misma. Este tipo de panteísmo (mejor llamarlo panenteísmo, como el de muchos misticismos de Oriente y que también insufla mis reflexiones y emociones) postula que todo es un atributo sagrado. Aún existen otros, de corte más romántico o próximos al misticismo panenhénico, que por "panteísmo" entienden que el universo es cual Unidad viviente.

lo sagrado a Dios, o de quienes lo cosifican y lo transforman en Dios. Lo sagrado es un enigma. Por ello hoy en día muchos suscribimos una espiritualidad que únicamente queda llamar secular.

Puede tomar la forma de la experiencia estética, normalmente a través de artes como la música, la danza, la pintura... o la poesía. O puede cultivarse con la ciencia (que no el cientifismo o el tecnologismo, que no dejan de ser otro tipo de -*ismos* sospechosos). La ciencia o el saber filosófico, en efecto, pueden constituirse en vías para abordar los grandes misterios. Asimismo, la acción social se torna camino de espiritualidad secular, ya sea a través de un proyecto político, medioambiental o altruista. Y qué decir de la mística, que es tan proclive a contextos religiosos como seculares. Lo que me lleva a admitir que también puede darse ¡una espiritualidad religiosa! En fin, no es necesario hacer ningún inventario de caminos y dimensiones de dicha espiritualidad. Únicamente deseo mencionar que puede adoptar multitud de formas. El goce topofílico podría ser otra de sus facetas.

Lo que no suele faltar en muchas de estas formas de espiritualidad secular –igual que en muchas religiones primales– es la experiencia de sentirse parte de un todo; partícula divina, si se quiere. Esa sensación, emoción y cognición solo es plenamente accesible cuando hemos trascendido nuestro pequeño "yo", cuando nos hemos vaciado de nuestras tendencias, nuestros instintos, nuestro lenguaje. En eso, las tradiciones con hondura espiritual o vocación mística tienen mucho que decir. Cuando vamos más allá de nosotros mismos –sea en la creación, la contemplación o la acción–, puede reconocerse una dimensión trascendente de lo cotidiano.

Ahora bien, desde mi óptica, no está tan claro que pueda alzarse un muro entre religión y espiritualidad. Aunque para muchos "religión" es sinónimo de religión social institucionalizada (con toda la parafernalia que comporta la asociación) y "espiritualidad" está libre de esas connotaciones y se constituye como una actitud o un núcleo subjetivo experiencial (y, con frecuencia, allende la religión), prefiero no contraponer los términos en exceso. Creo que el *homo spiritualis* y el *homo religiosus* no son tan distintos, aunque en muchas ocasiones las religiones hayan tratado de "domesticar" lo espiritual o sagrado. Porque sin ir más lejos, la mayoría de religiones llamadas primales son cien por cien espirituales *y* seculares. Son seculares en el sentido de que lo temporal (el *saeculum*, este mundo contingente en el que habitamos) pertenece a la esfera última de la realidad. El mundo no es ilusorio; la materia no es inferior a un supuesto espíritu; ni lo temporal (la historia) es meramente provisional. El mundo es sagrado. Lo comparto. Han sido las grandes religiones las que han tendido a devaluar lo secular; simbolizado en la Naturaleza, la mujer y el cuerpo.

Algo que muchas de estas formas de religiosidad o espiritualidad tienen en común es, como decíamos, la ausencia de un Dios trascendente. En verdad, bastantes religiones del mundo son abiertamente ateístas. Digámoslo bien claro: el concepto "Dios" no es universal. Puede que en muchas tradiciones aparezcan espíritus, seres angélicos u otros entes sobrenaturales, pero ni ocupan un lugar destacado ni, desde luego, tienen que ver con lo que en otras partes ha sido llamado "Dios". Para alcanzar la felicidad o la sabiduría, para escapar del sufrimiento y la ignorancia, Dios no es realmente necesario. Me atrevería a decir que también muchos cristianos son *quasi* ateístas. Para estos, la figura relevante es Jesucristo y no un remoto Dios. Es cierto que, al ser aupado al pedestal de "Hijo de Dios", Jesús acabó por tomar los atributos del Padre [véase §67]; pero para bastantes cristianos de a pie eso son vagas elucubraciones teológicas. Como decía Martin Heidegger, el Dios de los filósofos es un ídolo creado por el *logos*. Es este Dios de la metafísica el que ha muerto. La gente sospecha de esas frías abstracciones. Lo que persiguen es participar en el Amor de Cristo. Y para ello, ni Dios ni la Iglesia son necesarios; y hasta puede que sean un estorbo.

La experiencia de lo sagrado puede tomar muchas formas y darse en infinidad de contextos. El que la consideremos religiosa, trascendental, secular, espiritual, estética, panteísta o lo que sea, dependerá de nuestra cultura, de la ideología, de si –por caso– tengamos aversión o empatía por las religiones institucionalizadas, o si esta se da en un contexto íntimo o ritual, etcétera. Pero está claro que remite a un tipo de sensibilidad. Hay quien la posee –como el oído musical– y quien no la cultiva y la tiene solo de forma latente. No todo el mundo tiene propensión a la mística o al goce estético. A pesar de lo que se insinúa a lo largo del libro, no pienso que seamos –*malgré nous*– seres inevitable y genéticamente religiosos. Muchas personas viven hoy sin religión y son tan felices o infelices como sus vecinos creyentes. Pero sí percibo que poseemos una sensibilidad espiritual o anhelo por la trascendencia. El misticismo no es ninguna anomalía. Puede manifestarse bajo la forma de un cultivo filosófico, un goce artístico, una práctica ritual o una forma de estar en el mundo y la Naturaleza. Pienso que esa sensibilidad o cognición nos constituye en mayor o menor grado, como personas y como especie; y nos aproxima a la idea de un *homo* –y *fémina*, huelga decir– más o menos *spiritualis*.

En mi caso no es la devoción a un Ser Supremo, ni la acción social; ni la filosofía o la investigación científica. Confieso que no tengo demasiada vocación mística. Vínculos amorosos aparte, y topofilias también, mi vehículo "natural" de espiritualidad ha sido y es principalmente la música. Lo mismo cuando la interpreto como cuando la escucho: ya sea el jazz, el canto *dhrupad*, Johann Sebastian Bach, el reggae, una *rachenitsa* balcánica, Claudio Monteverdi, Franz Schubert, un solo de *ut*, el blues o el flamenco. Para mí, los grandes artistas tocan o reflejan la Realidad de forma tanto o más profunda que los filósofos o los místicos. Y, desde luego, lo comunican mejor. Lo del símil con el oído musical no era gratuito. A veces, cuando me siento al piano e improviso, siento y percibo un *plus* que me trasciende. Siempre me he sentido cómplice de los músicos. Porque mi experiencia de lo sagrado ha estado muchas veces ligada al goce musical. (Una herencia, sin duda, paterna.) La música es de las pocas actividades que uno hace por el puro disfrute de crear o escuchar. No necesitamos explicarla, atribuirle significado: uno simplemente escucha y disfruta. Por eso con la música es tan fácil salirse de uno y devenir "médium" o "canal". Recuerden a Miles Davis, Bob Marley, Camarón de la Isla o Jimi Hendrix. Acabaré con un ejemplo pertinente que además nos abre a otros horizontes.

5. ¿De qué color es el blues?

Hace unos años estuve en Chicago, que es un fascinante ingenio urbano. Una noche me deslicé en uno de esos clubs que abundan en Clark Street, a dos pasos de mi hotel. Un club emblemático de la capital mundial del blues, un local que había visto circular a leyendas como Memphis Slim, Willie Dixon, Champion Jack Dupree o John Lee Hooker. Fotografías suyas, cuidadosamente descoloridas, adornaban las paredes del bareto.

La banda era reducida: una batería, un bajo eléctrico y dos guitarras. Durante media hora se les unió una gruesa dama de ronca voz. El público (parcialmente sobrio) abarrotaba el antro, la cerveza se bebía sin vaso, el humo de los cigarrillos todavía no había sido prohibido. La música era trepidante. Se pasaba del boogie al gospel sin fisuras. Cuando la señora del blues no clamaba al dolor, atacaba Johnny B. Moore, el de cráneo pequeño y dedos infinitos. Virtuoso de la guitarra, heredero de los mayestáticos King del blues. En fin, la atmósfera contenía todos los ingredientes para una velada arquetípica. Nos precipitábamos a una época, quizá de la década de los 1940s o los 1950s, cuando esa música era la máxima expresión de la negritud, de las alegrías y sufrimientos del pueblo hoy llamado afro-americano.

Pero algo desconcertante sucedía. Algo que rompía los esquemas de los presentes. El guitarrista rítmico, la sombra de Johnny B. Moore, se me antojaba extraño al cuadro. ¿Por qué? Porque era japonés. Sí, un fino japonés, de arpegio elegante y sincopado sentido del ritmo. Entonces me pregunté: ¿podía sentir aquel extremo-oriental todo el lastre emotivo, social y pasional que rodea el blues?, ¿o era un síntoma del a veces sorprendente *melting pot* estadounidense?, ¿o simplemente del descafeinado paso de los tiempos? Miré a mi alrededor. Apenas había negros entre el público. ¿Dónde estaban? Quizá estarían escuchando *gangsta-rap* en un local de las afueras de la ciudad. Tal vez se habían alejado irremisiblemente del blues. La negritud anda hoy por otros gemidos.

Así me di cuenta de mi propia trampa. ¿Acaso no era yo, amante incondicional del buen blues, un indo-europeo –casi– tan alejado cultural y antropológicamente del blues como el japonés? ¿Me impedía esa condición disfrutar del frenético ritmo que propulsaba la banda?, ¿es que, en otras palabras, había algo en esa música que no pudiera ser sentido, captado y amado por los que no son negros? Debo decir que cuestiones similares pueden plantearse sobre otras músicas "populares"; léase el reggae, el flamenco, el son, el klezmer, el tango, la salsa africana o el propio rock'n roll.

Creamos unas *esencias* inmutables que colgamos sobre las personas, los pueblos, las religiones o las músicas y nos negamos a desviarnos del cliché establecido. Y en este código invisible, no está registrado –de momento– que un extremo-oriental sienta el blues.

Toda música es un lenguaje, con su gramática, su vocabulario, su sintaxis y hasta sus géneros poéticos. Y no me refiero únicamente a las peculiaridades técnicas. No, la música "popular" no posee Real Academia. Es un lenguaje que se aprende con los sentidos y las emociones además de la boca y los dedos. Por eso, porque no tiene carga semántica es un idioma que todos podemos interpretar o, para el caso, amar y disfrutar. En otras palabras, el lenguaje del blues, aunque naciera del gospel, de la negritud y la esclavitud, aunque esté anclado en Memphis, Chicago o el delta del Mississippi, posee un alcance que traspasa barreras culturales o genéticas. Al fin y al cabo, tiene casi tanto de africano como de americano. Y los instrumentos son europeos. Cuando el pie se dispara al ritmo de la batería, y cuando el quejido que susurra

"Whoa, there's no one
To have fun with
Since my baby's love
Has been done with
All I do is think of you
I sit and cry and sing the blues",

cuando ese lamento –entonado por Willie Dixon– punza en el corazón, es que la música ha trascendido al intérprete y puede ser amada por todos.

¡Ojo!, entiendo que el afro-americano reivindique el blues –o el jazz– como "suyo", lo mismo que el gitano el flamenco, pues son músicas que dimanan de su sensibilidad, su idiosincrasia, su gueto y su particular fisura. Es, precisamente, la fuerza emocional de su creatividad la que permite que otros la adoptemos también como "nuestra".

Sospecho que lo que hace del blues una música universal es su espontaneidad. Es un canto que arranca de la más honda humanidad: melancolía, alegría, amor, abandono, dolor, humor... acompasada con un ritmo y unas cadencias sueltas. Es música que surge del sufrimiento, pero que, sin pretender nada, con la sencillez propia de lo genuino, es catártica y es agente emancipador. No extrañará que naciera en los campos de algodón y en las iglesias de los exesclavos. Ni que sea la "madre" del jazz, el soul y, naturalmente, del rythm & blues. Sé que es horroroso *hablar* de música. Pero no deja de ser interesante: siguiendo el ritmo del perpetuo aquí y ahora, siento que me trasciendo y algo (no yo) accede a otro plano. La música evoca lo que no puede decirse, conceptualizarse y afirmarse. Al final, en la inmanencia se encontraba la trascendencia. Y no necesariamente con música sacra.

¡Ah!, el bueno de Johnny B. ataca una nota sin piedad, mientras el japonés la sostiene con acordes densos. El baterista marca impertérrito el *tempo* presente. Los oyentes lo emulamos desde una cavidad en el estómago, con la punta de los pies. A eso me refería. Es el cuerpo, es la vida desgarrada, en su faceta más humana. De nuevo, lo sagrado, lo espontáneo.

II. SOBRE LA RELIGIÓN

6. ¿Qué es la religión?

"Religión" es un término muy difícil de definir. Es algo de lo que todos tenemos una cierta idea, pero que –como los términos "tiempo" o "arte", por ejemplo– resulta muy esquivo cuando tratamos de explicar.

Por lo general, se piensa que *eso* tiene que ver con la relación entre los humanos y una realidad que los trasciende. Todas las religiones remiten a un nivel de la realidad más profundo. Pero un dictamen en estos términos es siempre vago y acaba por ser banal. No refleja la riqueza y complejidad del tema.

Dado que el asunto me viene fascinando ya desde hace unos cuantos años, he dedicado bastante tiempo a escuchar a místicos, teólogos y maestros de distintas tradiciones y culturas. Y he estudiado lo que decían sociólogos, antropólogos y expertos en ciencia de las religiones. Por supuesto, he leído a cantidad de filósofos, intelectuales e historiadores, antiguos o contemporáneos. Recientemente también se han pronunciado neurólogos, psicólogos y biólogos. Y después de tanta inmersión, lo único que saco en claro es que existen mil definiciones y abordajes. Cada vez estoy más convencido de que la religión *es* lo que cada uno de estos mortales ha creído y conjeturado que es. Y punto.

Entiendo a la perfección que en el mundo académico algunos hayan abandonado ya la ingenua pretensión de dar con el significado de lo que la religión –o cualquier concepto– *es*. Como si ello poseyera un significado único, esencial, universal e inmutable.

Más prometedor sería concentrarse en algunas generalizaciones e ideas que nos hemos forjado y, a partir de ahí, zambullirse en las estructuras, funciones, dinámicas y dimensiones del fenómeno que llamamos religioso; en lo que la religión *hace*. Aunque la tarea es igualmente gigantesca. Téngase en cuenta que las religiones quieren dar explicación a los grandes interrogantes (el sentido de la vida, el problema del mal, el origen del mundo…), pero también ordenan y legislan (lo político, la moral, la identidad social…) y proponen liberar (de la ignorancia, del sufrimiento, de la enfermedad, de la muerte…). La religión no solo tiene que ver con "dioses" –o "Dios"– ni únicamente trata de explicar lo enigmático. La religión ha tenido y tiene que ver con la medicina y la danza, con la agricultura y la pintura, con la filosofía y la ciencia, con el derecho y la política, con el rito y la poesía, con la ética y la gastronomía, con la psicología y la sexualidad; y me detengo ya.

El fenómeno religioso es tan potente que lo encontramos en *todas* las sociedades y en *todas* las épocas, lo que obviamente obliga a preguntarse el porqué de su persistencia y atractivo. La humanidad es impensable sin la religión (aun sin saber qué es lo que le da a eso la coherencia que aparenta). Igual que el ritmo y la música satisfacen una sed emocional interna, la religión parece satisfacer nuestra ansia de significado, la necesidad de sentirnos interconectados, la sed de totalidad, de trascendencia. La experiencia ritual es capaz de generar formas inverosímiles de éxtasis o énstasis y levantar emociones y sentimientos muy poderosos. Posiblemente, sin lo que llamamos "religión" estaríamos en una condición bastante semejante a nuestros primos los bonobos y los chimpancés. Es más: el ser humano parece constituirse como "hombre" en relación a los "dioses".

Sea *eso* lo que cada uno considere que es, la religión parece capaz de lo mejor y de lo peor. En su nombre se han cometido genocidios culturales, guerras santas, sangrientos atentados, torturas infames o sacrificios animales; y bajo sus auspicios se han construido civilizaciones, obras de arte sublimes y fuentes de sabiduría inigualables. La religión tiene que ver con la violencia y con la paz. Para algunos, es lo más precioso de sus vidas. Para otros, cuanto antes nos desembaracemos de esa lacra, mejor. Las religiones pueden apoyar las jerarquías establecidas, pero también incitar a la rebelión. Las religiones pueden devenir inmundos negocios, pero también fuentes de caridad y ayuda al necesitado. La religión es, además, un fenómeno extraordinariamente dinámico. Se calcula que únicamente en los tiempos recientes se han formado unos 40.000 movimientos religiosos. Tan amplio resulta el espectro del concepto, que es lícito preguntarse si la religión es una sola cosa o un montón de fenómenos que arbitrariamente hemos subsumido bajo esa palabra.

Dado mi talante pluralista, mi abordaje tenderá a ser multidisciplinar y multiperspectivista. Eso quiere decir que estoy de acuerdo con los que dicen que la religión es un hecho social (aunque no un mero hecho social); y cumple determinadas funciones dentro de los grupos sociales. O con los que rastrean en las bases cognitivas y sociobiológicas de las religiones (como si los homínidos no fuéramos animales), bien que sin reducir lo religioso a una pura cuestión darwiniana o neuroquímica. Y concuerdo con quienes sostienen que los símbolos religiosos se dan en contextos históricos precisos y suelen conformarse al patrón cultural y las expectativas religiosas prevalentes en cada sociedad. Es harto improbable que un chamán siberiano se comunique con canguros australianos, o que a una pastora de los Pirineos se le aparezca la diosa Durga. La experiencia religiosa está moldeada por el lenguaje, la cultura o el período histórico en el que vive una persona en particular. Incluso puedo afirmar que el símbolo religioso es lo que dice ser (por lo menos, otorgarle esa posibilidad). Y también reconocer el componente ideológico –muchas veces opresivo– de las religiones organizadas; lo mismo que su capacidad transformativa y su potencial de llegar a lo más profundo de lo Real.

Que nadie se asuste. No soy capaz de ensamblar todos estos abordajes teóricos, muchos de los cuales se contradicen fieramente entre sí. Pero sí pueden utilizarse con discernimiento para atender a ese talante pluralista. El multiperspectivismo (propio de escépticos, como el autor) no proporciona una *teoría* sobre la religión, pero puede contribuir a ofrecer una visión más transversal, cromática y no reduccionista de la religión [véase el Epílogo].

Siguiendo a una importante escuela teórica, sostengo que para adentrarnos en el universo religioso de las distintas culturas de la humanidad, es terapéutico poner en tela de juicio nuestras creencias y prejuicios. Lo mismo que cultivar cierta empatía por la posición religiosa del "otro". Si algo he aprendido de algunos de estos enfoques es que para captar el poder de la religión uno debe entender el mundo que propone y en el que sitúa a sus actores. Hay que esforzarse en escuchar las prácticas, juicios y experiencias de las gentes que uno pretende entender. Esto es, recurrir a las categorías que los seguidores reconocen (lo émic, lo de "adentro") y minimizar la imposición de nuestras categorías interpretativas (lo étic, lo de "afuera"). Dejarse enseñar e integrar el punto de vista del "otro" es congruente con el enfoque pluricultural. Este proceso –no siempre factible, hay que reconocer– debe ser autocrítico, esforzándonos en superar el etnocentrismo o la miopía intelectual. Por ello propongo proseguir este capítulo con un ejercicio.

7. *Ge-yi*

Sabido es que el budismo es una de las grandes aportaciones índicas a la humanidad. En la India brilló con potencia al menos durante 1.500 años. Sus desarrollos más antiguos, los de sus primeros 500 años, por seguir con cifras redondas, se exportaron al Sudeste Asiático. Los desarrollos intermedios, los de los segundos 500 años, fueron a parar al Este de Asia. Sus últimos desarrollos, los de los siguientes 500 años, viajaron a la región himaláyica. Luego, el budismo desaparecería de la propia India.

La primera y tercera fases, es decir, el budismo Theravada del Sudeste Asiático y el budismo Vajrayana del Tíbet, representan básicamente formas budistas indias. Por supuesto, se dieron transformaciones y aclimataciones, pero el espíritu ha sido y es de preservación, de fidelidad a la tradición índica. Pero el budismo del Este de Asia, aunque contiene lo esencial de la doctrina budista india, ha conocido modificaciones muy profundas. La razón es sencilla. Cuando el budismo llegó al Sudeste Asiático o al Himalaya topó con culturas bastante permeables, deseosas de importar la "alta" cultura índica; pero cuando se encontró con China dio con una civilización muy estructurada, letrada y que ya era milenaria. A medida que el budismo fue estableciéndose en China, y como no podía ser de otra forma, fue sinizándose. De allí pasó a Corea, Japón y Vietnam.

El proceso de sinización del budismo es uno de los casos de préstamo cultural más fascinantes de la historia. Se trata de uno de los tipos de relación con el "otro" más sutiles y sofisticados que conozco. Por ambas partes implica el reconocimiento del "otro" (ausente en una colonización o una evangelización, por ejemplo), junto a un deseo de mantener la identidad propia. Lo muestra también el hecho de que la absorción del budismo no produjo una indianización de China. Este trasvase revela procesos que pueden ser muy ilustrativos. Veamos.

Cuando los primeros monjes, comerciantes y viajeros budistas indios y centroasiáticos llegaron a China, a principios de la era cristiana (o común), toparon con un país singularmente distinto. El lenguaje, los valores, la filosofía… todo era diferente. A los chinos les sucedía lo mismo. La fascinación que siempre han mostrado los indios por la abstracción, por la metafísica, por el escolasticismo, sus ideales de renuncia al mundo y liberación… todo ello resultaba extraño a los chinos, pueblo sumamente práctico y basado en principios morales y tradicionales bien distintos.

Una de las tareas principales de estos monjes itinerantes fue la de traducir los textos sagrados en sánscrito y pali al chino. La empresa requería un enorme esfuerzo de interpretación y flexibilidad cultural. Así, los primeros traductores al chino de los *Sutras* budistas recurrieron a un estilo conocido como "equiparación de conceptos" (*ge-yi*). Es decir, buscaron en la tradición nativa que más se asemejaba al budismo, el taoísmo filosófico en ese caso, aquellos términos y conceptos que pudieran ser equiparables. (Sigo a Roger Jackson.)

Por ejemplo, los *Sutras* decían que el "Buddha alcanzó la iluminación". La palabra sánscrita original para "iluminación" es *bodhi*, que significa "despertar". Por supuesto, no se trata de un despertar cualquiera, sino del *gran despertar*. Aunque existen verbos chinos para "despertar", necesitaban un término que pudiera abarcar la naturaleza absoluta de la *bodhi*. Y lo hallaron en el concepto *tao* (pinyin: *dao*). Como resultado, tradujeron "el Buddha alcanzó la *bodhi*" por "el Buddha alcanzó el *dao*".

Dao, que significa "camino", también fue utilizado para traducir *dharma* y, en ocasiones, para *yoga*. El *nirvana* búdico pasó a ser otro concepto taoísta: la "no-acción" (*wuwei*). El *karma* halló su contrapartida en la palabra *ming*, que suele traducirse por "mandato". En fin, cualquiera que esté familiarizado con estas tradiciones se habrá percatado de las desemejanzas entre *dao* y las sánscritas *bodhi*, *dharma* o *yoga*, o entre *wuwei* y *nirvana*. Y es que una traducción pura, una traducción que sea transcultural no es posible. Ni los euroamericanos del siglo XXI ni los chinos del siglo IV podemos desasirnos de nuestro lenguaje.

Desde siempre, el budismo ha puesto mucho énfasis en la necesidad de adaptarse a las capacidades e idiosincrasias de las nuevas audiencias (lo que técnicamente se denomina doctrina del *upaya-kaushalya*). En lo que nos concierne, quiere decir que el budismo permite y autoriza las libertades del método *ge-yi*. En cierto sentido, los traductores al chino ya buscaban la equivalencia homeomórfica de la que Raimon Panikkar hablaba. Y, como decíamos, la equivalencia nativa a las ideas sánscritas budistas se hallaba en el vocabulario taoísta.

Como resultado, el budismo fue insuflado de ideas taoístas, a la vez que el taoísmo se enriqueció con la integración de la metafísica budista. Un experto como Heinrich Dumoulin ha dicho que el trasplante del budismo de su tierra natal a la cultura y la vida de China puede considerarse uno de los eventos más significativos en la historia de las religiones. El uso de términos taoístas para creencias y prácticas budistas no solo ayudó a la tarea de traducción, sino que portó las enseñanzas budistas más cerca de la gente.

Las dificultades de traducción y acomodación generaron un budismo sinizado asombrosamente fructífero. Este encuentro civilizacional dio lugar, por poner un caso ilustrativo, a uno de los textos más fascinantes de todos los tiempos: el *Avatamsaka-sutra*, originado en la India, expandido en Asia Central y "acabado" y "compilado" en China.

Un encuentro que precisó de un par de siglos para dar con las formas apropiadas; para realizar la fusión de horizontes. Es decir, el proceso de "equiparar conceptos" (*ge-yi*) inevitablemente forma parte de cualquier traspaso importante de ideas de una cultura a otra. Sin embargo, aunque necesario en una etapa inicial, el método *ge-yi* puede resultar en un obstáculo si se pretende ir un poco más allá. Y eso es lo que aquí quisiera destapar: los riesgos del *ge-yi*, que no son pocos. Y los lectores entenderán que ahora ya no estoy hablando de cuestiones lingüísticas en su sentido restringido, sino sobre todo de los supuestos, las metas, las asociaciones, los valores, los comportamientos, los conceptos o las cosmovisiones de otras culturas. No son siempre trasladables con facilidad.

Obviamente, no quiero criticar el enorme valor del *ge-yi*. El *ge-yi* se asienta precisamente sobre la universalidad de los mensajes y es responsable de muchas de las transformaciones y dinámicas de las culturas. Lo decíamos. La labor de traducción de los *Sutras* aportó al sánscrito y al chino ecos, sensibilidades y asociaciones nuevas. Podría decirse que el Chan (Zen) en su totalidad es un caso de *ge-yi* magistral. Es la sinización plena del budismo. Pero pudo serlo, y atención a lo que digo, una vez el budismo chino ya había dado con las formas de traslación apropiadas (algo ya patente con Kumarajiva, en el siglo v). Por tanto, no podemos decir que fuera una equiparación, pues el *ge-yi* ya había sido trascendido. El Chan representa una magistral fusión de horizontes, fruto de cierto bilingüismo [véase §43].

El interrogante que deseo plantear en este capítulo es si acaso no estamos realizando una traslación de conceptos apresurada, un *ge-yi* poco crítico, cuando hablamos de los fenómenos religiosos fuera del ámbito donde el concepto *religio* apareció y en los que estuvo incrustado durante siglos. No me refiero a que estemos realizando una mala traducción, sino a si la mismísima traslación es lícita. ¿Es el concepto "religión" universal? ¿Podemos hablar de teologías, de filosofías o de religiones en el mundo yoruba, malgache, japonés o zoroastriano? ¿No proyectamos nuestras ideas de lo religioso sobre otras tradiciones y comportamientos? ¿Podemos equiparar el *nirvana* al *wuwei* o *brahman* a Dios? ¿Estamos superponiendo conceptos judeo-cristianos sobre otras dimensiones?

Voy a tratar de arrojar algo de luz a través de dos ejemplos: la religión que llamamos hinduismo, y las religiones del mundo chino.

8. ¿Qué es el hinduismo?

Existe amplio consenso en que el vector que ha apelmazado la civilización índica ha sido la religión hinduista. No en vano puede que la practiquen 900 millones de personas. Pero lo cierto es que a muchos indios y, desde luego, a los no hindúes, les cuesta aprehender qué diantre es *eso* tan elusivo. Y es que lo que hemos llamado "hinduismo" plantea interrogantes preciosos para nuestra reflexión intercultural. (Lo haremos deliberadamente *via negativa*.)

Las religiones más conocidas del planeta suelen tener detrás algún nombre propio. Al decir *detrás* nos referimos tanto a sus orígenes como a su retaguardia. Las religiones famosas (porque también las hay de anónimas) parecen haber sido fundadas por alguien; al menos así lo han recogido algunas de ellas. Honradamente, tengo mis dudas acerca de muchos supuestos "fundadores" de religiones. A Jesucristo no le interesaba el cristianismo, sino el Amor. No obstante, piense yo lo que quiera, la gente hoy tiende a imaginar a un hombre llamado Jesús fundando o conceptualizando la "religión cristiana".

Normalmente, esa figura de los orígenes sirve de faro que ilumina y de arquetipo que invita a ser emulado. Piénsese en el Buddha para el budismo y los budistas; y en Jesucristo para sus seguidores; o en Laozi para el taoísmo. Y la lista podría proseguir con Moisés, Zarathushtra, Mahavira, Kongfuzi, Mani, Muhammad, Guru Nanak... y hasta con Mao Zedong. El hinduismo es la gran excepción a la regla. No existe fundador del hinduismo. Ni hay un gran profeta, ni hijo de Dios, ni iluminado que pusiera en marcha la Rueda de la Ley. Cierto, santos, videntes, maestros, sabios y *avatars* los hay a miles, y todos pueden ser modelos a imitar, pero ninguno institucionalizó nunca una nueva religión.

Ahora, fíjense en que esa religión infundada no posee Iglesia ni institución de la máxima autoridad. No existen papas, obispos, dalai-lamas, ayatolás... jamás se ha visto una fumata, ni se lanzan encíclicas; ni nadie tiene potestad para llamar a la guerra santa, para excomulgar, ni nada por el estilo. Es verdad que existe la vaga noción de "ortodoxia" (aquella encarnada en ciertos círculos y maestros de renombre), pero ninguna organización ha osado monopolizar la tradición. El hinduismo está repleto de corrientes filosóficas, grupos religiosos, fraternidades espirituales, asociaciones de culto, tradiciones locales... Alguien lo comparó una vez con el Ganges: una vastísima cuenca alimentada por miles de riachuelos y arroyos, por grandes ríos y afluentes; un caudal descomunal que desemboca en un intrincado delta en el Golfo de Bengala. De ahí la variedad, su asombrosa capacidad de adaptación y la colorida anarquía del hinduismo. Pero una anarquía que funciona. Al fin y al cabo, algo que después de 3.000 años sigue en espléndido estado de salud, es porque debe hacer las cosas más o menos bien.

Si no existe institución que defina la ortodoxia, habrá que olvidarse también de la noción de dogma. No se cree en el hinduismo. Un hindú puede ser un teísta, un panteísta, un ateísta y creer lo que le venga en gana, porque lo que lo convierte en hindú son las prácticas rituales que lleva a cabo y las reglas a las que se adhiere. De ahí que se insista en que existe antes una *ortopraxis* que no una *ortodoxia*. Toda corriente religiosa hindú posee sus propias normas, mitologías, cosmogonías, ritos o filosofías. Muchas de ellas compartidas, desde luego. Existen ideas recurrentes y prácticas comunes; pero ningún grupo se molestó lo suficiente como para imponer sus reglas sobre los demás. Por ende, no puede haber "secta" en el hinduismo; esto es, secesión de una Iglesia. Ni siquiera cabe la "herejía". A lo sumo, cabría hablar de heterodoxias. Empero, esta calificación ha quedado reservada en la India a los grupos muy disidentes (budistas, jainistas, sikhs); es decir, a los que se mostraron tan disconformes con no se sabe muy bien qué, que acabaron por dar forma a lo que son "religiones" distintas y diferenciadas.

Puesto que ningún punto de vista ha monopolizado la tradición, existe una larga historia de debates, polémicas y préstamos entre las escuelas. De ahí, también, la tremenda vitalidad y sofisticación de las corrientes filosóficas hindúes. Es cierto que, una vez más, existen algunos rasgos comunes a muchas teologías-filosofías. Pero, en cualquier caso, está claro que las filosofías siempre han ido a remolque de las prácticas. Ante todo, prima lo que el hindú hace y practica por encima de lo que piense o crea.

Como ya podrán suponer, tampoco existe una forma de culto universal en el susodicho hinduismo. Este varía sustancialmente de una región a otra; y dentro de una misma comarca hallamos asombrosas variantes entre aldeas, castas o linajes. Ni siquiera hay nada semejante a la llamada a la oración diaria, ni obligatoriedad de asistencia al templo algún día de la semana. Por supuesto, el peso de las costumbres familiares o regionales es poderoso, pero el hinduismo no parece alejado de aquella máxima que dice que hay tantos hinduismos como hinduistas existen. La libertad a la hora de practicarlo es absoluta. El hindú escoge sus creencias, sus divinidades, sus maestros, su forma de religarse con lo Real o de desligarse de lo mundano. Y decide su forma de culto: vegetariano, sacrificio animal, ofrenda al fuego… Y su finalidad: liberación, purificación, prosperidad, felicidad, descendencia, expiación, conocimiento, amor… Y puede combinar las modalidades según el contexto: culto vegetariano en el gran templo de liturgia brahmánica para venerar a su divinidad, sacrificio animal en otro santuario para protegerse de un mal de ojo, consulta a un hombre santo de poderes milagrosos para conseguir mundanal provecho, etcétera.

La forma más extendida de culto, que genéricamente llaman *puja*, puede realizarse donde a uno le plazca y cuando a uno le apetezca. El culto es un asunto estrictamente personal. A lo sumo, familiar. Ninguna escritura ni nadie obliga a hacerlo. Siquiera exige la presencia de sacerdotes.

Sin duda, uno de los tópicos que más asombra a los crecidos en medios laicos o monoteístas es el famoso politeísmo hindú. (Yo preferiría llamarlo pluralismo mitológico; y aún mejor: hospitalidad teológica.) Vaya lío con las genealogías, las gestas y los atributos de semejante cantidad de dioses, diosas, espíritus semidivinos o personajes etéreos. Falta orden en el panteón. Pero ¿cómo iba a haberlo si para muchos hindúes no existe Dios? Para otros, en cambio, el cosmos está repleto de seres numinosos. Y para los más existe un Ser Supremo. Pero curioso es este Ser que puede concebirse de miles de formas distintas: como una colérica dama, como un apuesto joven de tez morena, como un rey mayestático, como una piedra junto a un árbol, como un sonido que reverbera en nuestro interior... Además, ocurre que los seguidores del Supremo no niegan la existencia de otras deidades o manifestaciones de lo Divino, por lo que su latente monoteísmo no elimina la pluralidad de dioses. Todas las sensibilidades poseen sus "Crónicas" (*Puranas*) donde se expone su riquísimo patrimonio mitológico. Y a nadie le importa si las tramas de un *purana* se contradicen con las de otro. La India jamás tuvo un Hesíodo que llamara al orden celestial, por lo que las mitologías de los cientos de miles de divinidades son susceptibles de reescribirse y modificarse. Al fin y al cabo, para muchos hindúes este mundo no es más que el juego –o el sueño– del Dios o la Diosa.

Curioso es esto del hinduismo que ni siquiera posee un texto o cuerpo de escrituras sagrado consensuado. No existe canon hinduista, ni nada comparable al Libro (*Torah, Biblia, Corán*), a pesar de que existe en la India algo parecido a la noción de revelación (*shruti*). El *Veda* –lo revelado– tiene un enorme prestigio, hay que admitirlo; pero aparte de que la inmensa mayoría de hindúes apenas lo conoce, existen grupos religiosos que rechazan su autoridad y no por ello dejan de ser considerados hinduistas. Para muchos, los poemas de "sus" santos o las grandes epopeyas contienen todas las enseñanzas dignas de recitar y recordar.

La tradición letrada que se ha expresado en sánscrito ha conformado un *centro* alrededor del cual se han tejido numerosas *periferias*, pero hace ya muchos siglos que la tradición hindú optó por la inclusión y no por la exclusión. Y el proceso de absorber no se apoya en ninguna escritura, texto o canon revelado. El hinduismo, ciertamente, no es una religión del Libro.

Por si esto fuera poco, *eso* tampoco ha destilado una ética universal. La noción existe, claro, pero siempre a remolque de la idea de "deber propio" (*sva-dharma*). Y esta pauta de comportamiento ético y moral varía según la edad, el género, la casta, la región, el reino, el estadio de progresión espiritual y hasta la divinidad de elección. En otras palabras, según cada contexto e individualidad. Para la India las personas son distintas; ¿a santo de qué gobernar nuestras vidas según un mismo patrón ético? La idea gandhiana de insuflar a la política y la vida cotidiana con los ideales de la renuncia (no-violencia, vegetarianismo, castidad, austeridad, veracidad…), que es lo más próximo a una ética universal versión hindú, chocó de bruces con la arraigada noción de *sva-dharma*.

Tampoco se da en el hinduismo una única soteriología o camino místico. Existen quienes se decantan por el ritual, otros por los yogas psicofísicos, y hay los que siguen vías gnósticas o meditativas, y los millones que optan por el camino de devoción y entrega amorosa a su divinidad de elección, o los que practican ordalías y adquieren poderes vertiginosos. La libertad a la hora de escoger la vía (*yoga, marga*) vuelve a ser completa. Y complementaria; porque una mayoría combina distintas modalidades de *yoga*. Para fastidio de los expertos. Y es que si la meta difiere (identidad, unión, comunión, aislamiento…), la senda invariablemente recorre otros territorios y dispone de otras marcas y señales en el camino.

Por no tener, hasta el siglo XIX el hinduismo no tenía ni nombre. Lo acuñaron los británicos por omisión pura. A medida que fueron delimitando distintas tradiciones religiosas en la colonia, *hindoos* pasaron a ser aquellos súbditos que no profesaban el islam, el cristianismo, el budismo, el jainismo, el sikhismo, el zoroastrismo, el judaísmo o las religiones "tribales". O sea, *hindoos* eran los que previamente habían sido designados como gentiles (*gentoos*) y demás alternativas a la despectiva "pagano". Tengamos presente que en los textos clásicos que han sido considerados "ortodoxos" por decreto, los *Dharma-shastras*, no se aprecia noción de una categoría "hinduismo", sino el reconocimiento de una pluralidad de contextos de casta, de costumbre, de región, de gobierno, etcétera. El concepto "hindú" empezó a fraguarse durante las invasiones turco-afganas (siglo XIII); pero no fue hasta la imposición de los filtros europeos cuando se plasmó definitivamente lo del *hindú-ismo*. Los censos coloniales tampoco fueron ajenos a la cuestión. En ellos se delimitaba una "mayoría" frente a otras minorías religiosas. Lo novedoso del censo fue la utilización de un único término ("hindú") para designar a una población tan variada en creencias, prácticas o identidades.

Les diré más. Hasta esa fecha, los *hindoos* no tenían clara noción de que existiera una parcela acotada de la vida que fuera *religiosa* (por oposición a otra que entonces sería secular), y mucho menos que eso estuviera delimitado por algún tipo de dogma, institución, bautismo, nombre o signo de identificación pan-indio. Ni existía el "hinduismo", ni siquiera –y eso es lo más notable– el concepto de "religión"; y menos aún que *eso* pudiera desgajarse de la gastronomía, de la salud, de la sexualidad o de la arquitectura.

La ironía de esta historia es que uno de los pueblos considerados más "religiosos" del planeta desconocía el mismísimo concepto "religión". Hoy, nos gusta ver la continuidad entre el vedicismo, el brahmanismo, el hinduismo llamado "clásico" o el hinduismo moderno. Y postular, como hice antes, 3.000 años de fecunda anarquía. Inmersos como estamos en nuestra apreciación historicista, casi nadie ha reparado en que, cuando los surasiáticos gustosamente aceptaron la etiqueta *hinduismo* (atestiguada solo en la edición del *Oxford Dictionary* de 1829), tenían más en su mente las nociones de *indianidad* o de *religiosidad índica* que otra cosa. Los indios no pusieron demasiado empeño en protestar ante esta crasa semitización ya que la unidad religiosa y cultural "descubierta" por los orientalistas sería muy bienvenida en el contexto de su búsqueda de la identidad nacional y su lucha en pos de la independencia. En definitiva, el concepto hinduismo le debe seguramente más al inglés orientalista que a cualquier utilización vernácula.

Visto lo anterior, se entenderá lo resbaladizo y amorfo que resulta eso que hemos convenido en llamar "hinduismo". Aunque me atrae poderosamente la idea de concluir que existen hindúes pero no hinduismo, como han hecho algunos expertos, creo que tampoco es necesario abandonar la etiqueta. Al menos, los que dicen practicarlo no la han desechado. Desde hace bastantes décadas existen movimientos que se corresponden con este término, tal y como fue entendido por el orientalismo y la intelectualidad india del siglo XIX. Hay que conceder que el hinduismo posee cierto "parecido familiar" con una "religión". Pero como el *Mahabharata*, que es a mi entender su texto más representativo, se me antoja más un *proceso*; un proceso que hilvana una serie de prácticas, panteones, creencias, teologías, sectas, textos y soteriologías que tienen en común diferentes grupos de las tradiciones brahmánicas, las tradiciones de renunciantes y las tradiciones populares de la India.* Hinduismo sería aquel paraguas bajo el que se cobijan las tradiciones védicas, las vishnuistas, las shivaístas, las shaktistas, las smartas, las tribales, las de castas subalternas, el neohinduismo, la nueva era hindú, etcétera. Cada una de estas corrientes posee sus textos sagrados, sus divinidades y mitologías, sus clérigos y linajes de santos, sus

---

* Un modo didáctico de conceptualizar el hinduismo es a través de un diálogo entre estas tres corrientes. Las tradiciones brahmánicas son pan-indias, escriturales (normalmente en sánscrito) y ponen mucho peso en conceptos como *dharma*, *varna* o *Veda*. Las tradiciones de renunciantes son igualmente pan-indias y de prestigio, pero poseen una orientación monástica y ascética más acusada. Aquí las nociones clave son las de acción (*karma*), transmigración (*samsara*) y liberación (*moksha*). La tercera pata está constituida por las innumerables tradiciones populares, que son locales, orales y se han expresado en las lenguas vernáculas. Las finalidades son eminentemente prácticas.

sectas, sus valores, sus filosofías, y, por encima de todo, sus prácticas y ritos.

Eso, en fin, sería como una *macrorreligión* o una *familia de religiones* en cierto modo equiparable a lo que los expertos llaman "religión china", ya en boga entre los sinólogos, advertidos de que la separación en China de tres religiones (*san-jiao*) es otro caso de semitización y *ge-yi* indiscriminado. Prosigamos con nuestro ejercicio.

9. Las "tres religiones" de China

Un caso fantástico de proyección de categorías sobre el "otro", que debemos a Matteo Ricci (1552-1610) y los jesuitas del siglo XVII, es el de las "tres religiones" de China. Si la posición de Ricci es justificable dada la incomprensión mutua de su época (y aun así su apertura y esfuerzo por entender al "otro" es digno de resaltar), cuatro siglos después seguimos cayendo en las mismas trampas. ¿Cuáles?

En época de Ricci existían en China tres "cánones" identificados con tres religiones: el *Daozang* o canon taoísta, el gigantesco cuerpo de *Sutras* budistas y los Clásicos (*Jing*) confucianistas. Para Ricci era normal pensar que Laozi habría "recibido" los textos más antiguos del taoísmo; los *Sutras* budistas se corresponderían con los sermones del Buddha; y los Clásicos habrían sido escritos por Kongfuzi (Confucio) y recogerían unas prácticas rituales muy antiguas. En otras palabras, cada *fundador* habría *recibido* o *creado* unos *textos* que formarían la *doctrina fija* de su *religión*. Ricci delimitó, así, las "tres religiones" de China de forma compatible con el modelo abrahámico de *religión*. Un buen caso de *ge-yi* conceptual.

Lo cierto es que ni Kongfuzi ni Laozi fundaron sus "religiones", ni sus textos fueron revelados divinamente, siquiera el maestro Kong escribió los Clásicos, ni los *Sutras* budistas son unos "Evangelios". Los cánones orientales siempre han sido provisionales [véase §25]; de ahí que constantemente aparecieran más *Sutras* y se añadieran tratados y comentarios, o se prefiriera destacar algunas parcelas en lugar de otras.

Ricci transformó lo que eran "tres enseñanzas" (budismo, taoísmo y confucianismo) en "tres religiones". Consideró las instituciones que estaban fuera del Estado, es decir, el budismo, el taoísmo y la religión popular, como *oponentes* del confucianismo (en su época, la tradición ligada al Estado). Lo artificial de este razonamiento se hace patente cuando –para nuestra sorpresa– descubrimos que en China no se conocía el término "confucianismo" [véase §16].

Para un europeo como Ricci lo normal era y es que una persona se declare o bien cristiana, o bien musulmana, o budista, o atea, o lo que sea; esto es, que exprese su filiación a una determinada religión. Al monoteísta le cuesta comprender que esa persona pueda declararse creyente y practicante de dos o tres religiones *a la vez*. El hecho es normal porque el cristianismo ha sido históricamente excluyente: o se cree o no se cree en el dogma cristiano; solo hay dos alternativas, pues solo hay una Verdad; ergo, cualquier cosa que no sea la verdad cristiana, es la mentira. Algo semejante podría decirse del islam. Pero el planteamiento extremo-oriental es distinto. Para empezar, ninguna tradición se autoproclama poseedora de la *única* verdad; por lo que son doctrinalmente abiertas. Característica de la espiritualidad extremo-oriental es su marcado carácter *integrador* [véase §70]. Desde el momento en que el budismo arraigó sobre suelo chino, hacia el siglo IV, se dio una tendencia a integrar las "tres religiones" (*san-jiao*), es decir, el confucianismo, el taoísmo y el budismo, en un todo religioso. (Un tridente en perpetua interacción con una cuarta pata: la llamada religión popular china.) Las tres —o cuatro— enseñanzas se enmarañaron de tal forma que hoy se plantea si no es acaso más pertinente hablar de una "religión china" o de un "sistema religioso chino". Eso que nosotros llamamos "budismo", "taoísmo" o "confucianismo" no representan en China sino tres aspectos de una religiosidad china. Por tanto, la noción de las "tres religiones" de China sería inapropiada. Más allá de sus preferencias —y, por supuesto, al margen de sacerdotes, monjes y demás profesionales de lo religioso—, todo chino suscribe, en mayor o menor grado, las tres —o cuatro— enseñanzas. Lo que para un occidental son claramente varias religiones separadas, en China representan aspectos de una religiosidad sínica o un sistema religioso chino.

10. Reflexiones sobre el concepto "religión"

Si algo nos ha permitido ver la historia de las religiones es, con perdón, que las religiones tienen historia. De donde la imposibilidad de esencializar, definir, fijar o cosificar algo vivo y en perpetuo flujo. Es lícito hablar de una corriente principal del hinduismo, por ejemplo, pero a sabiendas de que esa vaga generalización no define ninguna esencia o naturaleza. Es un recurso semántico para agrupar un abanico de prácticas.

La pregunta pertinente no sería ni *qué es* el hinduismo, o si hay *una*, *tres* o *cuatro* religiones en China, siquiera si el hinduismo *existe*. La que se me antoja reveladora sería: ¿podemos aplicar nuestras categorías a otros ámbitos y espacios culturales? Es inevitable que tendamos a ver las cosas desde la perspectiva cultural en la que hemos crecido. Nuestras predisposiciones o prejuicios culturales nos llevan a ver el mundo desde ángulos particulares. Pero... ¿hemos de fabricar por ello o reducir a un nuevo *-ismo* un cúmulo de procesos sociorreligiosos?, ¿no es eso un *ge-yi* precipitado?, ¿se puede hablar de "religión" cuando hablamos de Japón, de la selva amazónica o del Sur de Asia? Claro que una pregunta más certera sería: ¿qué es la religión?

Para algunos antropólogos no puede haber una definición universal o transcultural de religión porque una definición en estos términos sería en sí misma el producto del universalismo europeo (ergo, algo contextual y local, y, por tanto, una contradicción en sí misma). Entiéndase: los fenómenos llamados religiosos existen; hasta el punto de que todavía falta por descubrir una sociedad sin lo que hoy entendemos por "religión". Sabido es que la humana es una especie *religiosus*. Pero la idea de que estos fenómenos forman una entidad que podamos llamar transversalmente "religión" ya es más problemática. Nótese que existen muy pocas lenguas no europeas a las que podamos traducir dicha palabra.

En efecto, en las sociedades tradicionales hay nombres para "ritual", para "espíritu" o para "piedad", pero no hay equivalente para el moderno concepto de "religión". Es algo irónico que una de las palabras que evoca ecos más profundos y arcaicos sea tan moderna. La mayoría de sociedades del planeta no separaba, hasta la entrada de las cuadrículas modernistas, una parcela de su vida que pudiera ser llamada "religión", susceptible entonces de ser analizada y descrita. Al final, resulta que... ¡los *hindoos* no eran tan raros!

Un somero repaso al proceso de cosificación (o reificación; es decir, hacer de algo abstracto una "cosa") del concepto *religio* en Occidente puede arrojar cierta luz.

En la Roma de Cicerón (siglo -I), *religio* (de *re-legere*) se utilizaba como sinónimo de *traditio*; de forma no muy distinta de nuestro genérico "cultura". El discurso exclusivista del cristianismo, empero, exigía distinguirlas. De modo que Lactancio (siglos III-IV) halló una nueva etimología (de *re-ligare*) y contrapuso el culto verdadero o *religio* a la *superstitio*. Con esta transformación, la adoración a otros dioses fue "alterizada" como pagana y supersticiosa. En este contexto, la religión pasó a ser una cuestión de adhesión a ciertas doctrinas; una visión que enfatiza poderosamente el credo en Dios en lugar del cumplimiento de ciertas prácticas rituales. Más adelante, y en especial en el ámbito protestante, siguió el proceso de cosificación de la palabra "religión", que ya se define estrictamente en términos de creencia. Esto queda claro cuando comprobamos que en el mundo cristiano se utilizan los nombres "fe" o "creencia" como sinónimos de "religión".

Este bagaje cristiano ha quedado tan arraigado que un prejuicio clásico entiende que el corazón de cualquier religión está formado por un sistema de creencias más o menos sólido. Tan importante es para un cristiano su sistema doctrinal que aquellos que quieren iniciarse en el sacerdocio pasan muchos años estudiando teología y sumergiéndose en los intrincados vericuetos de la dogmática cristiana. Pero si nos desplazamos hacia otras áreas culturales y religiosas comprobaremos que –aparte de un puñado de filósofos– muy pocos sintoístas, musulmanes o yanomamos piensan que su actividad religiosa tenga que ver con ningún sistema de creencias. La dogmática del islam puede reducirse a unas escuetas frases. Muhammad siempre sospechó de la teología. En el islam, mucho mayor énfasis se pone, por ejemplo, en el estudio de la Ley Sagrada (*shari'a*). Un japonés, que es probable que suscriba simultáneamente el sintoísmo y el budismo, no le presta la más mínima atención a la teología y a las creencias (que no gozan de muy buena reputación allá, como veremos en §30).

Cosificamos una religión hinduista, cristiana o yoruba basándonos en dogmas abstractos y aspectos ahistóricos que trascienden todo contexto. Tanto el estudio comparado de las religiones como la apreciación popular acerca de lo que estas son permanecen anclados en un universo de discurso básicamente teológico y cristiano. De ahí el sobrepeso otorgado a aquellos puntos de la religión comparables y conmensurables con los elementos universalistas del cristianismo (doctrinas, textos sagrados, teología, ideas de salvación y liberación, etcétera). Se entenderá que muchos indianistas, africanistas o sinólogos hayan protestado ante la mala costumbre de aplicar los conceptos occidentales de religión a las tradiciones de Asia o África.

Claro que hay espacio para matices. El sentido común me obliga a no llevar la deconstrucción a su conclusión última. Al fin y al cabo, las categorías son móviles y elásticas, y la de "religión" se ha mostrado particularmente dúctil para acomodarse a ámbitos muy diversos. Además, los portavoces de las religiones no han descartado el término; y un estudio de la "religión" ha de tener forzosamente en cuenta lo que los miembros de las distintas religiones dicen, sienten y creen.

Está claro que a resultas de la colonización y el encuentro con Occidente muchas de las ideas cristianas acerca de la religión han sido incorporadas, tropicalizadas y hasta emuladas. De suerte que han aparecido "religiones" por doquier y la "religión" deja de ser una dimensión que interpenetra todos los aspectos de la sociedad, la vida y la persona y se ha convertido en un compartimento acotado del grupo o de la vida privada del individuo. Muchos presupuestos intelectuales de Occidente han sido globalizados y las religiones del mundo han sido bastante ecualizadas por ese prisma. Debido a esta cierta "colonización intelectual", todas parecen poseer su núcleo doctrinal, sus textos sagrados, sus Iglesias u organizaciones que velan por la ortodoxia, su teología, etcétera. Pero el que se utilice a la ligera el concepto y se haya tratado de semitizar indiscriminadamente cualquier tradición espiritual (léase a Wilfred Cantwell Smith) creo que no nos obliga a eliminar el término. Si en lugar de "religión" utilizamos sustitutos como religiosidad o espiritualidad (que no remiten tanto a dogmas e instituciones), la cosa es más fácil de entender. A mi juicio, la religión sería –como los conceptos "cultura", "lenguaje" o "sociedad"– una dimensión que interpenetra a la persona, la sociedad, la cultura, el cosmos y el ultracosmos, y no una simple *función*, un compartimento estanco o una *cosa* dentro de la sociedad, el cosmos o la cultura.

III. RELIGIONES DEL MUNDO

11. El estudio de la religión

En los últimos 200 años, muchos pensadores se han esforzado en tratar de responder a la cuestión que planteábamos en el capítulo anterior: ¿qué es la religión? Pensemos en Georg W.F. Hegel, Ludwig Feuerbach, Karl Marx, Edward B. Tylor, Friedrich Nietzsche, Sigmund Freud, Émile Durkheim, Edmund Husserl, Max Weber, Rudolf Otto, Carl G. Jung, Talcott Parsons, Mircea Eliade, Claude Lévi-Strauss, Clifford Geertz, Peter Berger, y un largo etcétera. Y solo por citar nombres consagrados y no confesionales del hemisferio occidental.

Después de lo visto hasta aquí estarán de acuerdo en que dicho concepto resulta fastidiosamente difícil de definir o trasladar a otras culturas. Y si algo me ha quedado claro después de leer a estos pensadores ha sido –como ya se dijo en el capítulo anterior– que la religión *es* lo que cada uno de estos mortales ha pensado que *es*.

Lo que sí se puede constatar es que la experiencia colonial (el encuentro de Occidente con otras culturas y la posibilidad de comparar el cristianismo con otras tradiciones) tuvo un impacto enorme en las concepciones europeas acerca de lo religioso. En David Hume, el barón de Montesquieu, Voltaire y otros pensadores de la Ilustración, la comparación puso a Europa ante un alud de críticas y bajaba del pedestal al cristianismo, ya solo una más entre muchas religiones. A medida que los viajeros, exploradores, científicos y etnólogos coloniales iban reportando mitos, rituales y pintorescas costumbres de lejanas tierras, se tenía la sensación de que los episodios del "Viejo Testamento" eran tan inverosímiles como las prácticas y creencias de salvajes y paganos. O que la idea cristiana de "Dios" no difería tanto de otras concepciones de lo Divino. De suerte que se pasó de aquella *religio* que se oponía a la *superstitio* a las incontables *religiones* del mundo. El concepto se pluralizó de forma irremisible. Y fue aislado de otros conceptos omniabarcantes y complejos como "cultura", "economía" o "sociedad".

Es precisamente en este contexto donde nació el estudio científico de la religión. Con el nuevo conocimiento de las religiones no solo se establecía un control sobre las sociedades colonizadas (sabido es que el "conocimiento es poder"), sino que en tanto *ciencia*, el estudio de las religiones buscaba los patrones subyacentes a todas ellas, trataba de discernir las dinámicas de sus transformaciones y hasta miraba de gradarlas en jerarquías evolutivas o civilizacionales.

Ocurre que observar, describir, interpretar y catalogar algo como religioso implica asumir una categoría "religión" que –insistamos– es escurridiza y no tan universalmente aplicable como parece. No es que debamos prescindir de una teoría de la religión. (Todo el mundo tiene su vaga idea del término y sus implicaciones.) Por ejemplo, existen hoy enfoques muy interesantes que derivan lo religioso de las capacidades cognitivas del ser humano (Pascal Boyer, Scott Atran); o de sus funciones cerebrales (Andrew Newberg); y otros que establecen la religión como sistema de comunicación (Niklas Luhmann); más las tesis sociobiológicas (Walter Burkert); y quienes postulan que se trata de un raro meme o "gen" cultural que se autorreplica por deriva genética (Daniel Dennett, Richard Dawkins). Etcétera. Si en el pasado el estudio de la religión estuvo en manos de teólogos, filólogos e historiadores, a los que luego vinieron a añadirse sociólogos, antropólogos o fenomenólogos, hoy abundan los neuropsicólogos o los biólogos evolutivos. A pesar del indudable interés de estas nuevas líneas de investigación, permítanme también manifestar mi escepticismo ante estas nuevas narrativas y teorías universales.

Frente a tanta proliferación de religiones y enfoques, otros expertos han aparcado la búsqueda de una gran teoría y únicamente tratan de poner algún orden. Han postulado bloques como religiones "proféticas", religiones "místicas" y religiones "sapienciales"; o de unas ontológicas y otras cosmológicas; etcétera. Cada estudioso ha confeccionado su esquema. Léase a Robert C. Zaehner, Hans Küng, Paul Tillich, Ninian Smart, Ken Wilber o Eugenio Trías. Todos me parecen dignos. Ocurre que dotar a las religiones de propiedades específicas va contra el antiesencialismo que hoy algunos suscribimos. Las religiones han sido excesivamente cosificadas, esencializadas, teologizadas… e intelectualmente ecualizadas. Pienso que es más saludable entender estas clasificaciones como lo que son: conceptualizaciones estratégicas. Verlo así constituye una buena forma de integrar la crítica postmoderna sin necesidad de abandonar la búsqueda de generalizaciones. (Me adhiero, pues, a la crítica postmoderna "débil" que apremia a tornarnos más conscientes de las cargas ideológicas que los conceptos esconden; pero no comparto la crítica "radical" que pretende eliminar el concepto.)

Dicho esto, quisiera ahora poner de relieve otro aspecto. Cuando uno compra un libro acerca de las "religiones del mundo", no hallará dos o tres bloques, sino que es casi seguro que se encontrará con las siguientes tradiciones: judaísmo, cristianismo, islam, zoroastrismo, hinduismo, jainismo, sikhismo, budismo, taoísmo, confucianismo, sintoísmo y baha'i. Bien, y es muy posible que alguna de las mencionadas siquiera aparezca, o tal vez salga como apéndice de alguna de las mayores. En cambio, puede que las más grandes se subdividan, por ejemplo, en cristianismo católico, ortodoxo y protestante, o en budismo Hinayana, Mahayana y Vajrayana. Si el texto posee cierta solvencia, se añadirá un capítulo sobre las religiones "primitivas", "animistas", "tribales", "primales" o "chamánicas". De necesidad: postular unas "religiones universales" exige crear una categoría de pequeñas "religiones no universales". De esta forma, un montón de tradiciones espirituales del planeta, practicadas por cientos de millones de personas, van a parar a esos cajones de sastre llamados "animismo", "chamanismo", "religiones tribales" o "religiones indígenas". Como los sociólogos e historiadores de la religión saben que estos conceptos no son ni por asomo sinónimos, ya es frecuente el recurso más políticamente correcto de hablar de tradiciones de África, Oceanía, las Américas o Asia. En cualquier caso, existen unas religiones del mundo con nombre y entidad propia (aun cuando algunas de ellas son practicadas por unos pocos millones de personas), y otras de segunda división, porque al parecer no sintieron la necesidad de ir a dar la tabarra por ahí.

Y aún quedan los llamados "nuevos movimientos religiosos", muchos de los cuales tienen siglos –y hasta milenios– de existencia, pero que son todavía considerados "nuevos" para la sociedad que los acoge [véase §89].

Puesto que no tengo intención de hacer un inventario de *todas* las religiones del mundo, vamos a indagar en este capítulo sobre algunas de las que no suelen aparecer con nombre propio, y, no obstante, son de importancia capital en el mundo de las religiones.

12. La religión del mundo Yoruba

Poca gente ha oído hablar de la sagradísima ciudad de Ife. Y sin embargo, allí es donde se llevaron a cabo los primeros actos de la creación. Obra de Obatalá, también conocido como Orisá-nla.

Al menos así lo aseguran los yorubas, uno de los múltiples colectivos que forman el riquísimo panorama lingüístico, cultural y antropológico del África Occidental (sobre todo de Nigeria, pero también presentes en Togo, Benin y zonas de Ghana). Por ello Ife es el centro del poder religioso de los yorubas. El resto de ciudades, santuarios, cuevas, árboles y demás lugares sagrados del país Yoruba derivan su sacralidad de Ife.

Quizá por la solidez de su cultura (muy compacta y coherente), o por su peso específico (unos 15 millones practican la religión yoruba), tal vez por la calidad de su expresión artística (sencillamente exquisita), quizá por su carácter eminentemente urbano (compuesto por un gran tejido de ciudades-Estado), o por su antigüedad (Ife fue fundada hace unos 1.200 años, época de apogeo de la civilización yoruba), o porque sus prácticas y creencias están detrás de las más importantes religiones afro-americanas (de Brasil, Haití, Estados Unidos o Cuba), el caso es que el sistema religioso yoruba ha recibido cierta atención por parte de los expertos. Lo que contrasta con el grado de desconocimiento del gran público. Ahí va una breve pincelada (me disculparán los africanistas) introductoria.

La principal cosmogonía yoruba dice que en los comienzos solo existía la *ashé*, la fuente de energía del universo, el espacio y el tiempo. La *ashé* se reconoció a sí misma como Olodumare, Dios único y Supremo. Como en muchas religiones africanas, este Dios total es inaprehensible y está más allá de nuestra capacidad de comprensión y representación.

Los cosmólogos yorubas dividen el mundo entre el Cielo y la Tierra. El Cielo es la morada de esa gran "Divinidad" (*orisá*), Olodumare, también conocido como Olórun, el "propietario del Cielo". Además de este Ser trascendente, el espacio celestial está poblado por una cantidad indeterminada de *orisás*. Estas divinidades son como extensiones de Olodumare y personifican aspectos suyos.

Olodumare-Olórun es remoto. Ya no interviene en los asuntos de este mundo; así que –aparte de algunos rezos– no posee santuarios, no recibe sacrificios y apenas participa en el complejo ritual yoruba. Su actitud es propia de cantidad de dioses celestiales en muchas tradiciones del mundo. Una vez concluida su obra, estos dioses se retiran a lo más hondo del firmamento y dejan que algún demiurgo complete su obra o intervenga en los asuntos humanos. A los dioses remotos se les conoce en latín como *dei otiosi*, "ociosos", y son frecuentemente olvidados por los devotos. Algunos expertos proponen que este Dios yoruba es un préstamo monoteísta (del islam o el cristianismo). Otros piensan que se trata de un concepto africano de mucha antigüedad. Esto no nos incumbe aquí. Pero sí el hecho de que *orisás*, ancestros, humanos y demás formas de vida debemos nuestro poder y existencia a Olodumare-Olórun.*

Los *orisás* son deidades mucho más próximas a los humanos y, junto a los antepasados y ancestros, constituyen los verdaderos objetos de veneración y culto. Están cargados de la *ashé* o fuente energética de Olodumare, y la utilizan para gobernar sobre las cosas y

---

* Algunos antropólogos sostienen que entre pueblos pre-estatales los dioses creadores se vuelven inactivos porque las culturas pre-estatales no necesitan de una autoridad central o suprema, cosa que sí ocurre en las sociedades estratificadas, donde hay tendencia a que el Dios supremo domine a los menores. En cualquier caso, los Dioses celestes africanos solo parecen explicar el origen de lo creado, pero ni dirigen ni mantienen la creación.

los procesos. Los humanos precisamos de ellos para lograr salud, longevidad, amor, prosperidad, protección... Nos podemos comunicar y dirigir a ellos por medio del sacrificio y la ofrenda. Una vez satisfecho, el *orisá* nos dona parte de su *ashé*. Significativamente, los *orisás* necesitan a su vez de los humanos. Olodumare los concibió como seres mortales, de modo que tienen que recibir *ashé* de las personas a través de las ofrendas del ritual. Hay reciprocidad entre los planos.

Orisás los hay a centenares, algunos regionales, otros ligados a algún clan. El más conocido e invocado en el culto es Obatalá (u Orisá-nla, el "gran *orisá*"), creador de la Tierra y los humanos. Posee muchos santuarios a lo largo y ancho del país Yoruba y una categoría de sacerdotes propia. Algunas leyendas atribuyen la creación *de facto* a Oduduwa, un *orisá* que curiosamente había sido un humano. Al morir se convirtió en ancestro con rango de *orisá*. Orunmila es el *orisá* asociado a la adivinación. Un *orisá* particularmente complejo es Esu, el "tramposo" (que contiene las fuerzas del bien y el mal, de la sabiduría y el engaño). Ogun es a la vez divinidad del metal y la guerra y un ancestro humano; se encuentra a caballo entre el mundo de los *orisás* y el de los antepasados. Muy interesante es Onile, diosa-madre del estado caótico, que tiene la misma edad que Olodumare-Olórun y no está sometida a él. Etcétera.

En el Cielo también moran los antepasados familiares y los ancestros deificados de la localidad. Para "cualificar" como antepasado, uno debe haber vivido una vida digna (en armonía con nuestro potencial), haber llegado a una edad avanzada, tener descendencia –masculina, aunque a veces también femenina– y tiene que recibir, tras el fallecimiento, los ritos mortuorios pertinentes para facilitarle el acceso a la parcela apropiada en el Cielo. Los antepasados familiares están ritualmente presentes en los *egungun*, los famosos danzantes enmascarados. Los ancestros deificados están ligados a la historia de las ciudades y de la civilización yoruba. A destacar: Sango (asociado al rayo), Ayelala, Orisáoko, etcétera.

Si estos *orisás* y antepasados son los habitantes del Cielo, la Tierra, por su parte, es el hábitat de los humanos, los animales o "los hijos del mundo" (*omoraiye*), esto es, los brujos, adivinos y chamanes.

Cielo y Tierra están conectados por el ritual, en el que intervienen mediadores como el rey, el cabeza de familia o clan, el adivino, el médium, el médico-chamán o el danzante enmascarado. *Orisás*, humanos y mediadores espirituales estamos todos interconectados por el espacio ritual.

El rito puede llevarse a cabo en diversos lugares y contextos. Si es en la capilla familiar, es el cabeza de familia quien asume el papel de comunicante con las divinidades o antepasados. Otro contexto ritual, en el ámbito de la aldea o la ciudad, está constituido por los festivales del calendario anual, que requieren la presencia del gobernante. De todas las prácticas rituales de los yorubas, la de la adivinación (*ifá*; conocida como *afá* por los igbos) merece especial atención.

Aunque en la Modernidad las prácticas de adivinación gozan de poco prestigio, se trata de una de esas persistentes constantes etnológicas que hallamos en todas las culturas y civilizaciones. En el mundo Yoruba es parcela del adivino (*babalawo*, literalmente "padre del misterio") que se comunica con el *orisá* Orunmila y es capaz –gracias a un procedimiento similar al del *Yi-jing* (*I-Ching*) chino– de "redescubrir" el destino del consultante. Para ello utiliza 16 huesos de kola que, por un complejo procedimiento, permiten hasta 256 combinaciones posibles. Cada combinación remite a varias parábolas que el *babalawo* recitará al consultante. Un *babalawo* experto puede conocer hasta 4.000 parábolas tradicionales. Cada uno de estos proverbios enseña una serie de valores (el trabajo duro, el buen carácter, el cuidado de la naturaleza, etcétera). El adivino es tan esencial al mundo yoruba para expresar sus verdades culturales como el legislador, el filósofo o el sacerdote lo son en otras latitudes. Decimos que el destino se "redescubre" porque según la concepción yoruba venimos al mundo con un destino predeterminado; una ventura de la que, tiempo atrás, habíamos sido conscientes. La cosa remite a la concepción yoruba de la persona.

Dicen los yorubas que cada ser humano posee un cuerpo físico (*ara*) y un cuerpo espiritual, compuesto por el "respiro" (*emi*) y la "cabeza" (*ori*). Sin *emi*, el poder que insufla vida al cuerpo, no habría persona. El *emi* es como el hálito del Dios Supremo, una cratofanía o manifestación de su fuerza, muchas veces simbolizado en la "sombra" (*odjidji*) de cada individuo. Sin *ori*, el cuerpo humano no podría pensar ni comunicarse con los planos divinos. El *ori* –muy parecido al concepto cristiano de "alma"– también es responsable del curso de la vida que –y esto es importante– Olodumare ha *escogido* para él antes de nacer. Ocurre que con la llegada al mundo nos asalta un estado de amnesia total. Al consultar al adivino, el devoto simplemente quiere redescubrir y armonizarse con el destino que el Dios Supremo escogió para él. Por tanto, una persona es un ser vivo con un destino predeterminado en el Cielo.

Al morir el individuo, el *emi* vuelve a su fuente, mientras que el *ori* pasa a otro cuerpo, con frecuencia el de un descendiente. Por tanto, toda persona es la encarnación de un antepasado. Este es seguramente el motivo por el cual los antepasados son, de todos los seres celestiales, quienes muestran mayor interés por el bienestar de la comunidad. Se preocupan de que todo el mundo respete las normas, los valores y los ritos. Aunque la idea de que el *ori* reencarna en otro cuerpo invita a pensar en una supervivencia individual, lo que realmente se subraya es la perpetuación de la *comunidad*. Ello queda patente cuando se dice que tal antepasado ha vuelto en uno

–¡o varios!– de sus descendientes pero, al mismo tiempo, continúa viviendo en su parcela celestial.

Pero el *ori* también puede escoger quedarse en un plano intermedio y actuar –benévola o malévolamente– en el mundo de los humanos. Muy temidos son los no admitidos en la morada de los antepasados, pues su muerte significa la exclusión definitiva de la red de relaciones sociales.

Olodumare ha creado un número limitado de *oris*, cada uno con un destino concreto asignado. De ahí la importancia de la adivinación, que es un poderoso medio para llevar una vida conforme a nuestro destino y alcanzar sabiduría, salud, prosperidad y felicidad. Con la adivinación no se trata tanto de leer el futuro como de conocer la trayectoria personal de vida y determinar las acciones en armonía con la misma. Como puso el africanista Emmanuel Chukwudi Eze, el *ifá* es, en verdad, un procedimiento por el que se intenta entender la esencia de la *ashé*. Más que una exótica "mancia", la adivinación yoruba pretende averiguar el sentido y significado de la vida. Por tanto, es una tarea de pura naturaleza filosófica.

Tras la muerte retornaremos al Cielo bajo la forma de un antepasado y seguiremos en contacto con nuestra gente a través del poder del rito. Un día regresaremos, amnésicos, a esta Tierra.

13. Religiones afro-brasileñas

La aportación yoruba traspasa, con creces, las fronteras continentales, ya que muchos afro-americanos de Brasil, Cuba o Estados Unidos participan de numerosos aspectos de esta cultura. Aunque en otro capítulo tocaremos cuestiones de globalización, sincretismo y mestizaje, me parece muy saludable incluir entre las "religiones del mundo" alguna de estas religiones afro-americanas tradicionalmente devaluadas a la categoría de "sincretismo".

Sabemos que a lo largo de varios siglos fueron llegando a Brasil miles y decenas de miles de esclavos africanos. En las plantaciones (más tarde en los suburbios de las ciudades), estos esclavos de distintas procedencias africanas fueron "reencontrando" a paisanos de sus mismas zonas de origen. A lo largo del siglo XIX se formaron distintas "naciones" de afro-brasileños. Los nombres que recibieron solían denotar su origen: congo, malé, yoruba, moçambique, fon, angola o dahoman. Gradualmente se desarrolló una complejísima estructura social con reyes, reinas, embajadores o cortesanos de dichas "naciones". A su manera, el gobierno brasileño alentó la formación de estas "naciones", ya que pensaba que la rivalidad étnica ayudaría a mantener la población afro-brasileña dividida.

Aunque los primeros cultos religiosos debieron retener mucho de su origen tribal africano, a medida que los afro-brasileños fueron mezclándose entre sí y con otros grupos raciales, las diferencias entre las "naciones" quedaron básicamente relegadas al culto. Si bien en zonas del Norte la influencia indo-amazónica fue –y es– patente, en la mayor parte de Brasil la jerarquía ritual y las formas de culto prevalentes fueron las de la "nación" yoruba, de origen nigeriano. Lo muestra la afro-brasileña *orixá* ("deidad") que deriva de la yoruba *orisá*.

Como ya sabemos, la divinidad principal yoruba es Olodumare-Olórun. Por debajo tenemos, en Brasil, una serie de *orixás* como Oxalá (Obatalá en Nigeria o en Cuba), Xangó o la diosa Yemanjá, que son ancestros, héroes y reyes divinizados que interceden entre Olórun y los humanos. El ritual consiste en el sacrificio animal y suele haber danzas extáticas. Existe una clase sacerdotal que, con frecuencia, es femenina.

Durante siglos, y aun abolida la esclavitud, los cultos afro-brasileños fueron perseguidos. De modo que muchos rituales, mitos y
creencias adoptaron la estrategia del camuflaje bajo guisa cristiana.
Por ejemplo, Oxalá solía identificarse con Jesucristo (o el Espíritu
Santo), Yemanjá con Nuestra Señora de la Inmaculada Concepción,
el *orixá* guerrero Oguan se transformaba en san Jorge, mientras que
Exu, el dios de la venganza, se homologaba al Diablo. Algo muy parecido ocurrió en Cuba [véase §63].

Solo en la zona del Nordeste (donde la población de origen africano ha sido siempre muy elevada), la divisoria entre el componente africano y el cristiano pudo mantenerse de forma consciente.
Allí, en estados como Pernambuco o Bahia, la religión afro-brasileña recibe el genérico de candomblé. Más hacia el Sur, la distinción
entre lo africano y lo católico es mucho más difícil de establecer.
Con el paso del tiempo, estas tradiciones fuertemente hibridadas
dieron lugar a los cultos de la macumba y, en tiempos más recientes, de la umbanda [véase §64]. Cuanto mayor es la participación
"blanca" en estas formas religiosas, más nos alejamos de los cultos
africanos, más hincapié se pone en la magia que ayuda al individuo y menos énfasis se pone en la red de relaciones sociales y en la
solidaridad de grupo.

14. Religiones civiles

En su proceso de pluralización, el término *religión* se ha ensancha-
do de tal manera que se habla de una "religión civil", del "cientifismo como religión", de "religión humanista"… y hasta de una
"religión del dinero".

Siempre que viajo a Estados Unidos me llama la atención la profusión de banderas ondeando. Y la no menos numerosa cantidad de iglesias que hay por doquier.

La asociación entre la bandera nacional y la Iglesia no es casual. El cristianismo es la religión preponderante en Estados Unidos. Aunque su Constitución realiza una clara separación entre la religión y el Estado (de hecho, este texto fue una de las piezas clave en el proceso de secularización de Occidente), al mismo tiempo se refiere a Dios en diversas ocasiones. La retórica política y la atmósfera pública de Estados Unidos están muy entrelazadas con los símbolos y mitos religiosos. Hasta tal punto, que se habla de una "religión civil" que sustituye al cristianismo como vector de cohesión social y como fundamento moral de la nación.

Los paralelismos son asombrosos. Por ejemplo, la Guerra de Independencia de Estados Unidos replica la huida del pueblo de Israel de Egipto (y este último vale por el inmoral yugo europeo). La Guerra Civil es como la redención –por sangre y sacrificio– que Jesucristo realizó del género humano con su pasión y muerte. La bandera nacional, el himno y el juramento de lealtad son las contrapartidas civiles a la cruz, el salmo religioso y la recitación del credo. Existe una escatología obvia: Dios guía a la nación estadounidense de forma providencial hacia el Progreso. América es la nueva Tierra Prometida y los (norte-)americanos, el nuevo pueblo elegido, cuyo destino es dirigir el resto del mundo hacia la salvación colectiva.

La teología civil tiene como doctrinas fundamentales los derechos individuales, la democracia y la igualdad de oportunidades. Estos dogmas crean un universo de significado en el que el individuo encuentra sentido a la vida y gracias al cual el orden social se legitima. En el espacio público estadounidense se invoca constantemente a Dios (pero no a Jesucristo ni a ninguna Iglesia en particular), que hasta aparece en el billete de un dólar. Las ceremonias y protocolos políticos son verdaderas liturgias, como el infinito proceso electoral presidencial, verdadero ritual colectivo de la religión civil norteamericana.

Podemos considerar esta apropiación un burdo "simulacro" (Jean Baudrillard) o un "sustituto"; un suplente que –para más inri– utiliza con descaro las más modernas técnicas de márketing comercial para persuadirnos de los mensajes de salvación de sus apóstoles políticos. Pero el que esta esfera "civil" haya sido designada como "religión" por los expertos es revelador de su alcance (y de la intemporal necesidad de anclar lo mundanal en lo trascendente).

El fenómeno no es intrínsecamente norteamericano, aunque es allí donde mejor ha sido estudiado y donde ha sido aplicado con más eficacia. De hecho, el término "religión civil" fue acuñado por Jean-Jacques Rousseau en el siglo XVIII; en un contexto parejo.

Se tiene a la República Francesa como el primer Estado laico, verdugo del *ancien régime*. Pero por mucho que se autoproclame laica, las referencias sacro-políticas son constantes. La República se convirtió en una verdadera Iglesia de sustitución, con sus dogmas (Constitución, Declaración de Derechos del Hombre y el Ciudadano), sus símbolos venerados como reliquias sagradas (la bandera, la patria, la Marianne) y sus rituales (fiestas cívicas, con plegarias, cánticos, santos y mártires). Uno puede preguntarse si, en Estados Unidos o Francia y en cantidad de países que más o menos siguen su estela, no se está dando una sacralización del capitalismo o de la laicidad. Está claro que lo religioso y lo político no son entidades separadas. Siempre han mantenido relaciones, tensiones y, lo que es menos conocido, correspondencias (la burocracia celestial angelical, por ejemplo, ha servido muchas veces de arquetipo para la administración terrenal).

Habrá quien proteste y no admita como religión algo que no parece preocuparse por elevarnos a lo trascendente. O que no postula la existencia en un plano sobrenatural. Son razones de peso. (Pero no olvidemos nunca que la trascendencia no es obligatoriamente un *sine qua non* de la religión.) Al postular una "religión civil" estamos reduciendo el fenómeno religioso a un conjunto de símbolos, una moral y una cosmovisión. Según esta concepción, entonces cualquier ideología puede ser una religión. Lo cual se me antoja asimismo plausible. Sí. La idea invita a reflexionar.

15. El maoísmo

Indaguemos en una curiosa religión china, algo moribunda, pero indiscutida durante muchos lustros. Porque cómo tildar sino también de religioso el intrincado cúmulo político, ideológico, económico, institucional, moral y ritual que fue –y, en parte, todavía es– el maoísmo.

En efecto, esta religión tiene su propio fundador, Mao Zedong (1893-1976), apodado el Gran Timonel (un título que remite al Primer Emperador, con quien Mao se identificaba plenamente). Desde la perspectiva maoísta puede hablarse de profetas como Marx, Engels, Lenin o Stalin, cuyos retratos solían aparecer en paradas y vallas públicas mostrando el linaje o sucesión profética.

Existen escrituras canónicas, como el famoso *Libro rojo*. Hay una filosofía oficial: el materialismo dialéctico. Y una Iglesia institucionalizada (el PCCh) que vela por la ortodoxia, la ley y el orden. Una Iglesia, por cierto, sumamente jerárquica y con poder para excomulgar, ejecutar o llamar a la guerra santa (Revolución Cultural).

El maoísmo, por supuesto, posee su mitología particular. Ahí está la Larga Marcha, la gran epopeya del comunismo chino y su mito central. O la victoria de 1949, conocida como la Liberación (y que marca un tiempo pre- y otro post-Liberación, un poco al modo del a. de C. o el d. de C. de otras tierras). Incluso los planes quinquenales, como el Gran Salto Adelante, forman parte del *mythos*. Todo este bagaje épico y mítico se reactualizaba periódicamente en obras de teatro, verdadero ritual colectivo del maoísmo "popular", o, más solemnemente, en las liturgias o sesiones del Partido, accesibles tan solo a la élite burocrático-clerical.

El componente escatológico del maoísmo es muy acusado: promete una revolución permanente en pos de una sociedad igualitaria y justa; o sea, el Cielo aquí, en esta tierra. La moral maoísta, la llamada "moral revolucionaria", tan celosamente instigada por la guardia roja durante la Revolución Cultural, está muy ligada a esta meta última. Ya que la Larga Marcha no había conducido al prometido paraíso material para los trabajadores y los agricultores, la meta se transmutó en la moralidad revolucionaria desnuda, convertida en un fin en sí mismo, mientras la expectativa revolucionaria de un futuro glorioso se pospuso para siempre, siendo su lugar ocupado por el heroico presente.

Por todos estos rasgos podemos considerar el maoísmo como una "religión" en el sentido más convencional de la palabra. Y, desde luego, tiene más números para serlo que aquello que llamamos "hinduismo" [véase §8]. No le falta ninguno de los componentes que se les supone a las religiones. ¿Cierto?

Bueno, quizá no. Algo fallaba en la religión maoísta. Algo faltaba, como en la "religión civil" estadounidense o en el "laicismo" francés. Me aventuro a insinuar el qué: la experiencia de lo sagrado. Y una religión sin un plus de trascendencia o que no nos desligue de lo condicionado, esto es, una religión –o Iglesia– sin cierta

dimensión espiritual o mística, entonces se convierte en un vásta-
go parricida de la religión (la expresión es de Juan Antonio Marina), cae en la mera ideología, en el puro dogmatismo y, con frecuencia, se convierte en el opio del pueblo.

¿O fue el maoísmo otra manifestación de la *religiosidad china*? De
esa que puede adoptar la forma del taoísmo, el confucianismo, la religión popular o el budismo [véase §9]. Pues también podría ser correcto. Aunque yo no soy experto en sinología, aventurémonos una
vez más en el universo ritual de China. La distancia con el mundo
abrahámico permite hacer aflorar interrogantes interesantes para
seguir indagando en el fenómeno que llamamos *religión*.

16. El *dao* confuciano

En la jerga común, los conceptos "Extremo Oriente", "civilización
china" o "mundo confuciano" son virtualmente equivalentes. De forma automática los asociamos al universo de los ojos rasgados y la
piel levemente aceitunada: China, Taiwán, Corea, Japón y Vietnam.
    ¿Quién fue este Confucio al que le otorgamos la paternidad cul-
tural de la mayor parte de la humanidad? ¿A qué se asemeja eso
que llamamos confucianismo? ¿Alguien tiene idea de qué van los
famosos valores confucianos?, ¿y qué tienen que ver con la China
de hoy? Aquí solo vamos a esbozar algunas reflexiones.
    En realidad, el confucianismo no nace con el maestro Kongfu-
zi (-551/-479), que solemos latinizar en Confucio. Él no cesó de repetir que era únicamente el custodio de un saber antiguo. Sin embargo, dado que desde hace 2.500 años Kong ha sido honrado como
el maestro más venerado, algo así como la "encarnación" de la sen-

da confuciana (la Ru-jia o "tradición de letrados", como más certeramente habría que denominarla), es lícito otorgarle el honor.

Todo el mundo tiene cierta noción acerca de lo que hicieron o enseñaron hombres como el Buddha, Jesucristo o Muhammad (Mahoma). Pero del maestro Kong existe en Occidente una estrepitosa ignorancia. Tal vez porque no se sabe muy bien dónde encajarlo. ¿Fue el maestro Kong un sabio?, ¿un líder religioso?, ¿un humanista? Se oye con frecuencia que el confucianismo no es una religión. Lo cual podría ser correcto. El confucianismo, es cierto, no es una religión institucionalizada, ni es un sistema centrado en el culto, aun a pesar de la importancia que históricamente ha otorgado al ritual. Hablando estrictamente –y al hilo de lo que escribíamos en el capítulo anterior–, el término "religión" solo puede aplicarse a aquella tradición en la que nace y se incrusta el concepto *religio*. Pero dado que el término ha sido pluralizado, entiendo que la enseñanza de Kong podría concebirse como una potente dimensión de la religiosidad china.

El confucianismo es una visión del mundo, conforma una ética personal y social, es una ideología política, una tradición de letrados y una forma de vida. Por tanto, es una tradición que abarca política, sociedad, familia, educación…, esto es, todos los niveles de la existencia humana.

El eje de la tradición confucianista podría comprimirse en la idea de *aprender a ser humano*. Y ser humano, para el maestro Kong, significa ser y estar en armonía con la Naturaleza y con el Cielo (*tian*). Fíjense que el sentido estricto de "religarse" le viene como anillo al dedo. Esta armonía o plenitud del ser se da en la red de relaciones que el individuo establece con su familia, la comunidad local, la nación, el mundo entero y el más allá. Kong insistió una y otra vez en que la potencialidad o virtud (*de*), entendida como perfección moral y como potencia de transformación, es inherente al ser humano. Todos tenemos la responsabilidad de desarrollarnos a través del estudio (*xue*). A medida que cultivamos esa potencialidad, la virtud se manifiesta en el comportamiento y en las actitudes de benevolencia (*ren*), sentido de justicia (*yi*) y respeto a las formas sociales y ritos (*li*).

Este aprendizaje, cultivo o autorrealización no es un medio para alcanzar algo divino o trascendente, sino que es el fin en sí mismo. El confucianismo –o mejor, la enseñanza de Kongfuzi, ya que la ideología confuciana que cuajaría varios siglos después de la muerte del maestro mantiene importantes diferencias con su mensaje– entiende que si uno no se entrega al cultivo personal, entonces solo queda parapetarse tras las apariencias externas, el poder material o cualquier cosa distinta a nuestras capacidades internas; y eso es algo de lo que aborrece el confucianismo antiguo. En cambio, el aprender a ser humano es un proceso que no tiene fin. Todos somos sabios en potencia, todos podemos llegar a ser un "hombre superior" (*jun-zi*) o un "hombre espiritual" (*shen-ren*). Este es el *dao* o "camino" confuciano.

Podemos llamarlo humanismo, religión, espiritualidad… Y al maestro Kong tildarlo de sabio, hombre superior o lo que queramos. Al final, estas etiquetas nos revelan ante todo nuestra propia posición y óptica del mundo. Desde mi ángulo personal puedo ver esta enseñanza como uno de los desarrollos más poderosos de lo que hoy llamamos espiritualidad ateísta o secular [véase §4]. Y de lo que nadie puede dudar es de la incidencia de estas ideas y valores en la sociedad que –en honor al maestro Kong– hemos designado como "confuciana". Aunque China transite hoy por otras lindes.

17. El descenso del Espíritu Santo

Me pasa lo que a muchos jóvenes de hoy: un creciente analfabetismo teológico del cristianismo. (¡Lo cual no me ha impedido escribir un libro sobre religiones!) Nunca entendí muy bien el esotérico concepto de la Trinidad: el Padre, el Hijo y el Espíritu Santo. (Aunque siempre es un consuelo saber que eso tampoco lo captan musulmanes y otros estrictos monoteístas.) No tuve problema con la encarnación del Padre en el Hijo. Al fin y al cabo, se parece mucho al concepto hindú de *avatar*, con el que estoy familiarizado. Pero confieso que me cuesta asir la tercera parte: el Espíritu Santo. (Y eso que conozco tanto la teología trinitaria de Raimon Panikkar como la análoga doctrina de los "tres cuerpos" del Buddha.) Hasta que un día caí de forma casual en una pequeña iglesia de la periferia de Bogotá.

Según los expertos, las dos religiones que crecen con mayor rapidez en el mundo son el islam y el cristianismo "carismático". Se calcula que unos 250 millones de personas profesan en la actualidad esta modalidad de cristianismo, también conocida como pentecostalismo.

El fenómeno es muy palpable en Estados Unidos, Latinoamérica (Brasil, Puerto Rico, México o Argentina), en África Sudsahariana (Congo, Sudáfrica o Nigeria), en Europa del Este (Rumanía) y en zonas de Asia (Corea, China o Filipinas).

Esta variedad de cristianismo nació a principios del siglo XX en los "márgenes" de sociedades principalmente cristianas. Comparte algunos rasgos con el fundamentalismo; en especial, su aversión por las formas más liberales de cristianismo, la idea de infalibilidad de la *Biblia*, una moral muy estricta y la creencia en la segunda llegada de Jesucristo. La principal diferencia es el peso que las iglesias pentecostalistas otorgan al *carisma* milagroso del Espíritu Santo; de ahí su nombre. Para los cristianos carismáticos, el bautismo en el Espíritu constituye la experiencia cristiana cardinal. Los que han sido salvados por el Espíritu manifiestan con frecuencia signos raros, extáticos y maravillosos (capacidades curativas, exorcismo o glosolalia, es decir, hablar un idioma desconocido). Para los carismáticos, el catolicismo no es siquiera cristianismo, y reniegan del ritual tradicional, al que consideran vacío.

Los carismáticos trazan sus orígenes a partir de las comunidades cristianas de la antigüedad. En concreto, las descritas en los primeros capítulos de los "Hechos de los Apóstoles". Este texto, que es una continuación de los "Evangelios", narra la expansión del cristianismo por toda la zona mediterránea, propulsado por el Espíritu, que otorga el don de lenguas (de ahí que algunos hayan calificado el libro como el "Evangelio del Espíritu Santo"), hasta que el vendaval cristianizante llegó a Roma.

La fiesta de Pentecostés, que marca el descenso del Espíritu Santo cincuenta días después del Domingo de Resurrección y pone fin al tiempo pascual, celebra en rigor el nacimiento de la Iglesia cristiana, la comunidad de personas reunidas y transformadas por el Espíritu Santo. Para los grupos carismáticos, Pentecostés constituye el evento principal; de ahí su nombre más común de pentecostalistas.

Es lógico, por tanto, que los carismáticos crean fervientemente que están restaurando la prístina y poderosa religión del "Nuevo Testamento". Al recibir hombres y mujeres de cualquier raza y por igual el *carisma* del Espíritu Santo, y al ensalzarse el papel de la familia o el rol de la madre, los pentecostalistas se muestran resueltamente igualitaristas. Mi experiencia con ellos, si bien no me aclaró del todo el concepto de Trinidad, sí me mostró una intensidad religiosa que hacía tiempo que no había visto en el mundo cristiano.* Por mucho que me haya referido aquí a los "Evangelios", el pentecostalismo marca con rotundidad el reemplazo del "libro" por la inspiración y el carisma divinos.

El pentecostalismo nace, se desarrolla y ha arraigado entre los más desfavorecidos. Aparece en 1906 en una misión periférica de Los Ángeles, fundada por un predicador negro originario de Louisiana, de nombre William Joseph Seymour (1870-1922). Es más que evidente la influencia de las formas de cristianismo evangélico afro-americano. Casi simultáneamente, el pentecostalismo también vio la luz en Gales, en los márgenes del Reino Unido; y muy poco después aparecía en multitud de poblaciones del África Sudsahariana y de América Latina. Hoy, poderosas Iglesias africanas, como el movimiento Aladura de África Occidental, la Iglesia de Sión de Sudáfrica o la Iglesia de Dios en la Tierra de África Central, proceden del cristianismo carismático.

Curiosamente, el pentecostalismo se ha ido desplazando de las periferias al "centro", influyendo hoy en las principales corrientes cristianas. En la actualidad existen metodistas, baptistas, anglicanos y católicos de clara orientación "carismática". Todos comparten la primacía de la experiencia personal.

Hasta tal punto este último punto me parece cardinal que me atrevo a vaticinar que aquellas espiritualidades que prioricen la *experiencia personal* y propugnen una *vía igualitaria* son las que acabarán siendo más vitales.

---

*   Esta intensidad emocional me hace ver el Espíritu como la energía creadora de Dios (el Amor de Dios), lo que traducido a mis categorías índicas llamaría *shakti*; o sea, la inmanencia.

18. Bön

Si me preguntaran qué región del globo creo que despierta los anhelos místicos más profundos no dudaría en apuntar al Tíbet. Pocos países del mundo remueven ecos –y estereotipos– tan imponentes como la tierra de los yaks y raros entes levitantes.

Lo que ya es menos conocido es que, además de la extraordinaria tradición budista, el Techo del Mundo ha producido una religión fascinante: el bön; bien que es otra de las que no suelen figurar en el club de las "religiones del mundo".

El bön comparte numerosos puntos en común con el budismo. Doctrinalmente, adopta la doctrina del karma y el renacimiento, el ideal del *bodhisattva*, la iluminación como meta, la vacuidad (*shunyata*), etcétera. El propósito religioso para la mayoría de bön-pos es adquirir mérito kármico en esta vida gracias a la conducta virtuosa, las peregrinaciones y circunvalaciones (a montañas sagradas y monasterios), las plegarias (en banderas, en piedras grabadas, haciendo girar molinillos) y los cánticos de *mantras*. El mérito adquirido propiciará eventualmente un renacimiento en un paraíso celestial. La práctica externa no se diferencia, pues, de la budista. Como la iconografía es similar, a primera vista un lego difícilmente pueda distinguir entre budismo y bön. Las semejanzas pueden ser tantas que los expertos han tendido a comprender el bön, o bien como una forma heterodoxa de budismo, o como los resquicios de la religión autóctona del Tíbet antes de la introducción del budismo, allá por el siglo VII.

Sin embargo, estos rasgos remiten a un común trasfondo cultural tibetano y a intercambios entre ambas tradiciones. En ningún caso puede decirse que el bön sea una forma corrupta de budismo o un animismo teñido de budismo. El bön posee rituales propios, que están minuciosamente detallados en sus textos (algo que no siempre ocurre en el budismo), su particular mitología y una soteriología única. Lo que hoy conocemos como bön más bien parece la tradición religiosa que emergió en el siglo XI en el Tíbet Central y que se jactaba de continuar la religión pre-budista ancestral.

Según la tradición, el fundador del bön habría sido Tönpa Shenrab, el "Maestro Shenrab". Su biografía, aunque presenta alguna similitud con la del Buddha histórico, proviene del mismo género que las hagiografías de Padmasambhava (siglo VIII) y otros maestros tántricos (*siddhas*) de la región indo-tibetana. Es verosímil, como sostiene la tradición, que Shenrab fuera originario de un país llamado Tazig (que ha sido identificado con Irán, con Tayikistán o con el Sudoeste de Tíbet). Para el bön, ese país al occidente del Tíbet es la tierra de la "verdadera religión".

Shenrab era de familia real y, a diferencia del Buddha, llegó a reinar en su tierra. Según el bön, era un ser plenamente iluminado, el *buddha* de nuestro período cósmico. Más adelante, Shenrab propagaría su doctrina por todas las direcciones. Al final de su vida se ordenaría y acabaría retirado como ermitaño.

Tönpa Shenrab es el maestro de nuestra era cósmica. No obstante, él es solo uno de los cuatro seres trascendentes postulados por el bön. Junto al "maestro" (*tönpa*), la tétrada está compuesta por una diosa o "madre" (*yum*), un dios (*lha*) y un "procreador" (*sipa*). La diosa es Satrig Ersang, otro ser plenamente despierto, que simboliza la sabiduría, de forma parecida a la budista Prajñaparamita. El dios es Shenla Wökar, que viene a representar algo así como el "cuerpo doctrinal del bön". Per Kvaerne, una de las grandes autoridades en esta tradición, ha detectado que se trata de una variante del *buddha* Amitabha y que parece presentar influencias iranias, posiblemente maniqueístas. Finalmente, el procreador de nuestra era es Sangto Bumtri, la deidad que da a luz a los habitantes de este mundo. Además de estos "cuatro trascendentes", el bön posee un riquísimo panteón de deidades. Algunas son manifestaciones de estos cuatro, otras son guardianes protectores, hay divinidades tutelares (*yidam*), también dioses locales, etcétera. Cada deidad posee su iconografía precisa y su ritual asociado.

Cuentan que la doctrina bön arribó al Tíbet a través de la misteriosa lengua de Zhang-zhung, otra zona difícilmente identificable, pero que apunta a la región próxima al monte Kailash. Allí habría cuajado siglos antes que el budismo, hasta que –siempre según la tradición bön– fue suplantado por la "falsa religión" (budismo) y sus sacerdotes expulsados por los reyes budistas. Durante esos años oscuros de persecución budista, los sabios del bön ocultaron sus "tesoros" (*termas*), es decir, sus enseñanzas o textos sagrados, para que en su debido momento fueran redescubiertos por los respectivos *tertön* o "descubridores de tesoros".

Buena parte de este material –indudablemente influenciado por la tradición tántrica india– pertenece a una enseñanza llamada *dzogchen*; un saber que, significativamente, es compartido con la "escuela [budista] de los antiguos" (Nyingma-pa), la primera en implantarse en el Tíbet.

Con el paso del tiempo, el bön fue desplazándose de la zona del Tíbet Occidental hacia el Tíbet Oriental. La mayoría de monasterios y comunidades bön se encuentra hoy en las provincias nororientales de Kham y Amdo, en Sichuan, Yunnan y en ciertas regiones de Nepal. No hay rastro de bön-pos en Zhang-zhung, si bien la peregrinación al Yungdruk Gu Tseg (monte Kailash) es popular [véase §47]. Propia de los bön-pos es la peregrinación al Bönri, la "montaña del bön", en la zona de Kongpo.

La comunidad sufrió duramente la ocupación china del Tíbet. Buena parte de los monjes se refugió en Dolanji (Himachal Pradesh, India), donde se encuentra su principal centro y monasterio en el exilio. Tras su visita a Dolanji en 1978, el XIV *Dalai-lama* reconoció el bön como quinta escuela del budismo tibetano. Un gesto significativo de hacia dónde soplan los vientos en la actualidad.

19. La religión del provecho

Igual que el Tíbet, la India es archiconocida como tierra de sabios, yoguis y maestros espirituales. Hasta tal punto inspira trascendencia que algunos imaginan que, al aterrizar en Nueva Delhi, encontrarán a sus habitantes levitando a medio metro sobre el suelo.

Es cierto que ese espacio también acapara noticiarios por las catástrofes naturales, el conflicto social o sus lacras tercermundistas; pero la India como tierra de proverbial sabiduría es tal vez la imagen que ha quedado mejor arraigada en el imaginario occidental (y en el indio, dicho sea de paso). No voy a ser yo quien desmonte el estereotipo. Al fin y al cabo, del continente índico han brotado infinidad de fábulas, cuentos y hermosas leyendas. Es más, soy de los que piensan que, efectivamente, eso que llamamos "India" es una tierra de asombrosa religiosidad. Ocurre que la espiritualidad de los indios puede tomar carices no siempre accesibles al viajero casual y formas que tampoco aparecen en los libros de "religiones del mundo". Oigan.

Desde hace muchos siglos, en el Oeste de la India (lo que hoy son los Estados de Maharashtra, Gujarat, Rajasthan o Sind, que actualmente se encuentra en Pakistán) han existido comunidades de comerciantes y mercaderes muy dinámicas. Forman parte de las castas genéricamente llamadas *vaishya*, *bania*, *mahajan*, marwari o *chettiar*. La mayoría son hindúes vishnuistas, pero con importantes secciones de jainistas, y hasta con minorías de sikhs, parsis y musulmanes.

Un buen amigo editor de Delhi pertenece a una de esas castas; a la *oswal* en concreto. Me avisa que acuda al día siguiente, muy temprano, a su casa. Se llevará a cabo un culto (*puja*) especial, propio de las castas de mercaderes en estas fechas del calendario. Mi colega es de religión jaina, pero me explica que los *oswals* hindúes realizan *pujas* similares. Todo el mundo acude vestido con las ropas apropiadas (falda y camisa blancas de algodón), tras el baño y las abluciones purificadoras del alba. Va a ser una *puja* en toda regla. Pero cual es mi sorpresa cuando compruebo que, tras haber realizado algunas oraciones a imágenes de Mahavira (último guía del jainismo) y de Lakshmi (diosa de la prosperidad), el culto se dirige a… ¡los libros de contabilidad! Se marcan las páginas de cuentas y tesorería con bermellón y símbolos auspiciosos, se menea incienso, de nuevo se reza a la diosa de la fortuna, etcétera. Mi amigo me dice que en esos libros están encapsuladas todas las transacciones del negocio familiar (y hasta las miserias y secretos del clan) en un alfabeto propio de los mercaderes (al que, por cierto, otras comunidades atribuyen misteriosos y no siempre muy benignos poderes). Para mí todo resulta increíblemente prosaico. ¿No era esta la tierra de los místicos y los desapegados? ¿Y no era precisamente Gandhi, el campeón de la austeridad y la no-violencia, uno de estos comerciantes *banias*? Correcto.

Son mis prejuicios los que me impiden captar otras formas de religiosidad. Mi amigo me aclara que su *dharma* o deber religioso consiste en cultivar el provecho material (*artha*). Desde que se levanta hasta que se acuesta, el devoto del regateo vive para cumplir su *dharma* de comerciar. Doy fe. Ganar dinero y tener éxito no está mal visto. Sino todo lo contrario; se sospecha que ello es fruto del buen karma. Esto es una característica de la religiosidad índica. A diferencia del mundo judeocristiano o islámico, en el índico el dinero no constituye la raíz del mal.

A pesar del cliché "ultramundano" promovido –tanto en la India como– en Occidente, la espiritualidad surasiática no se opone al capitalismo o la cultura económica (como tampoco se opone a la política, la violencia o el bienestar material). El comerciante indio boyante es considerado un bien social, y su familia, una encarnación del éxito. Lo específicamente denostable es el gozo ignorante de la posesión. De ahí la proverbial austeridad del comerciante indio "tradicional" (que distingo del "moderno" *businessmen*, cuyo afán de ostentación *à la nouvelle riche* es notorio).

En el contexto tradicional, la adquisición de riqueza ha de ir acompañada por la práctica de la generosidad. El magnate vishnuista o jainista destinará una parte de sus beneficios a ayudar a las instituciones religiosas, costeando peregrinaciones, haciendo construir templos o imágenes, mandando copiar los textos sagrados, donando alimentos y ropas a los ascetas (monjes), financiando la construcción de escuelas, hospitales y albergues, etcétera.

Gracias a la generosidad (*dana*) con la religión y el servicio a la comunidad, los comerciantes ganan reputación (*pratishtha*). Dicho prestigio tiene que mostrarse públicamente con un comportamiento ejemplar. Ello consiste en seguir una dieta estrictamente vegetariana, mantener siempre un tono temperado y equilibrado, no hacer ostentación indebida, no incurrir en escándalos, evitar inmiscuirse abiertamente en política, regular las alianzas matrimoniales con cuidado y manejar los negocios con cautela.

Solo en las últimas décadas, el mundo se está percatando del potencial económico de este pujante universo paralelo de la India, que recibe la absurda y patética etiqueta de "potencia emergente". Porque no olvidemos que ya hace *miles* de años las ciudades del valle del Indo comerciaban cómodamente con Mesopotamia; que los persas recaudaban de su satrapía índica un tributo equivalente al de todos los demás pueblos juntos; que Plinio se quejaba de la sangría anual de decenas de millones de sestercios en la balanza comercial entre Roma y la India; sin menospreciar el fortísimo intercambio con Asia Central y China (vínculo que acabaría por trasplantar el budismo hacia el Este de Asia). Recordemos que, antes de la aparición del islam, los gremios mercantiles de castas *chettiars* estaban implantados sólidamente en Malacca y hasta en la provincia china de Fujian. Léase al viajero luso Duarte Barbosa para palpar el pujante ambiente mercantil de Gujarat en el siglo XVI. El activo comercio interregional se sostenía en un sistema de créditos y letras de cambio que impresionó profundamente a los europeos. La presencia de mercaderes *banias* en puertos africanos, como Malindi, Zanzíbar o Mombasa, en enclaves como Adén, Hormuz o Malacca, era notoria. Los portugueses comparaban a los *banias* con los mercaderes italianos. Los magnates marwaris (zona del Rajasthan de la que son originarias bastantes de estas comunidades) eran auténticos multimillonarios; de tal manera, que un solo comerciante indio del siglo XVII podía "pesar" tanto como toda la British East India Company.

Los Birla, los Tata, los Mittal, los Ambani... y demás apellidos ilustres de magnates indios son únicamente la punta del iceberg de un mundo comercial de incalculable poder y largo pedigrí. Un microcosmos cuya ambición por lograr utilidad económica es –o era– casi directamente proporcional a su pietismo. ¿Quién dijo que la religión y la moderna economía de mercado no tienen nada que ver la una con la otra? La religión en la India, ciertamente, puede encarnar bajo guisas insospechadas.

20. A propósito de una Pascua en Lima

Esta incapacidad para "ver", esos prejuicios que me impiden captar una religiosidad que rinde culto a los libros de contabilidad, constituye –en verdad– el meollo de la cuestión. Lo experimenté de nuevo en un contexto y desde un ángulo completamente diferentes.

Desfilo con la muchedumbre por las escalinatas de la catedral. Es Semana Santa y es Lima, Perú. Avanzamos lentamente, con orden, y entramos en la basílica, de evidente alcurnia hispana. No hay solemnidad en el ambiente; tampoco jolgorio; mas una devoción austera. Algunos rezan a los santos, otras a la virgen, hay quien toma los algodoncitos con los que unas empleadas del templo restriegan la imagen del Cristo apaleado. Muchas mujeres y niñas posan sus manos en la imagen de un límpido niño Jesús, imagino que de poderes salvíficos. Después de participar de la expresión de la fe y la devoción sigo mi periplo por el centro histórico de la ciudad. Dicen que el Viernes Santo también hay que acudir a la iglesia de la Merced, que está cerca. La escena se repite. Cabellos oscuros y facciones mestizas, en fila india, rezos murmurados, manos que tocan imágenes milagrosas. Mujeres que se empapan de lo sagrado. La Pascua en Lima me transporta a otras idiosincrasias. Pero lo que en esta ocasión más me ha sorprendido de la experiencia ha sido mi propia autorreflexión.

Me descubro a mí mismo buscando lo *auténtico* de la escena. Esperaba ritual encorsetado, folclore, "guiris" (turistas). Y lo que descubro, aparte de la callada religiosidad indígena, es mi propio anhelo por lo "auténtico". Extraño. Como si otras escenas y lugares fueran menos genuinos. ¿Acaso los peruanos o las peruanas que viven en Madrid o en Buenos Aires son menos genuinas que las que acuden a venerar al Cristo de la catedral barroca de Lima o las que visten los atuendos tradicionales en el Cusco?

Me pillo, en fin, etnificando a las limeñas, tratando de hacer de ellas arquetipos de la *indigeneidad* (o de la *espiritualidad*, o de la *superstición*, que para el caso no varían el axioma). Y saco fotos. Me duele confesarlo, pero no estoy tan lejos del colonizador que veía al nativo –en Papuasia, en Rhodesia o en el Paraguay– como el *exótico* (ya fuera de la modalidad del "buen salvaje" o la del "primitivo caníbal", que tampoco varían el axioma). O ya puestos, no estoy tan alejado del antropólogo que presume que es capaz de situarse en un punto de observación equidistante. (Ingenuo.) O del cooperante solidario, que prolonga la mirada y la empresa misionera: la conquista por la caridad. Cuando, en cambio, no voy mucho más allá del turista, es decir, de aquel que fue allí para confirmar en su experiencia –y sus fotos– aquello que ya traía consigo: un denso bagaje de lecturas, documentales de televisión, revistas de viajes, museos visitados, folletos turísticos, y demás.

¡Ojo! No reniego del viaje. Que se me entienda bien. Nadie es capaz de relacionarse con el mundo sin pre-conceptos, sin pre-juicios. Estamos formados por anhelos, historias y clichés. Uno es fruto de su lengua, de su tiempo y de la biografía personal. Los *prejuicios* nos constituyen.

Para los hermeneutas estos prejuicios –que podemos llamar constructivos– son propensiones para abrirnos al mundo. Conforman las condiciones por las cuales experienciamos las cosas. No se trata de obstáculos, ni son intrínsecamente negativos. Todo lo contrario: son indispensables para la comprensión. Pero, como todo el mundo sabe, existe otro tipo de prejuicios que pueden resultar sordos o ciegos. Son los que precisamente nos impiden "escuchar" o "ver", los que nos llevan a grandes malentendidos.

Por ejemplo, el extendido hábito de *proyectar* sobre el "otro" o *asimilarlo* a nuestras categorías. La negación de la diferencia es lo que suele denominarse imperialismo cultural. O la tendencia a *despreciarlo*, normalmente al amparo de alguna narrativa grandiosa (como el Progreso, Dios, la Historia o la Razón). O la más banal y provinciana de *exotizarlo,* y subrayar la diferencia, como en mi experiencia limeña. Por no hablar de las subrepticias formas de *esencializarlo* y hacer del "otro" un cliché inmutable.

Lo que me parece importante es hacer aflorar esas latencias. Este es uno de los propósitos de este libro. Presiento que la sabiduría consiste, por un lado, en *aceptar los prejuicios* constructivos y olvidarse del ideal abstracto y vacuo de una comprensión neutra. No existe conocimiento sin pre-conceptos y sin pre-juicios porque no podemos evaluar o representar sin categorías y convenciones. Pero, a la vez, el reto consiste en *hacer aflorar los prejuicios* negativos y ponerlos a prueba. Y, en eso, el viaje puede resultar asombrosamente terapéutico. Nos permite conocer nuestros recovecos, y los de la cultura que nos configura. La reflexión sobre la "indigeneidad" resultó ser autorreflexiva. La experiencia de la Semana Santa en Lima me hizo más consciente de mi cultura y de cómo el impacto de la actitud del viajero transforma el mundo que visita. Lo que era un *lugar* (un mundo local) se transforma en *escenario* turístico… o en *campo* antropológico… o en *parque* temático… o en repositorio de lo *auténtico*. En cualquiera de los casos, yo me he quedado fuera del cuadro. Debe de ser la edad. O que no soy demasiado creyente.

IV. ANTROPOLOGÍA DE LA RELIGIÓN

21. Lo que las religiones hacen

A la hora de visualizar lo que las religiones son o tienen, la mayoría seguimos bastante prisioneros de un prisma y unas coordenadas cristianas. (Incluso los no cristianos.) Dado que en el cristianismo la definición de *religio* se entiende en términos de Verdad y exclusividad, a la hora de concebir "otras" religiones se otorga primacía a los dogmas, las teologías, los textos o las instituciones clericales [véase §10]. Ya hemos visto que en sociedades no cristianas las cosas no funcionan necesariamente así; hasta el punto de que hay quien duda de que podamos aplicar legítimamente este término a ámbitos alejados del mundo monoteísta. Comparto la provocativa idea de que las llamadas grandes religiones del mundo no son más que categorizaciones útiles para la administración y el interés periodístico. Y, simultáneamente, soy de los que piensan que no sería malo devolver a la categoría "religión" las viejas concepciones romanas (pre-cristianas) de *religio* como *traditio*, y olvidarse de las definiciones eclesiásticas y modernistas en términos de Verdad y exclusividad. Pero, de todas formas, es absurdo eliminar el término. Entre otras cosas, porque desde hace un par de siglos ha ganado aceptación en todos los rincones del globo. Ya pueden decir los académicos lo que quieran, que el concepto circula libremente por doquier. Salvo en ciertos ámbitos de la pequeña Europa, en la mayor parte del mundo la gente piensa y dice que tiene una "religión"; y una distinta a la de otras personas. De lo que se trata es de no caer en universalismos miopes y despejar la mente de proyecciones apresuradas. Aunque resulte muy difícil decir lo que la religión *es*, con tiento uno puede tratar de ver algo de lo que la religión *hace*. Y hasta lo que uno hace con la religión.

22. Conversión religiosa

¿Por qué se convierten las personas a otra religión? ¿Por qué el islam sigue penetrando en África Sudsahariana?, ¿y el pentecostalismo en América Latina? ¿Por qué se convirtieron los thailandeses al budismo?, ¿y los irlandeses al catolicismo? Está claro que no puede darse una única respuesta a estas preguntas. No es lo mismo abrazar el cristianismo en la península Ibérica del siglo v que en las Filipinas colonizadas del XVIII; ni operan los mismos factores en el tránsito a una secta evangélica de un colombiano de hoy que a la inmersión en Golun Fang de un chino contemporáneo. No existe un proceso de conversión que sea universal. Y, sin embargo, nadie duda de la universalidad de la *conversión*.

Dicho lo cual quisiera poner un poco patas arriba algunos de los tópicos que imperan al respecto. (Me inspiraré en ideas de Richard Eaton.)

El primer tópico consiste en presuponer que en el proceso de conversión se transita de una religión X a una religión Y. Porque yo no tengo tan claro que –salvo contados casos– la tal "conversión" signifique un borrón y cuenta nueva de identidad religiosa. Nadie cambia de blanco a negro su forma de entender la realidad. Todo converso aporta a la nueva religión algo de la anterior. Que se lo pregunten a san Agustín, uno de los padres de la Iglesia católica. Se convirtió al cristianismo a finales del siglo IV, pero sus escritos delatan una persistente influencia de su antiguo sistema de creencias maniqueísta. Incluso los que abandonan la religión y engrosan las filas de los ateos no dejan de acarrear muchos de los valores, mitos, presupuestos y hasta prácticas de su anterior fe.

Históricamente, la mayoría de procesos sociales –no individuales– que hemos convenido en llamar "conversión religiosa" han sido tan glaciares, tan graduales, tan requetecomplejos (imbricados en factores culturales, políticos, económicos…) que han solido pasar desapercibidos tanto a los observadores de dentro como a los de afuera. El proceso de adopción del islam en Java (siempre inacabado) lleva cuatro o cinco siglos operando. La cristianización de México (asimismo inconclusa) lleva otros tantos. Estas sociedades no transitaron de una religión animista, budista, chamánica o pre-colombina a un monoteísmo; entre otras cosas porque nada nos hace pensar que los javaneses fueran "budistas" antes de la llegada del islam, y mucho menos que pertenecieran a alguno de esos cajones de sastre que denominamos "animismo", "religión tribal" o similares. Creo que lo que javaneses, aymaras o senegaleses han estado haciendo a lo largo de siglos ha sido adoptar prácticas, creencias, valores, emblemas, textos, identidades… significativos para sus vidas. Aunque con el paso del tiempo su visión del cosmos, sus hábitos alimenticios, sus prendas de vestir, sus apellidos y un sinfín de cosas más puedan haber variado drásticamente, el cambio nunca sucede de golpe; es un proceso que precisa de varias generaciones. No han dejado una religión para abrazar otra, porque —entre otras cosas— nada nos hace pensar que tuvieran *una religión*. (Acordémonos de los *hindoos* [véase §8].) Salvo para clérigos, letrados, monjes y demás profesionales de la religión, las identidades religiosas han sido altamente difusas, flexibles y maleables. Hasta la entrada de las categorías estancas acerca de lo que las religiones son (es decir, hasta el siglo XVIII), la mayoría de personas del espacio no abrahámico no profesaba *una* religión. Y la mayor parte del mundo siquiera imaginaba que existiera una cosa llamada *religión*.

El segundo tópico que quisiera poner sobre el tapete es la idea de que toda conversión se basa en un *motivo*; que el cambio de religión es necesariamente un acto premeditado. Lo cual también suena a proyección de las nociones decimonónicas de conversión, en especial las permeadas por los modelos misioneros protestantes. En último término tiene que ver con la idea de que la religión es una cuestión esencialmente individual y privada. En la visión evangélica, el individuo es un actor autónomo y consciente que deliberadamente escoge convertirse. Pero esa apreciación —que nace en el islam, pero alcanza su mejor expresión en el protestantismo europeo— es realmente muy moderna y ha sido más bien rara en la historia de las religiones.*

No deja de ser significativo que en la mayoría de casos de conversiones repentinas que conocemos (san Pablo, san Agustín, el emperador Constantino...), se transite siempre a un monoteísmo. La

---

* En algunos casos recientes, donde evidentemente sí se da un plus de individualismo, la conversión es a veces el único recurso que le queda a una microsociedad para sobrevivir, ya sea la de un judío perseguido en la España de la Inquisición o la de un polinesio sin recursos de las islas Tonga, cuya conversión al mormonismo es la única alternativa realista que le queda para que sus hijos puedan acceder a la universidad.

conversión a un monoteísmo suele ser exclusivista: se exige abrazar la nueva religión y abandonar completamente los elementos de
la antigua. Esto es, uno deja de ser judío, yoruba, maniqueísta o
hindú. Sin embargo, los estudios más recientes concuerdan en que
en la mayoría de procesos que hemos llamado de "conversión" no
se ha dado una intencionalidad específica en el cambio religioso.
Uno puede unirse a un nuevo grupo porque crea lazos afectivos con
miembros de este [véase §89]. Las enseñanzas y doctrinas llegarán
más tarde.

Ocurre que cuando vislumbramos este tipo de *adaptaciones religiosas* tendemos a adoptar la perspectiva de alguien que, desde
La Meca o desde El Vaticano, mira hacia una ola que se expande y
aleja cada vez más. Pero yo propongo tomar la perspectiva de una
persona en una pequeña aldea de Benin, de Bolivia o de Myanmar;
alguien que va incorporando a su sistema religioso elementos –venidos de más allá del océano, de detrás de las montañas o, simplemente, del pueblo vecino– que considera útiles y significativos para
su vida.

Se debería ampliar el espectro del término "conversión" para
poder hacernos eco de motivaciones, métodos y significados muy
distintos en épocas y contextos variados. Y estimo saludable rei-
maginarlo menos como un cambio de bando marcado por algún ritual bautismal (caso particular de las conversiones repentinas o for-
zadas aparte), y más como una reubicación de prácticas, creencias
e identidades. Es este tipo de *creatividad religiosa* el que, en retrospectiva –y siempre en retrospectiva–, gustamos de llamar "conversión" a otra religión.

23. Religiosidad sin Dios

Una de las palabras chinas que mayor penetración y éxito ha tenido en las lenguas del Extremo Occidente ha sido *tao*, que en su transcripción pinyin (el sistema oficial de romanización del chino) se transforma en *dao*.

Es cierto que, como en tantos casos de préstamo lingüístico, en Occidente el sentido ha variado y se ha banalizado un ápice. La fagotización del término en el supermercado de lo espiritual, sin embargo, no debería hacernos perder de vista que se trata de uno de los conceptos más importantes, ricos y profundos que han dado las tradiciones chinas. Existen poderosas corrientes religiosas (Dao-jiao) y filosóficas (Dao-jia) que derivan su nombre de este término. Juntas conforman eso que llamamos "taoísmo".

Es bastante habitual traducir *dao* por "camino" o "vía"; tanto en su sentido propio, como en el figurado de "curso" o "flujo". Este parece haber sido su significado primitivo, cuando remitía, por ejemplo, a la "órbita celeste" (*tian dao*). Pero *dao* significa también "decir", de donde deriva "doctrina". Así, el *dao* apela a una vía que hay que seguir y hasta sugiere la idea de "conducta" o "regla moral". Cada corriente filosófica china tenía, pues, su *dao*: la doctrina sobre cómo debía ordenarse la vida. Este último sentido es el que posee en los textos confucianistas [véase §16]. El *dao*, que quede claro, no es exclusivo del taoísmo.

Es en las escuelas que se han llamado Dao-jia (taoísmo filosófico), no obstante, donde el concepto adquiere su dimensión más elegante. En el taoísmo, este curso de las cosas y esa doctrina equivalen a cómo funciona el universo. Por consiguiente, para el taoísmo el *dao* es tanto el Principio Último como el camino que hay que seguir; es decir, la vía y la doctrina que deberían seguir los humanos para armonizarse con la Realidad Absoluta. El *dao*, damas y caballeros, es un misterio. Porque es el camino y puede que el fin del camino.

El *dao* se despliega y emerge en los procesos naturales en los que opera y de los que es su fuente. Para la concepción clásica china, el universo no está compuesto de cosas, sino que está dispuesto en forma de cosas. Es un solo cuerpo de múltiples relaciones que se interpenetran mutuamente. En última instancia, el *dao* se engendra a sí mismo. Porque, en realidad, el *dao* es "vacío" (*wu*). Por todo ello, no podemos equiparar el *dao* con Dios. Este último –tal y como lo ha concebido el mundo abrahámico– se caracteriza por su tremenda acción; mientras que el *dao* es justamente la encarnación del principio de la no-acción o acción en el vacío (*wuwei*). El Dios semítico crea el mundo y actúa en el mundo; premia y castiga; da mandamientos… Todo eso es impensable para el *dao*. El *dao* nunca se ha puesto furioso ni ha legislado. Jamás ha pretendido convertir a nadie. El *dao* no es una entidad personal; en todo caso, sería natural. Un equivalente más apropiado es lo Absoluto. Como sea, la Dao-jia conforma una espiritualidad sin Dios.

Además de este polivalente significado filosófico, sabido es que la voz *dao* ha sido y es un término religioso o mágico. Designa el arte de poner en comunicación el Cielo y la Tierra. Este es el significado que adquiere en el llamado Dao-jiao (taoísmo religioso). Pero aun para esta modalidad, el *dao* no es ni ha sido objeto de culto. Se reza a deidades sobrenaturales, a "trascendentes" o "inmortales" (*xian*) que en su día fueron humanos, o a otras "personificaciones" del *dao*, pero no existe una plegaria al *dao*.

Estas disquisiciones pueden dar la impresión de una espiritualidad casi secular. En efecto, se ha dicho insistentemente que el chino *no* es un pueblo religioso; que es demasiado pragmático y humanista para serlo. Creo que este razonamiento revela otro caso de proyección del concepto occidental de "religión". Por mayoría, en

Occidente religión equivale a teísmo. Por lo menos tenía que existir la noción de "Dios" para que una religión mereciera tal nombre. Pero, como ya notaron con desdén los misioneros, China se resiste a hablar de Dios, en mayúscula. En 1848, George Staunton llegó a publicar un libro cuyo título rezaba nada más y nada menos así: *Investigación acerca de la manera más adecuada de traducir la palabra Dios al verter las Sagradas Escrituras al chino*. Creo que China tiene otros modos de religiosidad.

Para buena parte de la intelectualidad china (aquella que a lo largo de los siglos conformó lo que los antropólogos suelen llamar "gran tradición"), la manera cultivada de ver la vida y elevarse ha sido a través del arte o la estética. En China la ciencia es arte (la medicina es arte, la geomancia es arte). La política es o fue un arte (existen tratados del "arte de la guerra" y de sobra conocidas son sus "artes marciales"). También la cultura es arte (la cocina; la etiqueta y las buenas maneras). Incluso la escritura (dícese del arte de la caligrafía que es el verdadero pionero del "arte abstracto"). Este sentimiento estético que guía la cultura no se persigue. Se tiene. Es una cualidad intrínseca de la visión china: es la armonía, el equilibrio y el flujo en el *dao*. El sabio (*zhi ren*) se identifica con el *dao*, con la espontaneidad, con el Gran Vacío, con el Gran Uno, con el Mandato del Cielo. El sabio se armoniza de tal forma con los elementos que acaba perdiéndose en lo más hondo del paisaje. Desaparecido en la pintura, dirán que no se sabe adónde ha ido. Esto es lo que el taoísmo filosófico llamó "sabio oculto" (*yin shi*) y el taoísmo religioso "trascendente" o "inmortal" (*xian*). Dice un poema de Jia Dao (siglo IX):

"El maestro ha ido a recoger plantas,
anda por algún lugar de las montañas,
tan profundo entre las nubes,
que nadie sabe dónde está".

Es a nivel popular cuando la religiosidad china puede ser –y permítaseme la redundancia– altamente religiosa. Valga repasar algún momento álgido del calendario sagrado. Por ejemplo, el ritual llamado "Gran asamblea" (*jiao*), que se celebra cada tres, cinco, doce o hasta sesenta años. Depende.

El *jiao* viene a ser una gran ofrenda por la paz y prosperidad del vecindario. El oficio lo llevan a cabo "maestros del ritual" (*zongli*) y un grupo de ancianos que representa a la comunidad. También suelen participar médiums que comunican con los espíritus. A veces, el *zongli* dirige a uno o varios médiums (fuera del templo) en la recitación de oraciones y cantos que narran las hagiografías de las divinidades. Cuando el médium entra en trance se le permite el acceso al templo. Afuera, se celebran procesiones y dramas teatrales.

A priori, el ritual que discurre en el interior y dirige el *zongli* es de corte taoísta, mientras que el colorido ritual del exterior, centrado en el médium, representa la tradición popular. Sin embargo, sería reduccionista alzar fronteras entre una tradición del taoísmo religioso y otra chamánico-mediúmnica. Recordemos lo inapropiado de separar religiones en China [véase §9].

La ceremonia se inicia con el establecimiento del espacio sagrado. Acto seguido viene el "sacrificio de los textos". El objeto mediador es el talismán (*fu*). Consiste en una hoja de papel con palabras y signos escritos. Los hay destinados a salvaguardar la vida, purificar el cuerpo, detener la lluvia, vitalizar la lengua, confortar el feto, etcétera. El sacerdote coloca los talismanes en el espacio sagrado y sitúa las ofrendas frente a los dioses. Los talismanes que portan los mensajes a las divinidades son quemados. Toda la operación está embrujada por la fragancia del incienso. En ciertos textos se dice que el humo del incienso se eleva hasta el cielo para formar caracteres solo inteligibles a los dioses. Las escrituras regresan, así, a su origen celestial, completando el ciclo cósmico.

Tan crucial es la quema de talismanes y de incienso que el pebetero es el objeto más importante del culto. En el sistema religioso chino puede prescindirse de imágenes o estatuas de las divinidades, pero nunca del incienso. Es la ceniza del incienso la que otorga las filiaciones comunales. Cada vez que se forma un nuevo grupo de culto, las cenizas de un pebetero-matriz servirán para rellenar el nuevo pebetero. De esta forma se ha ido creando una genealogía de templos ligados por las cenizas sacrificiales.

Este tipo de ceremonias no ha cautivado a los estudiosos porque distan de poseer la elegante metafísica del taoísmo filosófico, la brillante estética confucianista, o porque no participa ni se implica a un Dios trascendente. Recordemos: el *dao* no es Dios. Este es precisamente uno de los clichés que recomiendo abandonar: el hecho de considerar la formulación de una trascendencia como un valor inherente —o añadido— a la religión. Fue este motivo el que hizo ver equivocadamente a los jesuitas italianos un "Dios Supremo" (Shangdi) en la religiosidad china. Un creyente como Matteo Ricci solo podía explicarse la altísima ética confuciana recurriendo a un atisbo de monoteísmo o a un signo de "revelación" en el pasado. Los intérpretes modernos no han escapado a esta cuadrícula mental. Si bien ya no hablan de "revelación" asumen que las civilizaciones dignas de admirar han llegado por fuerza a la noción de un "Dios Supremo", si es que no directamente a la de un "Dios único".

24. ¿Evolución teológica?

En el trasfondo hallamos una premisa obsesiva del siglo XIX y parte del XX: para que una religión pudiera ser tildada de racional o elevada tenía que ser monoteísta. Se daba —y me temo que aún se da– una propensión a distinguir entre formas de espiritualidad "salvaje" y "civilizada". El politeísmo es algo inferior al monoteísmo. O mejor: un estadio anterior de desarrollo.

En efecto, una proyección de este "evolucionismo" teológico es la gradación que explícita –aunque con mayor frecuencia implícitamente– se realiza sobre las distintas concepciones de lo Divino. La primera fase, la considerada más salvaje o incivilizada, sería la del animismo irracional. La segunda sería el totemismo. La tercera el politeísmo anárquico. Luego vendría el henoteísmo (politeísmo organizado). La quinta sería el teísmo. Y la sexta y última fase el monoteísmo. Aclaremos que el henoteísmo es la tendencia a elevar y aglutinar en uno de los múltiples dioses los atributos máximos. El Yahveh del "Antiguo Testamento" todavía es solo uno entre múltiples dioses. Un mejor ejemplo aún es el de un vishnuista de la India que rinde culto a Vishnu, por lo que propiamente hablando es un henoteísta, pues no niega nunca la pluralidad de divinidades. Ahora bien, dado que el vishnuista siempre centra el *culto* en Vishnu, a quien tiene por Ser Supremo, es más común llamarlo teísta. Como se observa, la frontera entre el henoteísmo y el teísmo, o entre el teísmo y el monoteísmo, no es nítida. Por supuesto, quienes han trazado esta jerarquía son monoteístas. Y piensan que la proposición de un Uno es más racional, plausible y elegante que la multiplicidad de divinidades. Sin darse cuenta de que el monoteísmo es también un *mito* camuflado de *logos*.* Siguiendo su propia lógica, quizá hayan "olvidado" mencionar una séptima fase que se-

---

*   Y aún podría argumentarse que puesto que la mayoría de monoteístas del mundo creen en más de un ser sobrenatural (demonios, ángeles, espíritus, santos, vírgenes... por poner ejemplos del mundo cristiano, y por no aludir al concepto de Dios Trinitario), la diferencia entre monoteísmo y politeísmo parece más émic que otra cosa. Simplemente, el monoteísmo encaja bien con una visión monista del universo. El politeísmo, en cambio, va mejor con la visión de un mundo complejo y pluralista.

ría la del no-teísmo o el trans-teísmo, propio de muchas tradiciones asiáticas, que linda con el no-dualismo apofático [véase §44].

El que esta sucesión de fases haya podido ocurrir en algunas sociedades (el que se hayan dado momentos kairológicos) no implica forzosamente que la misma e inevitable secuencia cronológica sea la forma en que evolucionan las cosas; no implica que una actitud religiosa "evolucione" en otra; ni mucho menos significa un "progreso" en el sentido de que la última fase es más sofisticada y mejor que la predecesora.

Aunque desde Darwin es ya casi imposible escribir sobre la religión sin implicar cierta noción de "evolución", pienso que llevar la desfasada idea de Progreso al campo de la antropología de la religión comporta un reduccionismo monolinear sospechoso. Desde ese paradigma, el estadio más arcaico o primitivo –no ya de la concepción de lo Divino, sino de la religión en sí misma– se sitúa invariablemente en lo que se llama de una manera vaga religiones tribales, chamanismo o animismo. Con esta categorización, el racionalismo occidental no hace sino mostrar sus propios prejuicios y sus límites. Según esta visión, estas formas proto-religiosas (todavía no "religiones" o, a lo sumo, cosmologías primitivas) habrían dado paso a civilizaciones agrarias de culto a la Diosa y la fertilidad. En determinadas áreas, las comunidades quedarían "religadas" por sistemas religiosos étnicos; es decir, se identificaría la religión con la etnia (como el caso de la religión china, el hinduismo o el judaísmo). Un desarrollo ulterior serían las religiones universalistas (como el budismo, el cristianismo o el islam), que lanzan su mensaje de salvación a todos los humanos y no a una etnia en particular. Finalmente, para algunos vendría la superación de lo religioso: el ateísmo racionalista.

La precariedad de la secuencia puede comprobarse en la tradición hindú, donde podemos hallar a la vez –y, por lo general, en una misma persona– prácticas religiosas decididamente animistas, de culto a la Diosa y la fertilidad, así como prácticas y modelos étnicos (ligados a la casta y al linaje). Incluso hallamos en esta tradición, que hasta hace poco no conocía el proselitismo, un mensaje universal para todos los humanos (como muestra el arraigo del yoga o de grupos neohinduistas en Occidente). Por si esto fuera poco, algunas de sus corrientes filosóficas más destacadas –y antiguas, no vayan a creer– son trans-teístas y hasta abiertamente anti-teístas.

Como hemos visto, tampoco la admirable sociedad china postuló un Dios con mayúscula, y eso no la convierte en más atrasada o primitiva. De hecho, ni el budismo ni el jainismo ni el sintoísmo ni la mayoría de religiones del mundo han enunciado un *Theos*. Lo que tampoco debe conducirnos a la conclusión opuesta –común entre "románticos" y críticos de Occidente–, de que son religiones más avanzadas o racionales porque han "superado" la noción de Dios. El *mysterium tremendum* puede darse o no en una religión, pero en modo alguno su postulación la hace mejor, peor, más o menos evolucionada. Hay religiones teístas; y religiones no-teístas. Y punto.

25. Escrituras sagradas

La colonización intelectual liderada por misioneros, etnólogos, filólogos, viajeros o cartógrafos europeos se centró en muchos ámbitos del conocimiento. Una de sus formas más interesantes tiene que ver con la construcción de unos cánones sagrados.

Si en Europa la interacción colonial en parte abrió las puertas de la secularización (al bajar al cristianismo de su altar), en los territorios colonizados ponía en marcha el largo proceso –todavía activo– de racionalización, semitización, nacionalización y textualización de las tradiciones religiosas. Esto es, el budismo, el taoísmo, la religión maya –incluso el cristianismo o el islam– comenzaron a ser filtrados a través de una serie de categorías acerca de lo que las religiones *son* o sobre cómo *deberían ser*. Y entre todos se gestó aquella extraña conclusión de que las religiones poseían fundadores, Iglesias, cánones sagrados, dogmas, etcétera [véase §8]. Es decir, se ajustó la autopercepción de una religión local (el cristianismo principalmente), según el patrón misionero-etnológico-filológico, a multitud de fenómenos de parecido familiar.

Uno de los vectores paradigmáticos de este proceso consistió en la textualización de las tradiciones y la elevación de algunas enseñanzas a la categoría de "Biblias" o "Evangelios". Atrapadas en las mismas categorías modernistas, las élites locales secundaron con entusiasmo la idea. No solo así podían homologarse a las prestigiosas "religiones del Libro" (judaísmo, cristianismo e islam), sino que el proceso de nacionalización de su tradición podía servir de argumento contra-hegemónico y base para un nacionalismo anticolonial.

Durante décadas, una de las obsesiones de los eruditos occidentales consistió en dar con los libros sagrados de Oriente y del resto de religiones del mundo. Se trataba de hallar las fuentes de cada religión, algo muy al gusto decimonónico, con su romántico interés por los orígenes y su ilustrado sentido de rigor académico. Y en su enciclopédico empeño nos dibujaron la dudosa certidumbre de unas tradiciones fundamentadas en un cuerpo escritural cerrado, al estilo de la *Biblia* cristiana. Durante mucho tiempo, nadie puso en duda que toda tradición religiosa de envergadura se sostenía en unas escrituras que en algún momento de su historia habían quedado fijadas y canonizadas. Pero la verdad es que la fascinación por unas "Biblias" o "Escrituras sagradas" es una proyección de un prejuicio local. Para el mundo cristiano, y el protestante en particular, la *Biblia* es aquella fuente prístina revelada por Dios cuyo valor religioso es irreducible y está cerrada a todo aquello que no le pertenece. La *Biblia* es escritura canónica en el sentido de que sirve de vector de autoridad religiosa. Es un libro fijo, independiente, sin posibilidad de alteración y normativo en todas las cuestiones dogmáticas. Lo cual no me encaja demasiado en la representación que yo me he hecho de los textos venerados por hinduistas, sintoístas o candomblistas.

Hoy sabemos que los textos de las tradiciones religiosas del mundo fueron más prescindibles y menos "leídos" de lo que suponían los filólogos, los etnólogos o los misioneros. Pero abran cualquier libro sobre religión y comprueben el destacado lugar que ocupan los textos sagrados.

Entendámonos: los textos son importantes para conocer el *pensamiento* religioso de una sociedad o una tradición, pero no tanto para conocer su *comportamiento* religioso. Un estudiante o amante de la filosofía hindú tiende a ver la India bajo el prisma de los textos del Vedanta (*Upanishads*, *Brahma-sutra*, *Bhagavad-gita*...). Pero la realidad parece ser otra. Solo hace falta viajar al país en cuestión y comprobar que el Vedanta no es más que cierto aspecto de la India. Los enamorados de los clásicos taoístas (*Daode-jing*, *Zhuang-zi*, *Lie-zi*...) tienen grandes dificultades para "encontrar" su sosegada filosofía y visión del mundo en un ritual taoísta contemporáneo [véase §23]. Tanta dificultad como hallar trazos de Platón o de teología tomista en la peregrinación a Lourdes o en una misa con gospel en Filadelfia. El estudio textual está sobredimensionado. Hasta el punto de que a no pocos orientalistas les ha sobrevenido un gran desencanto cuando ven que la India o la China modernas no son como la describen los textos. (Léase a Joseph Campbell.)

No insinúo que los textos no fueran venerados o conocidos. Ideas, leyes, especulaciones, mitos o recomendaciones contenidas en los textos sagrados han sido vitales en el desarrollo de las tradiciones. Lo que quiero decir es que ha sido universalizado un patrón de lo religioso que me temo es una proyección de las ansias universalistas del islam y el cristianismo. Ni el *Veda* es como la *Biblia*, ni los *Sutras* budistas son equiparables al *Corán*, ni las enseñanzas de Laozi cumplen ninguna función normativa para el taoísmo. Resulta, además, que las tradiciones con menor vocación textual quedan entonces relegadas a las muy cuestionables etiquetas de tradiciones "primitivas" o "animistas". En pocas palabras: no llegan a la categoría de religión.

Véanlo.

26. La noche cae sobre los *griots*

La letra impresa, como la que ustedes ahora registran –en formato papel o digital–, está destinada a perdurar. La escritura alfabética ha permitido que las ideas, las rimas o las leyendas se solidifiquen en textos fijos e inalterables. Y la galaxia de Gutenberg, prolongada hoy por la constelación de Google, ha puesto estos textos en millones de manos. Desde la aparición de la imprenta, el testimonio escrito goza de mucho prestigio en nuestra cultura. Lo mismo que la imagen de *autor* o de *escritor*.

Pero las cosas no siempre fueron así. Estoy pensando en la *Ilíada*, la epopeya de *Gilgamesh* o el *Mahabharata*, que se transmitieron oralmente aun cuando la escritura era conocida. Incluso el *Corán* posee un explícito carácter oral. Y todavía existen lugares donde se insiste en recurrir a la oralidad para transmitir mitos, leyendas, ritos, cánticos y demás conocimientos sagrados. En el África saheliana (Senegal, Mali, Burkina, Níger…), por ejemplo, existe una dilatada tradición de *griots* o "maestros de la palabra" de proverbial hondura. Y digo que estos rapsodas *insisten* en recurrir a la oralidad porque, a pesar de que las transmisiones han sido truncadas en los últimos tiempos, sospecho que los *griots* del Sahel –aunque también podríamos haber puesto los bardos del Tíbet, la India o el Amazonas– no quieren renunciar a la magia de la narración oral.

El *escritor* redacta para un destinatario separado en el tiempo y en el espacio. El autor no conoce a su público. La prosa y la ficción son inventos de la cultura escrita. Aún diría más: el desarrollo de la tradición escrita inventó al autor.

En la modalidad oral, en cambio, se interactúa personalmente, cara a cara, con el auditorio. Lo oral se inserta siempre dentro de un contexto. El *griot* recita con ocasión de un festival, un rito, una conmemoración o impartiendo una sabiduría a un círculo de iniciados. Aunque pueda recontar las tradiciones conocidas por todo el mundo, cada recitación es distinta y dependerá del contexto. En la cultura oral, una vez pronunciado el discurso o el poema, este se esfuma irremisiblemente. Cada recitación es nueva.

De ahí que la cultura oral, a efectos de ser preservada y memorizada, recurra al oído; o sea, al ritmo, la métrica y la musicalidad. El *mito* y la *poesía* son producto de la cultura oral, ya que retienen la musicalidad de la voz y los símbolos y valores de la tradición.

Para los pueblos ágrafos, la memoria es un verdadero don de los dioses. Gracias a ella podemos vincularnos con el glorioso pasado, con los tiempos remotos de la creación, con los mitos fundacionales del pueblo o con el costado épico de la sabiduría.

Los *griots* han ensamblado unas tradiciones que deliberadamente no querían ser personales. En este sentido, se asemejan a la tradición homérica. Tengo serias dudas de que podamos hablar de un "autor" de la *Ilíada* o la *Odisea*. Lo que hemos convenido en llamar "Homero" es indistinguible de esos dos extraordinarios poemas. Este tipo de tradiciones anónimas no narran las experiencias, ni las percepciones o pensamientos de un "yo-autor", ni mucho menos persiguen la inmortalidad de quien deja tras de sí una *obra*. El *griot* busca deleitar a la audiencia. En su intercambio vivencial con la audiencia, hace participar empáticamente a los que le escuchan. El *griot* busca generar un sentimiento de maravilla, transmitir saberes iniciáticos, levantar el "asombro" (*thaumazein*) del que hablaba Aristóteles; el asombro que es la fuente de la filosofía. Y es que la expresión de lo numinoso necesita de la voz. Por eso el *griot* no precisa de partitura. Es más, todo "texto" originado en una tradición oral contiene en sí la posibilidad de múltiples lecturas. Son los contextos los que dan las pautas. Por ello, el bardo –del Sahel, pero recordemos que también de la Amazonia, del Kalahari o de Borneo– puede reorganizar los episodios conocidos según le convenga, siempre que mantenga fidelidad a la estructura y enseñanza de la narración.

Cuando la tradición oral se congela de forma escrita, las reflexiones disminuyen. Se acabaron las interpolaciones cosmológicas, las odas a la Naturaleza, las leyendas e historias dentro de la metahistoria, las salpicaduras de humor, las anécdotas del *griot*. (De hecho, la precisión escrita tiene la mala costumbre de portar a la intolerancia, el literalismo y el dogmatismo.) El calor de la comunicación toma otros lindes. Y el arte de narrar historias se pierde si quien las recibe ya no tiene la capacidad para retenerlas y saborearlas. La noche cae sobre el universo de los *griots*.

27. Nacido sintoísta, muerto budista

En la amplia franja del mundo de tradición monoteísta existe una gran dificultad en aceptar o entender que una persona pueda practicar y adherirse a varias religiones a la vez. Lo tocamos a propósito de las "tres religiones" de China [véase §9]. Desplacémonos unas millas más al Este.

Los sociólogos de la religión lo saben desde hace tiempo: el japonés medio –e incluso el cultivado– no parece realizar una distinción marcada entre lo que llamamos sintoísmo y budismo, que son las dos principales religiones del país. Un tercio de los encuestados a la salida de un famoso santuario sintoísta de Osaka dijo que los *kamis* sintoístas y los *buddhas* del budismo eran idénticos; otro tercio respondió que eran diferentes; y el resto no supo contestar. Pero incluso los que dijeron que *kamis* y *buddhas* sí eran distintos no supieron definir muy bien en qué se diferenciaban esos seres sobrenaturales.

La cosa tiene su lógica. Un *kami* puede ser una deidad, un espíritu, Dios, pero también un fenómeno natural como una montaña, un peñasco o un árbol. Incluso la gente –sobre todo los muertos– puede ser *kami*; y ciertamente el emperador es *kami*; lo mismo que un tipo especial de chamanes. Por tanto, traducir *kami* por "deidad" o "espíritu", como se hace habitualmente, es acotar el sentido polivalente e inclusivista de la palabra. Mejores traducciones tal vez serían "poder", "lo que está por encima" o "superior". Y como "poderes superiores", un *kami* y un *buddha* pueden ser legítimamente intercambiables. De hecho, así lo fueron durante más de mil años, hasta que desde el gobierno nacionalista se decretó una artificiosa separación entre sintoísmo y budismo.

Todo este lío queda muy patente en otra famosa estadística del Ministerio de Educación de Japón. En 1985 (sobre una población entonces de 121 millones de personas), 115 millones de japoneses se declararon sintoístas, 92 millones budistas, 1 millón cristianos y más de 14 millones dijeron pertenecer a "otras religiones". Obviamente, ahí "sobran" más de 100 millones de respuestas. La razón es sencilla: muchos japoneses poseen una filiación múltiple, de modo que marcaron dos o más cruces en el cuestionario. No solo no diferencian el sintoísmo y el budismo con nitidez, sino que entienden que rezar en un templo budista no tiene nada de incompatible ni contradictorio con orar en un santuario sintoísta. Raro es el templo budista que no contenga un espacio en su recinto para el culto sintoísta. La frase "nacido sintoísta, muerto budista" refleja bastante bien el sentir religioso de muchos japoneses. (El dicho popular suele añadir una tercera pata: uno nace como sintoísta, se casa como cristiano y muere como budista.)

Insisto en que no hablamos únicamente de filiación. También de práctica. Siguiendo con las estadísticas (todas extraídas del niponólogo Ian Reader), en un 61% de los hogares japoneses hay un altar budista –en el que se rememora a los antepasados– y en un 60% existe un altar sintoísta con divinidades domésticas. Solo en un 24% de hogares no encontramos altar alguno; y en un 45% tenemos altares sintoístas y budistas juntos. En Japón existe una larguísima historia de ósmosis e hibridación entre estas dos tradiciones. Los esquemas mentales de blanco-o-negro no acaban de funcionar en una sociedad tan inclusivista.

Ello no significa que no haya existido lucha –y hasta guerra– de religión en Japón. La historia del budismo en el archipiélago está repleta de secesiones y disputas sectarias. Pero eso no quita que una inmensa mayoría de japoneses ha optado por la inclusión, la cohesión y la complementariedad. Incluso aquellos grupos más celosos de su doctrina y que llegan a prohibir a sus devotos la participación en ceremonias de "otras" tradiciones (todas pertenecientes a los llamados "nuevos movimientos religiosos"), no pueden contener a sus seguidores, que se saltan a la torera cualquier tabú o imaginada frontera religiosa y acuden a orar a *kamis* o *buddhas* y a comprar amuletos y talismanes para la buena fortuna.

Como me ha hecho ver Vicente Haya, el japonés es un ser eminentemente social. Ni a un recalcitrante ateo se le ocurriría dejar de ir el primer día del año a mostrar sus respetos al templo sintoísta. No inclinarse ante un *kami* o un *buddha* sería una vergonzosa muestra de mala educación. La religión en Japón tiene mucho que ver con el sentimiento de agradecimiento.

Y es que en Japón la pertenencia religiosa y la práctica religiosa no están condicionadas por la creencia [véase §30]. La mayoría de nipones posee un conocimiento muy elemental de las doctrinas, incluso de las de aquellas tradiciones a las que están afiliados por costumbre familiar. Muchos japoneses, por ejemplo, son budistas practicantes en determinadas circunstancias (durante el deceso y luto por algún familiar, en los festivales de conmemoración a los antepasados, etcétera), para convertirse en sintoístas practicantes en otros contextos. No viven en un sistema que les exija –como a los monoteístas– una entrega y sumisión exclusivas.

28. El pico de Adán

Está claro que la opacidad en las fronteras religiosas es un fenómeno propio del llamado Extremo Oriente. Pero si nos desplazamos más al Oeste, resulta que tampoco hallamos cortes abruptos, aun a pesar de la imagen de tensión y violencia religiosa que tenemos del Sur de Asia.

Tal vez algunos hayan oído el eslogan de Sri Lanka como "Paraíso en la Tierra" y hasta "Tierra del Paraíso". La isla es tan bella, la vegetación tan copiosa y la gente tan dulce, que no es extraño que los folletos de viaje se hayan apropiado del cliché.

Lo que quizá ya menos lectores sepan es que esta caracterización debería tomarse más al pie de la letra de lo que aparenta. Para cierta cosmología surasiática (y cuando hablo del Sur de Asia me refiero a Pakistán, India, Bangladesh, Nepal, Bhutan, Sri Lanka y Maldivas) la isla fue, sin el menor género de dudas, el Paraíso sobre la Tierra. No estoy hablando de la cosmología budista, mayoritaria entre los cingaleses, ni de la hindú, siquiera la de la importante minoría cristiana. Remito a la cosmología de quizá 400 millones de musulmanes del Sur de Asia. Que no son pocos.

Desde hace siete siglos, en esta parte del mundo no cesa de incrementarse un proceso que podríamos llamar "santificación islámica" del Sur de Asia. El continente índico, y en especial la isla de Ceilán, es tierra sagrada islámica. Como lo oyen.

En cierta forma, este proceso ha independizado las comunidades islámicas índicas del magnetismo espiritual que inevitablemente ha ejercido Oriente Medio. Ya en algunos dichos atribuidos al Profeta (*hadiths*) se había ligado la isla de Ceilán con el lugar donde Adán descendió a la Tierra tras su expulsión del Paraíso. De ahí a la homologación factual había un pequeño paso. Tan poderosa fue la santificación de la tierra islámica de al-Hind (la India, en su sentido extenso) que el gran poeta Azad (siglo XVIII) llegó a la conclusión de que el llamado pico de Adán en Sri Lanka era el segundo lugar más sagrado del islam después de Meca. Utilizando el concepto sufí de la "naturaleza profética primordial" de Muhammad, Azad describió al-Hind como el lugar donde originariamente la luz eterna de Muhammad se manifestó (como Adán), mientras que en Arabia fue donde halló su expresión final en la forma física del Profeta. Puesto que fue en Ceilán donde Adán ejerció por vez primera ante los humanos la autoridad que Allah le había concedido, al-Hind podía erigirse como el primer lugar del mundo donde el califato se estableció. En otras palabras, para los musulmanes del Sur de Asia, su tierra ha sido sacra durante tanto tiempo como pueden recordar. Lo que contradice el mostrenco estereotipo que jura que el islam es un vector monolítico, esencialmente árabe y hostil al hibridaje.

La práctica de la peregrinación y culto en el lugar sagrado, tan característica del Sur de Asia, es tan intensa y popular entre los musulmanes como entre las comunidades budistas o hinduistas. Y si no, acudan a las tumbas de los tres grandes santos de la orden sufí de los chishtis: Mu'in ad-Din, enterrado en Ajmer (Rajasthan, India), Nizam al-Din Auliya, en Delhi (India) y *baba* Farid en Pakpattan (Punjab, Pakistán). La experiencia es inolvidable.

Los surasiáticos beben de una misma cultura ritual que se salta cualquier linde religiosa. Y lo extraordinario del caso paradisíaco que nos traemos entre manos reside en que budistas, hinduistas, cristianos y musulmanes *comparten* un mismo centro de peregrinación: una montaña sagrada de 2.243 metros de altura localizada en el centro de la isla. Los dos primeros colectivos la llaman Shripada, que literalmente significa "Huella del Señor" (del Buddha y Shiva, respectivamente). Los cristianos lo ligan a las tradiciones de santo Tomás, el evangelizador del Sur de Asia. Y los musulmanes aún lo llaman "Pico de Adán".

No se conocen roces o conflictos. Vayan. Es el Paraíso.

29. Islams

Si en la práctica cotidiana las fronteras religiosas entre las distintas tradiciones pueden tender a difuminarse, como en el caso del pico de Adán, está clarísimo que las ortodoxias han gastado ingentes esfuerzos en tratar de evitarlo y se han preocupado mucho de establecer diferencias entre "nosotros" y "ellos". Pueden ser teológicas, rituales, alimentarias, de vestimenta, textuales... De ello que la religión se asemeje a la etnicidad. Muchas tradiciones no admiten siquiera el matrimonio con los de "afuera". Los custodios de las ortodoxias son muy alérgicos a préstamos e hibridaciones [véase §70]. La sensación de pertenencia religiosa es, sin duda, una de las formas de identidad más poderosas y arraigadas entre los humanos. La identidad religiosa es, además, asunto de permanente actualidad, ya que no solo tiene que ver en cómo uno se ubica y se percibe a sí mismo, sino cómo el grupo estigmatiza y alteriza a los "otros"; de ahí la perdurancia de términos despectivos como hereje, bruja, apóstata, pagano, cafre, fundamentalista, infiel, ateo, etcétera.

Se dicen y escriben muchos tópicos sobre el islam. Lo que se oye – en los medios de comunicación occidentales–, o lo que leemos –en ídem–, no suele ser precisa y generalmente halagador. No tiene buena prensa el islam. Normal, si el estereotipo dice que esta religión invita al *yihad* y obliga a sus mujeres a ocultarse bajo *burkas* y *niqabs* y busca imponer la *shari'a* en nuestras templadas latitudes. Consecuentemente, las administraciones –occidentales– legislan para combatir el tradicionalismo islámico (que se opone a "nuestros" valores) y se escudan para combatir el fundamentalismo y el yihadismo en nombre de la seguridad nacional. Abreviando: la imagen del islam en Occidente es la de una religión de rudos barbudos del desierto; una fe agresiva, intolerante, misógina y ultraconservadora; una religión que hace mucho perdió el tren de la Modernidad.

Este párrafo resume, algo caricaturescamente pero de forma locuaz, una tendencia muy extendida entre nos: la de *esencializar*. Es decir, el hábito de dotar a las religiones, los pueblos, las naciones o las razas de unas esencias o carácteres inmutables. El islam es violento, los madrileños son chulos, los alemanes trabajadores, Brasil un carnaval, el budismo es pacífico, los judíos unos rácanos, los negros gandules, etcétera. Se resaltan unos pocos estereotipos y generalidades y se aplican a civilizaciones, religiones o países enteros. Si, en cierta medida, esto es algo inevitable a la hora de conversar informalmente (un esencialismo "blando" es insoslayable cuando se generaliza), este reduccionismo es pernicioso y poco inteligente cuando se trata de libros, estudios, documentales o artículos supuestamente serios y profundos. Por no hablar de programas políticos. Habría que acostumbrarse a matizar; a plasmar la riqueza y la complejidad del mundo que nos rodea. Sería saludable.

He tomado deliberadamente el caso del islam porque se trata de una religión que *aparenta* tener bien marcada una noción de ortodoxia: un cuerpo doctrinal apoyado por sus principales instituciones y enseñado y practicado por sus profesionales (*'ulema, ayatollahs, qazis, imams*, etcétera). Ese cuerpo constituye lo que se suele denominar religión "oficial", normativa, ortodoxa o hasta "gran tradición", en contraste con una religión más operativa, práctica o "pequeña tradición". El primero es el que precisamente solemos tomar por la *esencia* de la religión.

Pero ¿qué es la ortodoxia? Podría ser la capacidad de determinar, regular, mantener, exigir y ajustar las prácticas correctas, y nombrar, condenar, excluir o deslegitimar las incorrectas. Por tanto, "eso" *se reinventa* cada vez que un grupo toma el poder o el control en este mundo inestable.

Las religiones –como las etnias, las ardillas o las gastronomías– cambian, se acoplan e interfecundan. Casi podríamos hablar de los *islams*; en plural. Tenemos tanto un islam javanés, como otro senegalés, y una modalidad bosnia junto a otra arábiga; y un islam de Bengala y otro de la *banlieu* parisina. Etcétera.* Los islams siempre poseen una orientación dual: hacia lo local y hacia lo supranacional. El *mihrab* de la mezquita mira –casi– siempre a Meca, pero el edificio se ajusta a los cánones arquitectónicos locales. Puede que el rezo principal se realice en árabe, pero los islams hablan turco, malayo, swahili, inglés, castellano o uigur. Tomar el vector supranacional como el más genuino o "islámico", no solo es un ejercicio de abstracción imposible (muy propio de fundamentalistas, por cierto), sino que obvia que las religiones se imbrican siempre en sociedades locales.**

Como decía, la cuestión de la "ortodoxia" es volátil. Por ejemplo, decir que el islam exige el "velo" (palabra comodín que a veces utilizamos para designar un simple pañuelo en la cabeza, y otras para el *burka* afgano, el *chador* turco o el *niqab* árabe), como hacen perversamente los fundamentalistas o ciertos regímenes isla-

---

* Por el mismo motivo habría que hablar de los cristianismos, los budismos o los candomblés. Si no recurro con más frecuencia a los plurales es únicamente por razones eufónicas y por facilitar la comprensión.

** Eso es precisamente lo que trata de evitar el islamismo radical. El talibanismo, por ejemplo, posee un espíritu desterritorializador impresionante. En Afganistán quiso silenciar la música (los famosos cantos suñes *qawwali*), destruyó estatuas de Buddhas milenarios, limitó la posesión de jilgueros (que podrían molestar durante la oración), las cometas (ya que al ir a recuperarlas al árbol donde hubieran quedado atrapadas, uno podría ver a la mujer del vecino sin cubrir); y entenderán que ya no prosiga. El fundamentalista persigue una "comunidad islámica" (*umma*) abstracta, sin diferencias lingüísticas, culturales o étnicas. Uno no puede ser a la vez marroquí, o malayo, o alemán... *y* musulmán. Uno ha de ser *exclusivamente* musulmán. La identidad múltiple es inconcebible. El fundamentalista representa el paradigma del *esencializador*.

mistas, resulta tan patético como prohibirlo en nombre de la libertad o la igualdad (léase a Tariq Ramadan). En este debate, la "mujer musulmana" se queda sin agencia ni voz; unos porque quieren silenciarla y cubrirla de por vida; y otros porque se auto-imponen la heroica misión de rescatarla de la tiranía de sus propias tradiciones. Ella es víctima por partida doble. ¿Alguien ha preguntado a las mujeres con velo sobre sus razones para llevarlo? ¿Alguien ha tenido en cuenta lo que el feminismo musulmán piensa? Al final, no solo *esencializamos* sin miramientos, sino que –unos y otros– *legislamos* basándonos en esas engañosas esencias y ortodoxias; y dejamos sin voz ni capacidad de decisión a las presuntas beneficiarias de las leyes.

Dependiendo del contexto, el velo puede simbolizar y reforzar la reclusión de las mujeres, sin duda, pero también puede señalar su devoción, su orgullo de clase, una modestia bien calculada, incluso puede ser una prenda sensual utilizada para flirtear. El velo ha sido y es apropiado por las mujeres para negociar y desenvolverse en el espacio público. Para infinidad de mujeres de sociedades islámicas cubrirse con el velo es una buena opción, un camino medio que evita el extremo del "libertino" estilo occidental y el extremo "conservador" y rigorista, que las confinaría de por vida al espacio doméstico. El velo se reinterpreta permanentemente. Porque tiene que ver con cómo nos ubicamos y relacionamos en la sociedad. Por eso es plural, como los islams.

Prometo volver sobre la cuestión [véase §74].

V. LA PRÁCTICA RELIGIOSA

30. Más allá de la creencia

En Occidente, las palabras "creencia" o "fe" suelen ser sinónimos de "religión". A uno le preguntan: ¿cree en Dios? Según la respuesta, le catalogarán de creyente, de ateo o de agnóstico. En buena parte del mundo, sin embargo, estas cosas funcionan de forma algo distinta. Pocas personas se adhieren solo doctrinal o nominalmente a una tradición religiosa. Un zulú de Sudáfrica no solo es aquel hijo de padre y madre zulúes o aquel que cree en las verdades del sistema religioso zulú. Ante todo, un zulú es alguien que sigue unas pautas y recomendaciones que lo distinguen; es alguien que *practica* la religión de los zulúes. Sustituyan al zulú por un ismailita, un budista, un rastafariano, un judío o un yanomamo, y la afirmación seguirá siendo razonablemente válida.

Desde hace tiempo, los sociólogos saben que la inmensa mayoría de japoneses posee unos índices de *creencia* bajísimos. Apenas un 30% de la población dice ser creyente. Y únicamente un escuálido 14% piensa que la religión es algo muy importante. En otras palabras: los japoneses no creen en religiones organizadas. Casi podrían ejemplificar el ideal de sociedad secularizada.

Pero cuando se les pregunta si consideran importantes los *sentimientos* religiosos, algo más del 70% contesta de forma positiva. La falta de creencia no implica falta de acción, sentimiento, pertenencia o práctica religiosas. De hecho, cualquiera que vaya a Japón notará la elevada participación de la población –incluso de los que más irreligiosos se consideran– en festivales, rituales o sacramentos que nadie dudaría en calificar de "religiosos".

Esta prioridad otorgada al sentimiento o a la práctica en detrimento de la creencia queda bien reflejada en la palabra que los japoneses escogieron para traducir la foránea "religión": *shukyo*. El ideograma *shu* significa "secta" y *kyo* denota "doctrina". La palabra fue ganando aceptación en el siglo XIX, a resultas del encuentro con Occidente, y muy en particular con los misioneros cristianos. *Shukyo* implica una separación entre lo "religioso" y otros aspectos de la sociedad y la cultura ciertamente extraña a la idiosincrasia japonesa. Ello explica por qué tantos japoneses se declaran no creyentes y abiertamente hostiles al *shukyo* en cuanto religión organizada, aun cuando sean entregados practicantes del sintoísmo y el budismo.

Si creen que esto son extravagancias extremo-orientales, escuchen esta divertida historia –que tomo prestada de André Comte-Sponville– de dos rabinos que comen juntos. Son buenos amigos, así que pueden sincerarse. Mantienen una conversación muy profunda y llegan a la sabia conclusión de que, en último término, Dios no existe. Al día siguiente, cuando uno de los rabinos se levanta y va a buscar a su amigo, lo encuentra realizando sus plegarias en el jardín. Sorprendido le pregunta:

–Pero… ¿qué estás haciendo?

–Ya lo ves. Hago mis rezos matutinos.

–¡Es precisamente eso lo que me sorprende! Estuvimos hablando toda la noche y llegamos a la conclusión de que Dios no existía... y tú, ahora, ¡estás haciendo las plegarias matutinas!

A lo que el amigo contestó con sencillez:

–Pero... ¿qué tiene que ver Dios con esto?

Desde el espíritu sociológico que insufla las páginas de este libro, les invito a ir más allá de las creencias, como nuestros rabinos, y ahondar en algunos de los aspectos más destacados de la práctica religiosa en el mundo.

31. Ritual

A lo largo del siglo XX, los estudiosos del fenómeno religioso fueron sustituyendo la *creencia* por el *ritual* en su apreciación del corazón de la religión. La creencia resultaba demasiado abstracta y artificial (la religión de teólogos y filósofos), mientras que el ritual se acercaba más a la religión tal y como es vivida por la gente. Existe algún antropólogo (Roy Rappaport) para quien religión y ritual son incluso lo mismo. Yo no iría tan lejos, pero coincido en que el ritual es la forma más importante –y visible– de toda práctica religiosa.

A modo didáctico, podríamos distinguir cuatro tipos de práctica ritual religiosa (ya que existen formas rituales seculares, como las normas de etiqueta o los protocolos diplomáticos, por ejemplo).

En primer lugar, los *festivales*. Dentro de esta categoría ritual podemos distinguir entre los de significancia ecológica (que celebran solsticios, cambios de estación), los de contenido teológico (diseñados para celebrar algún acontecimiento ligado a una deidad o ser sagrado) y los de significancia política (como ceremonias de entronización y hasta rituales civiles). Por supuesto, muchos festivales miran de combinar varios de estos significados. Algunos están claramente diseñados para "apaciguar" la entropía del universo.

En segundo lugar, los *rituales de sanación*, diseñados para apropiarse de los poderes auspiciosos, restaurar la salud y exorcizar malas influencias del cuerpo, la mente o de algún lugar. Estos ritos requieren la presencia de especialistas (chamanes, brujos, sacerdotes, exorcistas, médiums) y pueden precisar de sacrificios, fórmulas mágicas o el uso de objetos de poder.

En tercer lugar, los *ritos de paso*, a veces llamados sacramentos. Jalonan el calendario de la vida del individuo. Los cuatro más universales tienen que ver con el nacimiento, la iniciación (o entrada en la edad adulta), el matrimonio y la muerte. Pero aunque celebren el movimiento social del individuo, atañen a un círculo humano mucho mayor. El nacimiento define tanto una nueva vida como origina o modifica la posición de los padres, abuelos, hermanos, compañeros, herederos, etcétera. De un modo significativo, muchos de estos ritos se ajustan a unas pautas asombrosamente similares en culturas muy diversas. Estos ritos se inscriben en la percatación de los ritmos biológicos y naturales, posiblemente originados en formas de ritualización animales.

Y finalmente, los *rituales corporativos*, *domésticos* o *personales*. Los corporativos son aquellos que tienen a la comunidad como base y sirven como medio para afirmarla. Suelen ser públicos, acordes a los textos y requieren la intervención de expertos (sacerdotes, clero). En esta categoría entraría la misa cristiana, por ejemplo. El apoyo material a estos especialistas les ha creado vínculos muy estrechos con el poder político y económico. No obstante, un ritual totémico australiano también cabe en la etiqueta corporativa, por lo que hallaremos gran diversidad de formas en esta tipología. El ritual doméstico, en cambio, suele realizarse en el hogar (convertido en microcosmos sagrado), y el oficiante suele ser el cabeza de familia, como en el culto doméstico hindú. El rito personal suele ser individual y sucede en espacios y momentos significativos para el individuo. No es raro que el propio cuerpo simbolice el cosmos (como en el yoga o en la visión alucinatoria de los ritos de iniciación de los jóvenes amerindios) y uno mismo haga de sacerdote. Suele conllevar algún tipo de meditación, plegaria, disciplina ascética o trance extático.

De entre todos los rituales, el que llamamos "sacrificio" (entraría en la categoría de ritos corporativos) resulta particularmente relevante. Sobre todo por su asociación con la violencia y la sangre. El sacrificio es el acto hacedor de lo sagrado (del latín *sacrum facere*); el acto que perpetúa la experiencia de lo sagrado. Gracias a él, la sociedad se asegura la permanencia y el funcionamiento armónico del universo.

El sacrificio solo tiene sentido –y solo suele ser comprensible– para aquel que confía en su eficacia. Por lo general, precisa de la invocación de la presencia divina y de la comunión con lo santo, normalmente bajo la forma de una comida o bebida que antes se ha ofrecido y consagrado. Ya hace décadas que Marcel Mauss observó la importancia del *intercambio* entre los humanos y las fuerzas superiores. A cambio por donarles un elemento terrestre, un ser vivo, una parte de sí mismo (o a sí mismo), los espíritus y dioses nos otorgan protección y ayuda para subsistir. Cuanto más precioso y cuantioso lo donado, más puede esperarse en permuta. En cierta manera, el sacrificio equivale a restituir con una vida algo que hemos sustraído a la vida. Parte de la premisa de que somos los humanos los que pertenecemos a la Naturaleza o a la totalidad. Por ello el sacrificio está muy presente en las religiones primales.

El sacrificio parece estar asimismo ligado a una cierta sacralización de la violencia (René Girard). La asociación del sacrificio con la crucifixión de Jesús, con los mártires, los *muyahidines* del *yihad*, el santo-soldado, las pruebas iniciáticas de desmembramiento de la que hablan los chamanes, las ordalías y flagelaciones ascéticas, los sacrificios humanos del antiguo México, el canibalismo, las mutilaciones genitales... todo ello parece corroborarlo. La sangre y el daño corporal forman parte de la experiencia religiosa de muchas culturas. Walter Burkert, que ha estudiado los mitos y rituales de Grecia, de las antiguas culturas de Oriente Próximo, las prácticas sacrificiales del Paleolítico y hasta el comportamiento de los simios, concluye que de la ambivalencia de la intoxicación de sangre y el horror del matar nacen los ritos del sacrificio. Hundiría sus raíces en lo más arcaico de la naturaleza humana.

Los sociobiólogos han destacado la importancia del miedo o de la violencia en la supervivencia de la especie. Ni el pánico ni la agresividad son emociones sueltas, sino que tienen su función evolutiva: proteger la vida. Prácticas litúrgicas como bajar la cabeza, arrodillarse, postrarse... se utilizan tanto para mostrar la inferioridad de rango ante un gobernante como frente a una divinidad. Y ese comportamiento no está tan alejado de cómo la jerarquía o la sumisión se muestra entre los primates.

Sin reducir el fenómeno religioso a una mera gestión de la violencia, veamos de qué forma el rito, el sacrificio, la violencia, la reciprocidad, la vida y la muerte se encuentran en lo más hondo de las religiones.

32. El "último sacrificio"

Desde siempre, la religión ha estado ligada a la muerte. Los primeros actos religiosos de los que tenemos noticia –con permiso de Atapuerca, en el Norte de Castilla– son unas sepulturas en Jabel Qafzeh, en el actual Israel, obra de neandertales de hace 100.000 años, y otras en Shanidar, en el Kurdistán iraquí, de hace unos 80.000.

Los biólogos creen que para eludir a carnívoros y carroñeros o para evitar posibles enfermedades los homínidos propiciaron la invención de los rituales funerarios. Sin duda. Pero hay más. Como ponen de relieve los enterramientos –también neandertales– de la caverna de Regourdou, en el Sur de Francia, de hace unos 65.000 años, el componente *social* del ritual funerario ha sido –¡y todavía es!– cardinal. La muerte supone una ruptura en el tejido social; de suerte que la "herida" debe suturarse y cicatrizarse. En el enterramiento de Sungir (Rusia), de hace unos 28.000 años, junto al cadáver de un adulto y dos adolescentes se hallaron más de diez mil cuentas de marfil de mamut, centenares de caninos de zorro, agujas, lanzas, pendientes y hasta esculturas de marfil. Los arqueólogos saben que adornos funerarios tan elaborados sirven para "ayudar" al muerto en su tránsito a una forma de vida no física.

No existe tradición religiosa que no tenga concepción sobre la muerte o que no haya especulado con un estado post mórtem. Lo decía Bronislaw Malinowski: el ritual funerario es el acto religioso por antonomasia. De los cuatro ritos de paso "universales" es el que se mantiene en mejor estado de salud. Incluso a las secciones más secularizadas de la sociedad les resulta difícil no marcar este tránsito.

Grosso modo, pueden distinguirse tres prácticas funerarias: el enterramiento, la momificación y la cremación. Esta última ha sido la hegemónica en las tradiciones de origen índico (hinduismo, budismo, jainismo, sikhismo), atestiguada ya hace 4.000 años, y está teniendo mucha aceptación en la moderna sociedad secular, en buena medida por el rechazo que produce la idea de descomposición del cadáver.

En la religión extraordinariamente ritualizada de la antigua India, el rito funerario se concebía como un acto sacrificial (*yajña*) capaz de liberar de la muerte y conducirnos a la inmortalidad. De ahí la recurrente idea de que el ritual funerario es un "último sacrificio" (*antyeshti*), en el cual el sacrificante se ofrece a sí mismo como oblación a ser consumida por el fuego de la pira funeraria. Esta antiquísima cultura ritual se ha mantenido increíblemente estable hasta nuestros días.

Existen, sin embargo, algunas excepciones a la cremación. Entre ciertas castas muy bajas se practica el entierro. También es común que los grandes yoguis sean enterrados –pues se piensa que ya no reencarnarán jamás– en una tumba que llaman *samadhi* ("trance"). La razón técnica es que el asceta ya llevó a cabo su propio funeral el día que optó por la renuncia al mundo (y murió como ser ritual y socialmente construido). Asimismo, en casos extraordinarios (fallecimiento en tierras lejanas, muerte infantil, de mujeres embarazadas, muertes por accidente o por epidemia) pueden utilizarse formas de inhumación. Lo que tienen todos estos decesos en común es su carácter no sacrificial. Se trata de vidas que han sido sorprendidas por una muerte prematura antes de haber dado lo que la sociedad esperaba de ellas. Ninguna de estas muertes tuvo la intención de un sacrificio.

La muerte es el estado liminal por excelencia. Cuestiona el orden establecido. De modo que toda una serie de prácticas rituales se invierten durante la ceremonia: se circunvala el fuego al revés, se coloca el cordón sagrado del fallecido sobre el hombro contrario al acostumbrado, etcétera. La idea es desorientar a las potencias demoníacas y que no puedan intervenir y afectar fatalmente el alma (*preta*) del fallecido. (Sigo a Jean Varenne.) Cuando el cortejo funerario se dirige al lugar de cremación, alguien se coloca en la retaguardia de la procesión y se encarga de borrar las huellas para no dejar "rastro" alguno que los seres infernales pudieran descubrir.

Será el mayor de los hijos varones quien preferiblemente oficie la ceremonia y prenda la pira funeraria. Es aconsejable que la cremación se lleve a cabo el mismo día del fallecimiento, pues el muerto es un ser altamente impuro y polucionante. Por ello el rito es considerado de naturaleza "inauspiciosa" (*ashauca*).

Las únicas personas capacitadas para trabajar y enfrentarse a un evento tan polucionante son los miembros de determinadas castas de "intocables" especializadas en el ritual mortuorio. Ellos bañan, afeitan, hacen la manicura y acicalan con sándalo el cadáver. Todos los orificios corporales son tapados con manteca clarificada. El primogénito le lava los pies, realiza unas abluciones y reza a la Tierra. Al fallecido suele untársele el punto sobre la frente (*tilak*) y se le adorna con flores. Luego, se prende la pira.

Tras la cremación viene un período inauspicioso de polución para toda la familia. El período puede variar dependiendo de la casta o el parentesco con el difunto, pero es habitual considerarlo durante diez días. En este tiempo, ningún familiar puede acudir al templo, adorar a las deidades, rasurarse la barba o cortarse el pelo. Se evita el contacto con otras gentes, se impone la continencia, y no es raro que se realicen ayunos o se coman alimentos sin condimentar. Las ropas de luto son siempre blancas.

El mismo día de la cremación, o muy poco después, se recogen los huesos y cenizas, que se colocan en una urna y se arrojan a un río sagrado, a ser posible la madre Ganga (Ganges).

Durante los días de luto, los familiares ofrendan al difunto agua mezclada con sésamo y hojas de ciertos árboles. La ceremonia se llama *shraddha* y es seguida con muchísimo rigor por la mayoría de hinduistas. El primer día, el varón que dirigió el "último sacrificio" lleva a cabo una ofrenda de bolas de arroz (*pindas*) en el mismo lugar de cremación. La tradición dice que los cuervos deben comérselas. El significado de estas *pindas* es interesante. Se trata del alimento necesario para "construir" un cuerpo destinado al difunto en el "mundo de los fantasmas" del más allá (Preta-loka). Durante los siguientes nueve días se siguen ofrendando víveres hasta que el "cuerpo" fantasmal ha quedado completado. Sin estos ritos, que se perpetuarán mensualmente, el difunto quedaría por siempre como "fantasma" (*preta*), un destino de permanente liminalidad, terrible para cualquier humano. Tras un último rito de *pindas*, el difunto-*preta* ya posee el cuerpo que le permitirá el acceso al "mundo de los ancestros" (Pitri-loka). La familia deja de ser contaminante y puede reintegrarse en el mundo social. El fallecido pasa a ser el primero en el rango de los manes (*pitris*) y su tatarabuelo sale ya de la lista. El "fantasma" es ahora un "padre" digno de ser venerado, al que se mencionará regularmente en las libaciones a los antepasados que se hacen a lo largo del año. Continua, pues, ligado a su familia a través de vínculos cósmico-rituales.

Es curioso notar que este rito, que implícitamente niega la teoría del karma y la transmigración (pues se dice y se piensa que el alma del fallecido se convertirá en un *pitri* sin renacimiento alguno y que morará "eternamente" en el mundo de los ancestros), se ha mantenido casi intacto a lo largo de 2.000 años. La contradicción queda minimizada si pensamos que el principal propósito del ritual es –en la India como en el país Yoruba [véase §12]– claramente social: conjuntar la red de relaciones de la familia, la casta y el linaje.

Así son los rituales: compuestos autónomos, con múltiples niveles de significación y muy resistentes a las variaciones filosóficas, ideológicas o teológicas.

33. El culto al Buddha

Como todos los lectores sin duda saben, el Buddha fue un hombre, un extraordinario mortal llamado Gautama Siddharta que vivió en la cuenca del Ganges hace unos 2.500 años. Por su propio esfuerzo y –casi– sin la ayuda de seres sobrenaturales, alcanzó la sabiduría suprema (*bodhi*), aquella que nos lleva más allá de las contingencias y nos libera del sufrimiento y la insatisfacción. Por ello lo llamaron el Despierto (Buddha), el sabio de los shakyas (Shakyamuni), el Excelso (Bhagavant) o el Así-venido (Tathagata); es decir, el que proviene de la Verdadera Realidad.

El Buddha no es ningún Dios. Pero cuando uno acude a un templo budista en Thailandia, en Bhután o en Japón, tiene la impresión de que sus seguidores lo toman por un Dios. La veneración que despierta, las oraciones que recibe, las postraciones de algunos fieles, la parafernalia del altar, todo resuena sospechosamente teísta. ¿Es que los budistas han olvidado que el Buddha fue un humano? ¿Nadie se acuerda del famoso aforismo que proclamaba que "cada uno debe realizar su trabajo, pues los Tathagatas solo muestran el camino"? ¿La devoción popular ha acabado por divinizarlo?

No. Los budistas nunca confundirían al Buddha con un *deva*, y menos con Dios. Saben a la perfección que el Buddha no posee propiedades cosmológicas: ni ha creado ni preserva ni destruirá este mundo. Ni es ninguna encarnación divina, *avatar* o mensajero de Dios.

La cosa es, en verdad, más interesante. Los budistas –al menos, los de la tradición Theravada del Sudeste Asiático– saben que al realizar el *nirvana* el Buddha cortó toda relación con este mundo. Por consiguiente, ni escucha las peticiones de los devotos ni puede ayudarles. Es un ser absolutamente transpersonal con quien el devoto no puede transaccionar.

¿A qué, entonces, tanto rezo, incienso y postraciones? Para muchos budistas, la imagen del Buddha en el templo es una ayuda a la meditación. Es cual *mandala*. Y, en la meditación, aquel que se identifica con el objeto de meditación se funde con los valores que encarna. El Buddha representa el remedio para sacarnos del sufrimiento y del círculo vicioso de ignorancia en el que nos encontramos. El Buddha encarna la sabiduría, la ecuanimidad, la no-violencia, la trascendencia del deseo, la compasión, la budeidad, etcétera. El devoto va a ver (*darshan*) al Buddha porque lo ama, lo tiene como el arquetipo que hay que emular (quizá no en esta vida, seguramente en otra futura), pero no transacciona con él. Las ofrendas expresan la reverencia y veneración por el Buddha, su Enseñanza (*Dharma*) y la Comunidad monástica (*Samgha*) que lo replica. No hay intercambio entre el devoto y el Buddha.

Sin duda, existen otras formas de entender al Buddha o el ideal de la budeidad. Como toda figura religiosa, la de Shakyamuni es extremadamente rica y engloba diferentes niveles de significado. Pero de lo que no me cabe duda es de que su "ausencia" puede ser tan fértil y estimulante como la presencia de un Dios o un Mesías. De ahí la riqueza ritual, simbólica y estética del budismo. En el culto no se pretende unir, fundir o transaccionar con él. El Buddha representa un modo de existencia que un día el devoto aspira realizar. Para muchos practicantes, el culto o *puja* al Buddha constituye uno de los medios más tangibles y poderosos con los que el adepto trabaja en la purificación de sí mismo.

La transacción sí puede darse, no obstante, con toda una serie de seres como los *bodhisattvas* o los *buddhas* cósmicos. Desde sus Cielos o Tierras Puras, estos agentes escuchan las peticiones de los fieles y pueden portar prosperidad, felicidad, larga vida, salud, descendencia o protección a los devotos. En Sri Lanka y el Sudeste Asiático, un verdadero panteón de seres espirituales como los *devas*, los *nats*, los *phi* o los *chao* pueden asimismo escuchar las peticiones de los devotos. Se dice que estos poderosos seres semidivinos escuchan la llamada de los devotos y, por compasión y porque reconocen el genuino espíritu de entrega, acuden a la llamada del devoto.

En esta función cultual, la equiparación con los santos y las vírgenes del catolicismo es permisible.

34. El *bodhisattva* de la compasión

Posiblemente fue el mismísimo Gautama Siddharta, más tarde conocido como Shakyamuni, quien proclamó que él no era más que uno de los "despiertos" (*buddhas*) de una larga serie de iluminados que habían existido en el pasado. La cosa era lógica. Si la experiencia cardinal del budismo –o mejor, de la versión Mahayana del budismo– no es sino la aprehensión de la vaciedad de todo fenómeno, era harto improbable que nadie antes del Buddha histórico la hubiera experimentado y proclamado. La apreciación es típicamente india: el sabio, el místico o el filósofo indio nunca dice innovar (¡aun cuando lo haga!); tan solo re-descubre una verdad antigua, una experiencia posiblemente olvidada. Los jainistas con sus *jinas* antediluvianos o los hindúes con los *avatars* o descensos de lo Divino vienen a insinuar más o menos lo mismo.

De esta forma, un largo linaje de *buddhas* pasó a poblar el universo mitológico budista. Significativamente, esto también implica que existirán *buddhas* en el futuro. Sería absurdo que no fuera así. Porque un *buddha* es, simplemente, un "despierto", alguien que ha despertado a la realidad de las-cosas-tal-cual-son.

El próximo *buddha* será Maitreya. Después de él vendrán innumerables *buddhas*, hasta que cese el período cósmico que ve nacer *buddhas* en los mundos.

Mientras Maitreya espera en el cielo Tushita su corporización terráquea, es llamado y considerado un *bodhisattva*, "el de mente pura", "el que va a ser un *buddha*". Ergo, si Maitreya y los futuros *buddhas* de quienes desconocemos el nombre están todavía por venir, esto quiere decir que existen seres en este universo que ya son *bodhisattvas*. Están aquí, entre nosotros. O allá, en las dimensiones celestiales, pero siempre preocupados por nuestro devenir en el mundo.

En efecto, el *bodhisattva* puede tomar la forma de un hombre o una mujer, de una divinidad hindú, de un demonio si es necesario, incluso un animal, lo que no impide que con frecuencia sea un monje. Es un ser dotado de una compasión y sabiduría infinitas, entregado a facilitar la iluminación y liberación de los demás. De forma voluntaria, y orientado altruísticamente, renace una y otra vez en este mundo de la contingencia (*samsara*) para mostrar la enseñanza budista. El *bodhisattva* es aquel que está en la senda de la budeidad o la ha alcanzado ya, pero cuya tarea es ayudar compasivamente a los demás seres a madurar su propia liberación. En su sabiduría (*prajña*) sabe que no hay "seres" o "individuos" separados, sino flujos vacíos de esencia propia, pero por su "pericia en la acción" puede reconciliar esta sabiduría con su profunda compasión (*karuna*). Gracias a ello se dedica a la respetuosa emancipación de los demás, pues aunque estos flujos sean vacíos, en su ignorancia se sienten como "individuos" que "sufren" y creen en una siempre evasiva "alma".

Lo interesante del budismo Mahayana –tibetano, coreano o francés, da igual– es que exhorta a que cada uno tome el "voto del *bodhisattva*" e, imitando el patrón de estos seres arquetípicos, aunando sabiduría y compasión, ayude a los demás seres a salir de la ignorancia y el sufrimiento. Dicho voto implica la sustitución del viejo ideal del *nirvana* por el de la budeidad. Ahora todos podemos ser *bodhisattvas*.

Lógicamente existen numerosos modelos de *bodhisattva* que el devoto tenderá a imitar, utilizará para cultivar la budeidad y tendrá como fuente de la devoción. Archiconocidos son Mañjushri, Vajrapani, Samantabhadra o Avalokiteshvara. Concentrémonos en este último.

Avalokiteshvara es, seguramente, el *bodhisattva* más popular y querido de todos. Su nombre significa el "que toma en consideración [los gritos de sufrimiento de este mundo]". En cierto sentido es el *bodhisattva* por excelencia, pues es la manifestación pura de la compasión. De ahí su carácter protector. Según el *Sutra del loto*, uno puede invocar a Avalokiteshvara como protector contra todos los peligros de la existencia (desde los ladrones hasta los cataclismos naturales, pasando por las picaduras de serpientes). Sus votos de *bodhisattva* fueron tales que se comprometió a no convertirse en *buddha* hasta que *todos* los seres estuvieran en la senda de la budeidad.

En China es Guanyin, "la de las mil manos y mil ojos", y adquiere rasgos y formas femeninas. Lo mismo sucede con la japonesa Kannon. Este cambio de género pudo ser resultado de su asimilación con alguna diosa o de la identificación de la compasión con un principio femenino. En el Tíbet es Chenrezi.

Dicen allí, en el Techo del Mundo, que Chenrezi encarna una y otra vez en la forma de un insuperable maestro espiritual y propagador del *Dharma*. Lo conocemos como *Dalai-lama*. O mejor: cuando un tibetano expresa la idea de que el *Dalai-lama* es una encarnación de Chenrezi entiende que este *bodhisattva* ha enviado su "cuerpo fantasmal" (*nirmanakaya*; *tulku*) al mundo y toma la forma del *lama*. Ahí, en ese nudo misterioso, vacío naturalmente, se dan la sabiduría y compasión puras.

35. No-violencia

Ahimsa es una palabra sánscrita que, por simplicidad, suele traducirse por "no" (*a-*) "violencia" (*himsa*). Otra traducción igual de fiel sería "ausencia de deseo de matar o herir". Las acepciones negativas en sánscrito son sumamente ricas. *Ahimsa* implica también el cultivo de los valores opuestos a la violencia: la compasión, la benevolencia, la paz… O como diría Raimon Panikkar, equivale al sentido primigenio de la palabra "inocencia" (*in-nocens*): que no es nociva, no agrede la realidad, no la viola.

La *ahimsa* es un rasgo y valor típico de la espiritualidad surasiática, compartido por el hinduismo, el budismo y el jainismo, y que no hallamos en otras religiones del planeta. Pero, más allá de su universalización promovida por el *mahatma* Gandhi, ¿comprendemos bien de qué se trata cuando hablamos de la no-violencia india? Indaguemos.

En primer lugar, hay que decir que la no-violencia no surge como consecuencia de una consideración sobre la situación de los que nos rodean. No, la *ahimsa* no es –en origen– un valor ético enfocado a la mejora de la sociedad. Aunque hoy en día pueda utilizarse en este sentido, tradicionalmente, para hinduistas, jainistas y budistas la *ahimsa* ha sido una práctica espiritual purificadora. Es una de las prácticas de abstención típicas de los renunciantes (*sadhus, samn-yasins, bhikshus*), aquellos hombres y mujeres que se han retirado de la sociedad para concentrarse en lo verdaderamente esencial: la búsqueda del sí mismo. La *ahimsa* es un sacrificio, pero uno que ha sido plenamente interiorizado por el asceta. El renunciante revierte la violencia de todo sacrificio hacia sí y se ofrece a sí mismo como oblación. Por tanto, es una práctica completamente ligada a los antiguos sacrificios del vedicismo, y en ningún momento es una reflexión ética sobre la situación del prójimo. Por ello la *ahimsa* nunca fue un pacifismo. No violentar el entorno se convierte –igual que prácticas como la castidad o la desposesión–, en una forma de purificación interna, en una manera de generar ardor espiritual (*tapas*). En el contexto brahmánico clásico (también budista y jainista) expresa la autonomía plena del renunciante y su superación del deseo, la ignorancia y el ego.

Ahora bien, existe una tradición india que, además de utilizar la *ahimsa* como agente de purificación y crecimiento espiritual, la enraíza en una visión del universo particular: el jainismo.

En efecto, para los jainistas, para quienes la *ahimsa* resume prácticamente toda su religión, la no-violencia remite a una concepción pluralista y naturalista del entorno. Dicen los jainistas que hay tantos espíritus (*jivas*) como seres vivos (*jivas*), por lo que todos los seres poseen el potencial de la liberación o *nirvana* y no deben ser violentados. Todo ser vivo *es* –en mayor o menor grado– consciencia. Todo ser es ontológicamente equivalente, sea cual sea su estado actual de consciencia, ya que la noción jaina del karma entiende que todos somos susceptibles de volver a nacer en cada una de las categorías de existencia del cosmos: como humanos, como seres divinos, como animales, como plantas y hasta como "espíritus" atrapados en las piedras, las gotas de agua, los vientos o las llamas de los fuegos. Estamos ante una sensibilidad animista (hilozoísta sería más correcto) que ve consciencia allí donde los demás solo ven objetos inertes, bichos o hierbas. Dicen los *Sutras* que todos hemos sido alguna vez el padre, la madre, el hermano o la hermana del resto de seres vivos que habitan el cosmos. Por tanto, la cosmovisión jainista posee el valor de promover una hermandad absoluta entre todos los seres vivos y una interrelación ecosistémica pura. Como, además, el jainismo es una religión estrictamente ateísta (de forma idéntica al budismo), su noción de acción-transmigración (*karma-samsara*) implica que todos somos responsables tanto de nuestra situación actual como del mejoramiento espiritual del cosmos con una actitud compasiva y no-violenta hacia los demás seres vivos.

Aquel que no agrede al resto de seres no solo se autopurifica con el autocontrol, sino que se religa con el resto de formas de existencia. Y dada la interrelación de todas las formas de vida en este mundo de las transmigraciones, la *ahimsa* del jainista contribuye a aumentar la cualidad moral y espiritual de toda la bio-masa.

Por tanto, me parece pueril decir –como algunos critican– que los jainistas son esos neuróticos que no pisotean hormigas. Los jainistas no solo son vegetarianos, sino que por toda la India han hecho construir escuelas, hospitales, dispensarios veterinarios o albergues para los necesitados [véase §19]. Es cierto que muchas de estas instituciones requieren una urgente remodelación, pero está claro que el potencial y las repercusiones psicológicas, sociales y ecológicas de la no-violencia a "la jain" pueden ser enormes. La *ahimsa* es un valor que el mundo haría bien en compartir si queremos un mejoramiento de nosotros mismos y de los seres que nos rodean.

36. Sara la Kali, protectora de los gitanos

Uno de los rituales emblemáticos de toda religión son los festivales [véase §31]. Dado su carácter gregario, el festival desempeña un papel importante a la hora de dar cohesión a una comunidad. Y a la hora de vehicular los mitos constitutivos de la identidad.

Muy ilustrativo de la identidad gitana (o romá)* es la mitología y el culto a una virgen "negra" de la Camarga, una inhóspita comarca del Sur de Francia, azotada regularmente por el mistral. Cuando las marismas se resecan, en mayo, miles de personas acuden a una cripta vetusta: la iglesia románica de Notre Dame de la Mer, en la aldea de Saintes Maries-de-la-Mer. Vienen en peregrinación de todas partes: de Francia, de España, de los Balcanes, incluso de Escandinavia. La mitad de los peregrinos es de etnia romá. Desde hace varios siglos, como mínimo, se reúnen para celebrar la procesión de santa Sara, patrona de la comunidad.

La leyenda dice que en el año 42 llegó a la Camarga una chalupa. En ella viajaban María Jacob y María Salomé, madres de los apóstoles Juan y Santiago, y las primeras personas –junto a María Magdalena– en dar cuenta de la resurrección de Jesús. Habían realizado una larga travesía desde Tierra Santa y Egipto. Pero las vírgenes no arribaron solas. Junto a ellas venía una "egiptiana" de piel morena llamada Sara. Y cuenta la tradición que en alta mar Sara salvó las vidas de las dos Marías. De ahí que los gitanos la tengan por "santa".

---

* El nombre "gitano" es ético; o sea, utilizado por las personas ajenas al grupo. Hoy, muchos entre ellos prefieren el genérico romá o sus variantes locales: calé en España, sinti en Alemania, manouche en Francia, rom en Europa del Este, etcétera. Como todo el mundo sabe, el pueblo romá no posee territorio propio. ¡Siquiera lo reclama! Ello no quita que muchos romá hablen de su "nación" o, con más frecuencia, de la "raza" gitana. Aunque se apele a la sangre, el común denominador es quizá tan cultural como biológico.

No obstante, la Iglesia católica no reconoce a esta virgen gitana. Oficialmente, Sara no es "santa". Pero da igual, porque en lengua romaní ella es Sara la Kali (Sara "la Negra"), la protectora de los gitanos.

Indudablemente, el culto a Sara y a las dos vírgenes cristianas es un híbrido entre las celebraciones populares católicas y el culto hindú a la diosa Kali, "la Negra", la Madre que otorga amor en abundancia y la terrible Dama capaz de usurpar la vida de sus hijos.

El festival dura tres días. El primero está dedicado a las dos Marías (cuyas reliquias se descubrieron en el pueblito en el siglo XV). El segundo y el tercero a Sara la Kali. Muy al estilo de las romerías del Sur de España y los festivales populares de la India, se viste a las vírgenes, se las engalana, se las purifica y se las saca en procesión sobre un dosel ricamente decorado. Algunos patriarcas y hombres carismáticos de la comunidad dirigen la procesión cabalgando corceles blancos de la Camarga. Las expresiones de fervor y arrebato místico son locuaces. A Sara se le pide la sanación de un ser querido, prosperidad material, la protección de la familia, tiempos mejores para la comunidad. Todo el mundo quiere tocarla y besarla. Como la Bibiaca, diosa gitana de los Balcanes, el poder curativo de Sara la Kali es legendario. Los jinetes protegen a las santas hasta que la procesión arriba a la mar. Igual que en el Índico o el Golfo de Bengala, el festival termina con la inmersión de las imágenes bajo las olas del mar.

Como tantos festivales populares, el de Saintes Maries-de-la-Mer es una ocasión inmejorable para el jolgorio y la diversión. Los gitanos andaluces arrancan por seguiriyas y bulerías, los *tsiganes* franceses a ritmo de rumba catalana, los *rom* de los Balcanes entonan una endiablada *turceaca*. Se baila, se bebe, se comercia, se reza, se firman alianzas matrimoniales, se comenta, se lee la palma de la mano, se llora.

Miles de turistas, locales y extranjeros, vienen a emborracharse de colorido y de misterio. Ellos forman la otra mitad de la peregrinación. Tal vez muchos solo acudan a contemplar un poco de folclore –emulando a Hemingway o Picasso–, a palpar el mito y estereotipo vivo del gitano nómada, pícaro y vendedor de hechizos. Tal vez no puedan despojarse de los clichés de faldas coloridas y el repicar de las palmas. En verdad, ello no desluce el encuentro. Al fin y al cabo, esa diosa, disfrazada de virgen santa y de gitana, no es sino una Diosa-Madre, otro rostro de Kali o Shitala [véase §78], capaz de iluminar al devoto y engañar al ignorante, con su velo cósmico de la ilusión (*maya*).

37. Chamanes de Siberia

Hubo un tiempo en que ciertos hombres y mujeres eran capaces de volar. Navegaban a otros mundos a través de extrañas corrientes de aire, acompañados únicamente del sonido de un tambor de piel de reno. En esos universos no ordinarios hablaban con los osos, las águilas, los lobos, los pájaros o las ardillas.

Esto no es ni ciencia ficción ni leyenda antigua. Eso sucedía en la inmensa Siberia, la ventosa, la gélida. Sabemos de individuos semejantes entre muchos pueblos de la *taiga* o la *tundra*: entre los chukchis del Mar de Bering, los koriaks de la península de Kamchatka, los buriatos del lago Baikal, los evenki del río Yenisei, los hanty de los bosques del Obi o entre los tunguses de la cuenca del Amur.

Por supuesto, nos referimos a los hombres y mujeres que el mundo ha conocido bajo el genérico de "chamán" (*scham, shaman, sham*), una palabra que en lengua tungús significa "el que sabe". Tal vez pueda hablarse también de chamanes de la Amazonia, de Laponia, de los altos de México, del Pamir, del desierto del Kalahari, del Yukón o de Groenlandia. Todas estas regiones han conocido —y todavía conocen— hombres y mujeres capaces de volar y hablar con los animales. Pero el lugar paradigmático del chamanismo es Siberia.

¿Quién y qué es un chamán? Encontraremos docenas de respuestas. Cada investigador tiene su punto de vista. Para un libro divulgativo como este podemos proponer que se trataría de un hombre o una mujer que accede voluntariamente a un estado alterado de consciencia desde el que "vuela" a realidades no ordinarias. En esta realidad alternativa, el chamán interacciona con diversos espíritus, normalmente animales de poder. El chamán solicita su colaboración para ayudar a otra gente, sea con sanaciones de orden físicoespiritual o por el bien de la comunidad. Puede que en esta realidad oculta el chamán tenga maestros espirituales que le instruyan en las diversas ramas del saber chamánico.

El mundo al que vuela el chamán no es un mundo imaginario. Es una *realidad* no ordinaria, inaccesible al ser humano convencional. (Algunos postulan que místicos, profetas y sabios de otras culturas también son capaces de acceder a esta misma realidad.)*
En ese universo, el chamán puede sentir el frío o el calor, los colores o los olores, las voces roncas de los animales de poder. El chamán no percibe estos fenómenos como acontecimientos mentales, sino como experiencias reales y tangibles.

---

* La costumbre de representar la totalidad del cosmos en tres mundos (el Superior, donde moran los espíritus o deidades; el Intermedio, en el que actuamos los humanos en nuestro estado ordinario; y el Inferior, habitado también por espíritus y seres muchas veces peligrosos) es "sospechosamente" común al mundo semítico, al indopersa, el centroasiático, el africano o el amerindio, con sus *tri-lokas*, Cielos e Infiernos, etcétera. El chamán puede transitar entre estos distintos planos a voluntad.

¿Cómo accede el chamán a esta realidad paralela? Normalmente a través de la ingestión de psicotrópicos o del sonido de una percusión. El repicar monótono y veloz del tambor porta al chamán a otro estado de consciencia. También los ayunos, las privaciones o la danza pueden servir. El uso de plantas alucinógenas es típico de los chamanismos de la Amazonia y de ciertas partes de México y el Sur de Estados Unidos.

En principio, habría que distinguir el "vuelo" chamánico del "trance" de los ritos de posesión, típicos de las culturas africanas o afro-americanas de Brasil o el Caribe. En el trance extático, los médiums son *poseídos* por el espíritu o por la divinidad; luego, la amnesia total. En el vuelo chamánico, en cambio, el chamán *posee* al espíritu; el chamán es el maestro de los espíritus. Entra voluntariamente en ese estado, se experiencia a sí mismo viajando y luego es capaz de recordarlo. En ambos casos se trata de estados alterados de consciencia parecidos pero no idénticos. Sin embargo, como veremos a propósito de los trances de los ju'hoansi africanos [véase §55], esta diferenciación no debería exagerarse en demasía.

Un punto crucial que distingue el chamanismo de la simple brujería es que el chamán trabaja para *socorrer* a otros. Ahí radica la fuerza de los chamanismos. Las personas acuden al chamán para que ayude a localizar manadas de renos, para resolver algún conflicto de su vida o para sanarlos de alguna enfermedad.

En todos los casos, el chamán es quien sabe detectar la naturaleza espiritual del problema y sabe cómo resolverlo. Pero, y esto es importante, siempre lo hace en la realidad no ordinaria del Mundo Superior o del Mundo Inferior. De ahí que ningún chamán tenga inconveniente en utilizar métodos materiales (medicinas, por ejemplo) en el mundo ordinario, el Mundo Intermedio.

Como ya se ha dicho, con frecuencia se utiliza la expresión "chamanismo" para designar religiones y tradiciones consideradas

primitivas o arcaicas. ¡Cuidado!, si bien el chamán puede tender a
considerar que las cosas poseen "espíritu", el chamanismo no constituye ninguna religión. No hay instituciones ni dogmas chamánicos, sino experiencias personales y únicas de cada chamán y cada
cultura. El chamanismo es más un método o una técnica que no una
religión. Ahora bien, como en esta obra hemos optado por ampliar
el espectro del significado de la palabra "religión" más allá de su estricto sentido latino, creo que es lícito decir que cada cultura chamánica poseería su sistema religioso —o espiritual, si se prefiere—
propio. Tendríamos así un sistema religioso chamánico tungús, otro
mazateca, otro yakuto… y tantos como culturas proporcionen chamanes. Soy partidario de pluralizar el concepto: los *chamanismos*.
Sé que los antropólogos tienen gran aversión a asociar las técnicas
chamánicas a una religión, pero si admitimos que el chamán —además de médico y curandero— es quien —en su maestría de los estados alterados de consciencia— comunica con lo sagrado, quien hace
de bardo, poeta y transmisor de los mitos sagrados, quien domina
la cosmovisión tradicional y hace de psicopompo o guía espiritual,
quien es el conocedor de las profecías, sacerdote en los ritos y sacrificios y garante de la cohesión social, creo que es lícito usar —con
las precauciones debidas— la terminología religiosa.

Veámoslo con el ejemplo de la religión —chamánica— wixárika.

38. En busca del *peyótl*

Viajo a México con mucha frecuencia. Desde hace 30 años lo visi-
to al menos una vez cada seis meses. Sea en el Distrito Federal, en
la Sierra Madre, en las antiguas ciudades coloniales, en los llanos
del Yucatán, en todas partes me siento un poco como en casa. Tan-

to es así que la primera vez que aterricé allí, en 1983, me quedé seis meses deambulando por los altiplanos.

México posee la diversidad cultural, social y geográfica de un continente. Piensen en las culturas de los desiertos del Norte; a continuación, en las sociedades de las selvas del Sur. El contraste es formidable. Hablemos de gastronomías, de artesanías, de lenguas, de fauna o de religiones, es casi un truismo mencionar la diversidad de México.

Quisiera que recalaran conmigo en uno de los micromundos que dan contorno a esta fabulosa diversidad.

Sabido es que México es tierra del peyote y otras plantas de propiedades psicotrópicas. La fascinación por los "estados alterados de consciencia" ha llevado a muchos psiconautas urbanitas a viajar allí, en pos de reputadas plantas de poder. Tengo amigos que viajan con regularidad al México recóndito y se molestarían si afirmo que la actual fascinación por los "enteógenos" ("sustancias que portan a dios") es una "moda". Así que no lo diré. Al fin y al cabo, no pocos especialistas han topado con algún hongo, cacto o brebaje *detrás* de muchas religiones, y en todos los continentes [véase §54].

Desde luego, el *peyótl* ya era sagrado para los indios wixárika de la Sierra Madre Occidental (en los Estados de Jalisco, Nayarit y Durango) mucho antes de que los misioneros ibéricos lo calificaran de "planta del diablo" y a su culto de "canibalismo" (un clásico tropo colonial). Por ello propongo centrarnos en esta comunidad chamánica –conocida despectivamente por sus vecinos mexicas con el nombre de "huichol" ("salir huyendo")– y en alguna de sus prácticas rituales.

Tal vez gracias a su lejanía de las misiones y de los centros de poder, el culto wixárika al peyote (que ellos denominan *híkuri*) sobrevivió a la cruzada católica. De hecho, los wixaritaris (plural de wixárika) posiblemente constituyan el grupo indígena menos teñido de cristianismo de toda la República Mexicana. También influyó el hecho de que el cacto no es originario de la Sierra Madre. La tierra donde crece el peyote se encuentra a 500 o 600 kilómetros de distancia, en los desiertos de San Luis Potosí y Chihuahua. Para los wixaritaris este territorio sacro es Wirikuta, allí donde el *híkuri* se manifiesta como el Hermano Mayor Venado. La ardua peregrinación en pos del Venado al peyotal de Wirikuta es, sin lugar a dudas, el ritual más emblemático del calendario sagrado wixárika.

Normalmente, una especie de chamán (*mara'akame*) lidera la peregrinación, que es opcional y abierta a hombres, mujeres y niños de cualquier edad. Entre cien y doscientos wixaritaris son elegidos por el chamán. Antes de la partida se lleva a cabo un peculiar rito de purificación. Un ritual que, curiosamente, consiste en desvelar públicamente –entre las risas y bromas del vecindario– *todas* las relaciones amorosas tenidas –o anheladas– por el peregrino o la peregrina (y los huicholes no se distinguen precisamente por su fidelidad conyugal). La cosa no ha de extrañar, porque las bromas, las fantasías o los acertijos abundan en muchas culturas de pequeña escala. Desde ese momento, el peyotero (*híkuri támete*) es cual manifestación de los ancestros de la comunidad; aquellos que, siguiendo al Dios del Fuego (que encarna el *mara'akame*), efectuaron la primera "caza" del Hermano Mayor Venado.

El viaje en sí está repleto de cruces, umbrales y pasos críticos que desencadenan emociones muy intensas en los peregrinos. Aunque hoy el trayecto suele realizarse en vehículo y algunos lugares de poder puede que se encuentren en desangeladas periferias urbanas, eso no resta sacralidad a la empresa. Los que todavía lo realizan a pie emplean unos 40 días en ir y regresar.

Wirikuta (literalmente "Quemado") se encuentra en los desiertos de San Luis Potosí, a más de 1.700 metros de altitud, en el municipio de Catorce. Hoy, la tierra sagrada de Wirikuta ha sido declarada "reserva natural y cultural" y los indios wixárika pueden recolectar el *híkuri* de forma legal sin que les importunen –demasiado– las autoridades. En la zona alta de Catorce se encuentra la antigua ciudad minera Real de Catorce, que hoy forma parte –para bien y para mal– de los "pueblos mágicos" de México.

Llegados a Wirikuta, el chamán *mara'akame* "caza" simbólicamente los cactos de peyote. El proceso está muy ritualizado y encierra las máximas de la mitología y la cosmovisión wixárika. El chamán lanza sus flechas en derredor del arbusto donde "reside" el Peyote/Venado. Inmediatamente, se ofrenda al Hermano Mayor Venado con tabaco, maíz, agua, tamales y plegarias.

Los peyoteros nunca arrancan el cacto, sino que dejan la raíz en tierra para que crezca en la siguiente estación. En todo momento se trata a la planta con delicadeza y respeto. Impera el principio de reciprocidad y connaturalidad entre los espíritus divinos, la Naturaleza y los humanos, muy propio de las religiones tribales. El *mara'akame* coloca los botones en un pequeño cuenco y, a medida que los peyoteros se acuclillan ante él, los bendice en la frente. Luego, los ingieren.

Durante el ritual se enciende una pira a donde van a parar las ofrendas y las encantaciones de los peyoteros. Aunque el *peyótl* es conocido por sus propiedades médicas (y utilizado por otras comunidades indígenas como remedio para infecciones), lo que en el ritual wixárika se valora es su potencia psicotrópica. (También tarahumaras o navajos, más al Norte, lo han utilizado ritualmente desde hace siglos.) Durante las horas o días que pasan en Wirikuta, los peyoteros comen grandes cantidades del amargo cacto. La ceremonia es comunal. Los botones se comparten. Todo el mundo escucha las viejas historias. La tradición se reactualiza. En sus trances, el *mara'akame* da con los nuevos nombres para los iniciados en el culto. Y cada uno, en su comunión con el Venado Mayor, "ve" su vida en una modalidad *extra*-ordinaria de consciencia.

Aunque las propiedades psicotrópicas del peyote puedan estimular hoy las consciencias de los modernos psiconautas de Madrid, Ciudad de México o París, que con su habitual torpeza ya invaden la sagrada Wirikuta, ingenuo sería olvidar que las visiones y audiciones sagradas de los peyoteros wixaritaris están fortísimamente condicionadas por su bagaje cultural. El Hermano Mayor Venado está bien entretejido en la cosmología, la mitología y la cultura wixárika. Aunque uno puede leer –y aprender– de los fascinantes relatos chamánicos que nos desvelan los recovecos del misterioso pasaje cósmico (*nieríka*) que conecta las realidades ordinaria y no ordinaria de la consciencia, yo sospecho que el Hermano Mayor Venado no se deja cazar por cualquiera. La suya no es una experiencia individual de un "dios" sin nombre, sino un trance domesticado por la sociedad, una catarsis, una visión determinada culturalmente, una teatralización de los mitos fundacionales de la cultura wixárika. Su poder reside en que debe ser ingerido ritualmente en el peyotal. O, de regreso, allá en la Sierra Madre, en compañía de todo el pueblo.

39. El camino de Santiago

Don Tomás había pedaleado durante 18 días. Y no era joven. Topé con él cerca del santuario más venerado del país. "En la carretera, algunos cafres no entienden la devoción –me platicó–; puedes acabar empotrado contra un asno o bajo las llantas de algún camión." ¿Por qué había viajado don Tomás 1.500 kilómetros en bicicleta si hoy uno puede peregrinar hasta en aeroplano? Jadeaba. Pero lo más duro aún estaba por venir: 4 kilómetros de calzada que debería recorrer de rodillas, espoleado (entonces sí) por la admiración que semejante muestra de devoción evocaría entre sus compadres de peregrinación.

Como muchos ya habrán advertido, el cofrade acudía a la cita anual con "mamá Lupita", que es como cariñosamente muchos mexicanos llaman a la Guadalupe, virgen "india" ("negra" diríase en Europa), aparecida ante el indio Juan Diego en una colina donde había existido un santuario dedicado a Tonantzin, Diosa-Madre náhuatl de la fertilidad.

La práctica de la peregrinación tiene una larga y fructífera historia en el cristianismo. Aunque nunca ha tenido el estatus de sacramento oficial, siempre se ha considerado parte vital del camino espiritual de todos aquellos que no querían entrar en una orden monástica.

La peregrinación clásica se iniciaba con una confesión ante el sacerdote. Era tradición tomar luego los enseres del peregrino (túnica, bastón, petaca…), que lo identificaban como oficioso personaje religioso. El peregrino debía imitar en su viaje la pobreza de Jesucristo y sustentarse de la caridad.

En el pasado, la peregrinación era dura (y, por lo visto, muchos piensan que así debe mantenerse). El viaje era incierto, lejos del confort y la familiaridad del barrio o la aldea. Virtualmente, el peregrino entraba en una orden religiosa. Y si el peregrino era –o es– cual monje, las formas austeras y ascéticas han tendido a imperar. Su actitud representa un tipo de religiosidad típicamente masculina; físicamente dura. No obstante, aunque se loen las privaciones, toda peregrinación puede realizarse individualmente, en familia, en grupo y hasta con una gran compañía de devotos. En estos casos, la sensación de ascesis/renuncia queda supeditada a –o complementada por– la de devoción/participación. La peregrinación es entonces como un río de devoción que crea vínculos afectivos y espirituales muy fuertes y que converge en la basílica, la montaña o el templo sagrados. Un *ethos* marcadamente femenino. Pero no alcemos dualismos innecesarios. Ambas expresiones de la práctica suelen ir de la mano. Sin estos componentes de disciplina física y moral, y sin esta actitud de entrega amorosa y fe, la peregrinación es vana y no se recogen los frutos del lugar sagrado.

Roma y los lugares significativos de Tierra Santa han sido desde tiempos remotos los espacios emblemáticos de peregrinación cristiana. Un amplio abanico de destinos se sumó en el siglo VI, cuando ciertos monjes y nobles popularizaron la práctica de la peregrinación como forma de penitencia. Al parecer, la práctica fue incitada por misioneros irlandeses. Fue en esta tesitura cuando el papa Urbano II (siglo XI) otorgó indulgencia plena a todos aquellos que participaron en la Primera Cruzada. Cual reflejo de aquella, toda peregrinación de larga distancia se consideró un acto sagrado capaz de redimir pecados.

Una asombrosa cantidad de lugares sagrados del planeta tiene que ver con el culto a las reliquias. Las tradiciones –cristiana, islámica, hindú, budista, sintoísta…– nos han proporcionado sonados ejemplos de reliquias milagrosamente halladas en alguna cueva, bajo tierra, sumergidas en el agua. Otras eran compradas. No pocas fueron robadas. Y siempre podían ser inventadas.

En Europa, el auge de las reliquias reflejaba la pujanza de las instituciones eclesiásticas. Dado que muchas controversias teológicas tenían que ver con el cuerpo de Cristo, el esfuerzo por controlar las reliquias era una demostración de poder y el símbolo de una determinada identidad religiosa y política. Más cuando en el siglo VIII Carlomagno exigió que toda iglesia reputada contuviera alguna reliquia sacrosanta. A la vez pidió más cuidado con la incorporación de nuevos santos al panteón cristiano (potestad que a partir del siglo XI ya sería monopolizada por la Iglesia romana). Ello ocasionó que todo nuevo santuario con pretensiones de formar parte de la geografía sagrada se obligara a hallar las reliquias de un viejo santo que certificaría la sacralidad del lugar. Ahí se inserta la leyenda de Santiago, en circulación desde el siglo VII. Aunque el "Nuevo Testamento" es mudo al respecto, la leyenda contaba que el apóstol había predicado en el Norte de España. Sabemos que en Galicia el culto a Santiago era popular en el siglo IX. Y el milagro sucedió. Dícese que un eremita llamado Pelayo, en compañía de otros aldeanos, informó sobre una maravillosa luz o estrella. Los hombres escucharon extrañas voces angelicales. Y descubrieron una cabaña con un baúl de mármol que contenía las reliquias del apóstol. Inmediatamente, el rey Alfonso II hizo construir una iglesia en el lugar. Se erigió la catedral del "espacio de la estrella" (*campus stelae*), es decir, "Compostela".

Los incontables lugares sacros de Europa dibujan un apasionante entramado de "caminos", canales y focos de intensidad religiosa. Los espacios sagrados son nodos activos a través de los cuales los distintos aspectos de la religión, la tradición y la cultura circulan.

Santiago ha sido uno de los más emblemáticos de Europa. No olvidemos que el camino se inicia en cualquiera de los confines del continente. Aproximándose hacia Iberia, atravesando el corazón de la carolingia Francia, el devoto podía contemplar las reliquias de san Pedro y san Pablo en Cluny. Y detenerse en Clermont, donde se confabuló la Primera Cruzada. O en Le Puy, posiblemente un lugar de culto druídico, donde todavía se cree que la "piedra de las fiebres" cura enfermedades con la ayuda de María. Conques era otro lugar asociado a la curación de la ceguera. La iglesia de santa Fe alberga un arca con reliquias de la virgen María, de los santos Pedro, Pablo, Andrés, Jorge, Juan Evangelista y Juan Bautista, además del

cordón umbilical de Jesucristo. Caso de descender del Norte de
Francia, el peregrino podría –y puede– ver en Orléans un cáliz consagrado por el propio Jesús y un fragmento de la cruz. Y qué decir
de Poitiers, escenario de la batalla donde el gallardo Carlos Martel
detuvo a los musulmanes. En Blaye puede verse la tumba de otro
bravo guerrero cristiano: Roldán (Roland). Cualesquiera de las ru-
tas tomadas arriban a la península por Roncesvalles, donde combatió Roldán. Los ríos de devoción convergen, finalmente, en Compostela al tenue refulgir de miles de candelabros, embriagados por
el incienso que el *botafumeiro* bombea.

La tradición exigía que en Compostela los peregrinos se reu-
nieran con algún sacerdote que les explicaría la indulgencia conse-
guida por su meritorio acto. Algo raro de ver en los tiempos que
corren. Pero todavía es costumbre que el peregrino done presentes
al altar de Santiago y venere las reliquias del santo. De ser posible,
el peregrino asiste a las misas del 25 de julio o el 30 de diciembre
(aún mejor si estas caen en domingo, que es lo que marca que un
año sea xacobeo). Una vez recibida la indulgencia y besada la tumba del apóstol, el rito de penitencia se da por concluido. El peregrino compra entonces la reputada concha de Santiago, signo de
que ha completado la peregrinación.

Las sendas de los peregrinos han contribuido decisivamente a demarcar cultural y espacialmente distintas regiones o comunidades
etno-culturales del continente europeo. Pienso, por ejemplo, en el
alcance de Czestochowa para los polacos. Pero, al mismo tiempo,
hay que admitir que la inmensa gama de lugares sacros esparcidos
por el continente y conectados por los flujos del camino de Compostela ha contribuido igualmente a dar forma a la idea de "Europa". Dicha noción geocultural parece estar particularmente asociada a las leyendas de Santiago y sus reinscripciones políticas.

Y es que las leyendas están vivas; y son utilizadas de forma interesada por los círculos de poder. Aunque el famoso Roldán combatió a los vascos, las leyendas que lo glorifican lo pintan como archienemigo de los musulmanes. Las de Santiago muestran una apropiación política muy similar. Oigan.

Conocido de todos es el enfrentamiento entre los ejércitos musulmanes del Sur y el Centro de Iberia contra las tropas cristianas del Norte peninsular (más Francia), durante los siglos X y XI. En este contexto se inscriben las leyendas de Santiago. Si las primeras narrativas del santo muestran a un apóstol bondadoso, hermano de Juan Evangelista, las del siglo XI lo presentan ya como "matamoros". De él se decía que había combatido a los musulmanes en la batalla de Clavijo (siglo IX) junto a las fuerzas del rey Ramiro I de Asturias. En un sueño, el santo se apareció al monarca y le prometió la victoria. Descendió Santiago de los cielos sobre su corcel blanco, con coraza de plata y la bandera con la cruz. Se calcula que el apóstol mató a sesenta mil moros. Hoy sabemos que dicha batalla nunca acaeció, aunque la leyenda tal vez fuera eco de otro enfrentamiento entre el rey Ramiro II de León (siglo X) y los musulmanes, donde Santiago aparece de nuevo en idéntico rol. A mediados del siglo XI, la historia ya tenía por protagonistas al rey Fernando I y su campeador, "el Cid". En todos los casos hallamos al apóstol ligado al espíritu marcial y nacionalista de la época.

A finales del siglo XI, bajo el reinado del muy reconquistador Alfonso VI, un grupo de clérigos y caballeros dijo haber descubierto en la catedral de Oviedo un cofre con reliquias inverosímiles: un fragmento de la cruz, gotas de la sangre de Jesús, el pañuelo que cubrió su cabeza, migas de la Última Cena, reliquias de María y de algunos apóstoles. El afamado monarca proclamóse emperador de España entera (bueno, de León, Galicia y Castilla). Y no es casual que el hallazgo y la proclama se produjeran el mismo año en que el papa Gregorio VII declarara que España era una provincia de la Iglesia. Nos hallamos ante una pugna entre el orgullo nacional y la Iglesia universal.

En aquellos tiempos, el cristianismo ibérico estaba anclado en tradiciones rituales francamente mal vistas por la *doxa* de Roma. La Iglesia peninsular mantenía la liturgia llamada "mozárabe", distinta de la romana. Alfonso VI, esposado con la hija del poderoso duque de Borgoña, decidió decantarse por la Iglesia universal. En lugar de utilizar su prestigio y sus lazos con los franceses en favor del rito mozárabe, optó por favorecer la peregrinación a Compostela. Así catapultaría el papel de la Iglesia española en la cristiandad. De importancia capital fue su asociación con los monjes de Cluny, los grandes reformadores y centralizadores de la Iglesia medieval. Se urdió un fuerte lazo entre España, Francia y Roma. Y el nexo que los unió fue la peregrinación a Compostela. De hecho, a los monjes de Cluny hay que atribuir la codificación definitiva de la leyenda de Santiago. En el *Codex Calixtinus*, atribuido al papa Calixto, pero seguramente obra de monjes de Cluny (y cuya copia más valiosa fue robada de la catedral de Compostela en 2011), ya se habla del etéreo transporte de los restos de Santiago, su descubrimiento en Galicia y los milagros acaecidos tras la aparición del santo. La leyenda presenta a Carlomagno como el primer peregrino a Compostela.

Si Santiago se hubiera limitado a ser caballero cristiano, en "cruzada" contra los moros, su leyenda habría quedado circunscrita al ámbito local; seguramente también al ibérico, pero nunca al europeo. Pero la alianza de la realeza española con Cluny lo elevó como símbolo de la Europa cristiana en la época de las Cruzadas.

Quizá el peregrino de hoy no se haya percatado de la asociación del camino con la guerra santa; un itinerario conectado con la épica caballeresca, con las reliquias de Jesús, la Virgen y los apóstoles. La peregrinación nació con el espíritu de la "iglesia militante"; y aunque España ha reclamado siempre a Santiago como santo nacional, desde su origen estuvo conectado –como Pedro o Pablo– al proyecto de la Iglesia universal. Es así como la comunidad espiritual eclesiástica se encargó de abrazar y absorber la dimensión terrenal y temporal. Política y religión, lo volveremos a ver en otro capítulo, han urdido sólidos lazos.

No todo es mística bajo las huellas de los peregrinos.

VI. SILENCIO

40. *Monachós*

La voz griega que da título a este apartado significa "único", "solo". El latín la incorporó para designar al "anacoreta"; que dio lugar a la provenzal *monge* y, más tarde, a las castellanas *monje* y *monja*, que bien conocemos. Esta rauda etimología muestra una interesante deriva: de la soledad de un individuo a la vida cenobítica (en comunidad) de unos hombres o unas mujeres.

Todo el mundo sabe que la antigua tradición judía, de la que dimana buena parte de la cristiana, desconocía el monasticismo (a excepción de los esenios). La aparición de los primeros monasterios cristianos no es anterior al siglo IV. ¿De dónde surge, pues, esta institución? Déjenme que divague un poco en el extraordinario período que conduce de Jesús de Nazaret a la institución del monasticismo medieval; lo que va de la greco-latina *monachós* a la castellana *monje*.

Es bien conocido el origen egipcio del ideal monástico cristiano; y aquí utilizo "monástico" en su sentido original. A finales del siglo III, algunos cristianos de Egipto, presumiblemente molestos por la laxitud eclesiástica (o sea, por su orientación mundana y materialista), decidieron dejar las ciudades y partieron al desierto para llevar una vida eremítica. Hoy los conocemos como los "padres del desierto", entre los que destacó Antonio (c. 260-356).

Ante todo, los padres del desierto anhelaban seguir el mandato de Jesús: "donad vuestras posesiones a los pobres y seguidme". Vivían aislados en cuevas, cabañas o celdas de ladrillo (aunque podían llegar a reunirse para la eucaristía o alguna instrucción religiosa). Sus vidas se caracterizaban por una desposesión absoluta, celibato, arduas prácticas ascéticas (ayunos, insomnios y otras penitencias) y entrega total a Dios. Vivían de la cestería y la horticultura.

El siglo que va del 350 al 450 es considerado la época dorada del ascetismo del desierto. Miles de anacoretas renunciaron al mundo "civil" y partieron hacia las dunas y los peñascos. Gradualmente, se formaron pequeñas comunidades. Se transitaba de la solitud del *monachós* a la vida cenobítica de los *monjes*, bajo la guía de un eremita experimentado. Las primeras comunidades proto-monásticas son las de Pacomio, en Egipto, y de Basilio, en Asia Menor, ambas del siglo IV.

El ideal monástico crea una sociedad paralela, a la que se accede a través de la iniciación y en la que rigen valores y normas bien distintos de la sociedad laica. Domina el modelo de renuncia al mundo, purificación ascética y transformación espiritual. Lo que me transporta a un caldo marcadamente "oriental". Más allá de influencias esenias, gnósticas o neopitagóricas, me atrevería a proponer que el monasticismo budista desempeñó un papel destacado en el cristiano. Al fin y al cabo, se trata de *la otra* gran tradición monástica del planeta [véase §42], y una que es seis o siete siglos anterior a la tradición de Antonio de Egipto. Como no soy un experto en la cuestión, simplemente lo dejo como tentativa. Quizá los padres del desierto habían visto a monjes budistas, tal vez oído acerca de renunciantes hindúes o ascetas jainistas. Nada de extraño hay en apropiarse del ideal índico del desapego, pues casa a la perfección con aquel mensaje de Jesús que los padres del desierto emulaban. Aunque también podría ser que hubiera brotado espontáneamente en Próximo Oriente como resultado de la propia escatología cristiana. No lo sabemos.

Por momentos, los monasterios cristianos (hayan sido católicos, de la ortodoxia griega, la rusa, la Iglesia copta…) pudieron devenir grandes centros culturales o focos económicos de primer orden. Sin embargo, el modelo de vida comunitaria en reclusión, extremadamente austera, de trabajo simple, vida de rezo, silencio, estudio y hasta de contemplación mística, ha permanecido esencial al prototipo cristiano.

41. Contemplación

El ideal quietista del monasterio contrasta con el ruido en el que vivimos en nuestras ciudades, ensordecidos por el estruendo de las motocicletas y de las máquinas excavadoras, de los aviones que –aunque ya ni nos percatemos– expanden la contaminación acústica hasta en los polos y los desiertos. Pero el ruido no es solo cosa de decibelios. Ruido es el bombardeo publicitario; es la demagogia de los políticos, la tiranía de la moda, el estrés en la oficina, el blablablá de los medios de comunicación. Hasta el zumbido de la mente y los pensamientos genera un ruido íntimo e intransferible. A fin de atenuar esas vorágines escapamos de fin de semana, de viaje, al diván, al centro de taichi, al de desintoxicación… para regresar tres horas, tres días, tres semanas o tres meses después… al mundanal ruido. De donde cierta admiración por lo contemplativo, por la quietud, por el silencio de –y en– la meditación. Nos sorprende que hombres y mujeres del Occidente del siglo XXI hayan optado por una vida eremítica o monástica. No ha tanto, la familia la metía a una en el convento o la sociedad nos obligaba a hacernos frailes. Hoy, en la era de la deserción del cristianismo, Europa vuelve a mirar con admiración a sus monjes y monjas. Incluso el cine se atreve con el silencio. Y lo que es más interesante: los viajeros recalan en sus remansos.

En el Oeste de Francia, muy cerca de Poitiers, existe un viejo monasterio: la abadía de Saint Martin de Ligugé (aunque podría haber tomado otros ejemplos). Allí viven unos 30 monjes benedictinos. Los fundamentos del monasterio son del siglo IV; todo un pionero en Europa Occidental. Sabemos, no obstante, que en el IX fue abandonado. Por contra, entre los siglos XII y XIII, la era dorada del monasticismo católico, conoció un gran apogeo. A principios del XVII se concedió el priorato a los jesuitas. Con la Revolución Francesa, los bienes del monasterio fueron vendidos; hasta que fue reintroducida la vida monástica en 1853. Fueron monjes de Ligugé los que restauraron el famoso monasterio burgalés de Santo Domingo de Silos, en la década de los 1880s.

Aunque Ligugé nunca ha tenido el prestigio de Cluny o del Mont Saint-Michel, se ha convertido hoy en uno de los referentes del monasticismo católico francés. No en vano el albergue de la abadía acoge a más de 12.000 personas cada año. Y es que, para muchos, el viaje ya no solo consiste en visitar playas, museos, aeropuertos o bazares.

Los ejes de la regla benedictina son el rezo, el trabajo y la vida en comunidad. Siete veces al día, los monjes se reúnen para orar colectivamente, con el canto y la liturgia. Este es el aspecto central de la práctica benedictina y el que otorga la sensación de pertenecer a una gran "familia". Los monjes son "hermanos" que se reúnen a orar bajo la tutela de un "padre" o abad, símbolo de la autoridad paterna divina. Pero se valora también el estudio y la meditación individual. Gracias al trabajo la comunidad subsiste. Hoy, los monjes se ocupan del hospedaje de visitantes, la gestión de la librería, la grabación de música sacra y la artesanía de esmaltes. La vida fraternal en comunidad es un pilar muy visible en los monasterios benedictinos.

Aunque las reglas benedictinas datan del siglo VI, Ligugé se ha liberado de ciertos formalismos y ha reinventado la vida monástica. En un contexto mucho más secular y descristianizado, los monjes y monjas de hoy sin duda poseen una vocación más sólida que antaño. Mantienen el espíritu clásico del *monachós* (aquel o aquella que busca a Dios siguiendo al Cristo), pero en modo alguno dejan de interaccionar con la sociedad que los rodea. Compartir la vida monástica con ellos, aunque solo sea unos pocos días, es abrirse a ese silencio que lo interpenetra todo. Una dimensión a la que otras secciones de la Iglesia a la que pertenecen parecen hacer oídos sordos. Pero una dimensión que, en cualquier caso, forma parte insoslayable de la historia, la cultura y la idiosincrasia europeas.

42. Monjes y laicos en Thailandia

Si hay que creer en las estadísticas (cosa no siempre recomendable), podemos afirmar que Thailandia es el país más "budista" del mundo: un 93% de la población practica el budismo. Además, esta es la religión oficial del Estado y el rey de Siam ha de ser obligatoriamente budista. Por si esto fuera poco, la orden monástica thailandesa es la más extensa de la galaxia, con medio millón de monjes (el doble de la birmana y cuatro veces la japonesa, por ejemplo).

El budismo practicado en Thailandia es el de la llamada "Doctrina de los ancianos" (Theravada), mayoritaria en el Sudeste Asiático y en Sri Lanka. Un pertinaz cliché –que la propia tradición se ha encargado de alimentar– dice que este tipo de budismo es el más fiel a la enseñanza del Buddha histórico. Hay quien afirma que lleva 2.000 años casi inalterado. Lo cual me parece absurdo. La influencia de otras formas budistas (Mahayana, tantrismo) ha desempeñado un rol destacado en el Theravada; lo mismo que el papel de otras tradiciones (como el hinduismo, ya fuera de corte indio, khmer o indonesio); eso por no hablar de los influjos de cultos y prácticas llamadas "populares".

En verdad, esta hibridación casa bien con el talante asimilativo del budismo. No existe mandato canónico que impida creer en los espíritus, bañar las estatuas de los Buddhas, ir al dentista o regatear al camisero. Y del mismo modo que el monasterio budista reemplazó al viejo templo de culto local, el monje budista ha tenido que asumir las funciones del sacerdote o del chamán local. Practicar los cultos populares no implica abandonar los ideales del *nirvana* (o *nibbana*) u olvidarse de doctrinas como las del karma (o *kamma*) o la impermanencia de lo existente.

No extrañará entonces que en la ultra-budista Thailandia existan rituales específicos para el beneficio del alma de los fallecidos, algo que parece contradecir frontalmente la doctrina budista que cuestiona la existencia de un alma eterna. El hecho resulta menos paradójico si tenemos en cuenta que el Theravada, además de proponer metas últimas o éticas ascéticas, alienta –como toda religión– esperanzas más próximas: un renacimiento mejor, un estatus social más elevado, buena salud, prosperidad en el negocio, etcétera.

Por sorprendente que parezca, en muchos casos ni siquiera la ceremonia de entrada en la orden budista es plenamente "budista". Está compuesta de dos rituales sucesivos: uno claramente espiritista, al que sigue otro de corte búdico. El primero está conducido por un laico, generalmente un exmonje (y que, por ende, conoce los protocolos). Lo llaman "doctor de los espíritus". La misión de este extraño maestro de ceremonias consiste en invocar a los 32 espíritus (*khwan*) del novicio y alejarlos de sus apegos a los placeres mundanales.

Este carácter sanamente integrador y sincrético del Theravada es la razón por la cual el budismo ha arraigado tan poderosamente en todos los países del Sudeste Asiático.

Presiento que el punto culminante de esta actitud (que llega a tener justificación doctrinal bajo el nombre sánscrito de *upaya-kaushalya*) se halla en las vías de interacción entre monjes y laicos. En el intercambio cotidiano entre las dos secciones de la comunidad se encuentra el meollo del Theravada. Y diría que de toda religión: porque incumbe a la sociedad, la cultura, el individuo y el cosmos. Vamos allá.

Sabemos que desde que el budismo empezó a cuajar en Thailandia, allá por el siglo VI, los monasterios se utilizaron como hostales para viajeros, como asilos para ancianos y, por encima de todo, como centros educativos. En Thailandia, el monasterio ha sido la mayor –y si me apuran, la única– fuente de educación hasta el siglo XX. Algunos monasterios llegaban a hacer de escuela primaria, secundaria y de universidad. En cualquiera de los niveles la educación era y es gratuita. A los alumnos solo se les pide que cooperen en las tareas domésticas.

La enseñanza en el monasterio cubría (y todavía lo hace, aunque en menor medida) los aspectos básicos de la educación: lectura, escritura, aritmética, fundamentos del budismo y cultura general. Por extensión, el monasterio suele ser también la biblioteca del pueblo. Como la modernización de la educación es reciente, y puesto que muchos colegios ahora estatales continúan ubicándose en complejos monásticos, los monjes siguen desempeñando un papel importante en la educación nacional.

Tan estrecho es el vínculo entre la comunidad laica y la monástica que en Thailandia se ha institucionalizado una práctica desconocida en otros países budistas: los adolescentes pasan tres o cuatro meses (la estación de lluvias, pero no pocos pernoctan uno o dos años) en el monasterio local. El principal propósito es aprender los fundamentos del budismo y familiarizarse con la disciplina monástica. La noción subyacente sería apropiarse del carisma y la potencia de la orden monástica (*Samgha*). En Thailandia esta práctica equivale a un rito de paso a la adultez.

El papel del monje como educador queda reforzado por su rol de consejero de la familia (y hasta del reino). A requerimiento individual, los monjes se ocupan de problemas personales o de dificultades con la doctrina. Además, ellos son los transmisores del famoso *pañch sil*, el código ético básico del budismo Theravada. A saber: cultivar la no-violencia, abstenerse de robar, no tener relaciones sexuales ilícitas, no mentir y abstenerse de productos embriagadores. Estos cinco preceptos (compartidos de forma pareja –aunque no idéntica– por laicos y monjes) no forman ninguna ley o derecho budista. Son una simple recomendación; lo que el budismo ha llamado "recta conducta".

Pasemos de la educación al mérito. Como mucha gente sabe, el budismo se adhiere a la doctrina pan-india del karma. En Occidente suele destacarse el aspecto cosmológico de la teoría (su papel en la transmigración), pero en los países asiáticos el karma se vive más como marco para el comportamiento ético. Es decir, la doctrina del karma puede ofrecer una explicación a la situación en la que uno se encuentra, pero ante todo constituye el marco para la acción. Al laico se le alienta a ocuparse de las acciones meritorias, y con este fin se le alecciona en las virtudes budistas. Los popularísimos *Jatakas* o narraciones de existencias anteriores del Buddha han enseñado durante siglos los mecanismos del karma.

La mayoría de los thailandeses no aspira directamente al *nirvana*, porque su disponibilidad es limitada. El continuo bombardeo de estímulos y obligaciones de la vida "civil" dificulta tal aspiración. Pero no hay que temer: les aguardan un sinfín de existencias para dedicarse a la cuestión.

De hecho, tanta distancia parece haber en el Theravada entre la religión "oficial", ortodoxa o "gran tradición", y la religión operativa, popular o "pequeña tradición", que el antropólogo Melford Spiro afirma que existen dos –o tres– tradiciones paralelas en el budismo de países como Myanmar, Laos o Thailandia: la religión nirvánica (o nibbánica), que tiene como meta la liberación, y la religión kármica (o kámmica), cuya meta es la adquisición de mérito o buen karma, típica de las masas; a la que habría que añadir la religión llamada "apotropaica", que tiene que ver con la protección de las influencias malignas y la sanación de enfermedades a través de medios esotéricos, que también es propia del pueblo. Lo significativo es que esta divergencia no parece molestar a nadie.

La cosa se torna aún más interesante si, como acabamos de mencionar, comprobamos que la religiosidad popular llega a *contradecir* claramente algunos de los supuestos principales de la religión oficial, y, aun así, es aceptada por gentes que se dicen seguidores de las modalidades cultas y oficiales de la religión. Está claro que no puede trazarse una divisoria nítida. Estas formas de religiosidad se interfecundan permanentemente. No vayan a pensar que las formas populares de religión son variantes corruptas de la religión oficial.

En todas las grandes tradiciones del planeta han coexistido prácticas religiosas cultas y populares desde sus inicios.

Si uno acude a una aldea de Thailandia o Myanmar y pregunta a la gente a qué aspira tras la muerte, la mayoría dirá que al *nirvana*. Pero está claro que esa es una respuesta formal. En cuanto se convive un tiempo con la gente y uno observa sus vidas con detenimiento (y les pregunta de forma más indirecta), comprobará que muchos aspiran a un renacimiento favorable gracias a las acciones (*karmas*) realizadas en esta vida. La mayoría de thailandeses o birmanos no suscribe la doctrina theravadin del no-espíritu (*anatman*), sino que cree en un "espíritu mariposa" (*leikpya*) o en un alma individual (*khwan*) que sale del cuerpo tras la muerte.

Para los practicantes budistas no existe una religión oficial y otra popular. Eso son constructos de los antropólogos o los budólogos. Ni existe paradoja alguna en suscribir posiciones tan aparentemente contradictorias. Es el experto quien proyecta sus preconceptos sobre el asunto. Muchos estudiosos del budismo nos han presentado una religión estrictamente ateísta, desmitologizada, muy racional e individualista. De ahí que se escuche con frecuencia que es una "filosofía". Cualquier evidencia antropológica que contradiga este estereotipo (por ejemplo, la creencia y devoción en divinidades y otros seres sobrenaturales, el recurso a los amuletos, a la astrología, etcétera) ha tendido a ser considerada como una influencia animista o hinduista; o sea, como una corrupción del genuino mensaje del Buddha; a pesar de la insoslayable evidencia en los textos más antiguos del budismo de que muchas de estas prácticas ya existían en tiempos del Buddha. Como ha señalado Richard Gombrich, la llamada "religión popular" es en realidad la religión practicada por todo el mundo, mientras que la "oficial" es simplemente la religión que ha sido enseñada.

Volvamos, pues, al karma.

Como decíamos, la meta del laico sería un renacimiento elevado, celestial a ser posible (rodeado de hermosas bailarinas o apues-
tos músicos celestiales), o nuevamente como humano; quizá como
un hombre que tome la senda del monje y apunte, entonces sí, al
nirvana. Por ello persigue generar mérito religioso o buen karma.
Incluso para una gran mayoría de monjes thailandeses el *nirvana* es
una meta remota. Es como un ideal, un faro que alumbra una vida
en los valores búdicos, pero no el objetivo de esta vida. Como decíamos, monjes y laicos no se encuentran tan alejados.

¿Cuáles son, pues, las acciones meritorias? Por supuesto, el respeto de los cinco preceptos éticos genera buen mérito. Y todo lo
que sea continencia y austeridad, siempre con espíritu desintere-
sado, es asimismo meritorio. En cierto sentido, aquellos valores,
acciones y conductas que repliquen el comportamiento ascético,
renunciatorio y contemplativo de los monjes se consideran auspiciosos.

La donación a la orden es, desde luego, otro buen karma; como,
en realidad, cualquier acto de generosidad. Dado que la orden monástica es mendicante, el símbolo arquetípico de la renuncia es la
ronda matutina para pedir limosna: el *pindapata*. A diferencia de
otros países budistas, en Thailandia sigue siendo una práctica habitual y una de las formas básicas de sustento de la comunidad monástica. En determinadas rondas, los laicos no solo donan alimentos, sino todo tipo de enseres (jabón, toallas, los hábitos de los
monjes, etcétera) y hasta presentes en metálico.

Esta transacción constituye el vínculo estelar entre ambas comunidades. Y digo transacción porque cuando el laico da limosna
al monje, a cambio recibe mérito kármico. La donación a la orden
monástica es doblemente meritoria porque la orden (*Samgha*) media entre el Buddha, su enseñanza (*Dharma*) y los humanos. Es la
potencia iluminadora en su sentido más amplio.

De ahí que todo lo asociado con el *Samgha*, el *Dharma* o el Buddha sea "carismático". Esta peculiar asociación con lo carismático fortalece mucho los lazos entre ambas secciones de la comunidad (aunque también puede degenerar en un materialismo espiritual contraproducente, donde los laicos meramente compran mérito kármico y los monjes solo aparentan un comportamiento ejemplar, ya que así se tornan en fuentes de mérito dignas de la donación).

Si el karma meritorio para con el *Samgha* es obvio, ¿cuál podría ser el karma para con el Buddha? ¿Y para una abstracción como el *Dharma*? La respuesta está en el culto al *stupa* que contiene sus reliquias o su imagen (o al árbol de la *bodhi*, que lo simboliza), y el estudio y el culto a los *Sutras* (*Suttas*) que contienen su enseñanza. No nos detendremos aquí en este aspecto, en el que ya hemos profundizado en otro capítulo [véase §33]. Sigamos indagando en la interacción entre el *Samgha* monástico y la comunidad laica.

Curiosamente, el laico budista no dispone de ritual de bautismo o de iniciación, ni matrimonio religioso… que sea estrictamente "budista". Las diversas consagraciones que jalonan el ciclo de vida de los individuos en los distintos países budistas remiten, en principio, a ceremonias y rituales no budistas (de las tradiciones locales, sintoístas, confucianistas, brahmánicas, etcétera). Desde una óptica estrictamente doctrinal, la orden monástica budista no tiene nada que ver con estas mundanales cosas.

Esta carencia es ciertamente atípica. Sabemos desde Arnold van Gennep que los ritos de paso son fundamentales en toda religión, ya que garantizan una transición segura al siguiente estadio de la vida, integran el ciclo de vida individual en el patrón de la comunidad o sociedad, y sitúan al individuo dentro de una estructura cosmológica gobernada por distintas potencias (divinidades, karma, espíritus). Como, según parece, el budismo no pretende "religar" al individuo, sino "desligarlo", no existen indicaciones al respecto. El budismo textual es, de hecho, una religión sin sacerdote y sin ritual. El monje budista no es ningún maestro de ceremonias, sino un renunciante, un eremita.

Ahora bien, con el paso del tiempo, y como cabía esperar, los monjes budistas pasaron a desempeñar numerosas funciones tradicionalmente adscritas a sacerdotes o chamanes. Hoy, desde el momento de su nacimiento, el birmano o el thai están empapados de budismo. Los padres acuden invariablemente a un monje para que recomiende un nombre auspicioso al recién nacido. De pequeños los niños aprenden a honrar las "tres joyas" (el Buddha, el *Dharma* y el *Samgha*) a diario. No es raro encontrar a monjes budistas recitando *Sutras* (*Suttas*) u otro tipo de escrituras sagradas en ceremonias nupciales o por requerimiento de algún particular para propiciar un parto feliz, buena salud o un próspero negocio. En Thailandia, la recitación de estos textos "protectores" es una de las formas clásicas de participación de los monjes en la religión social. Su pronunciación (exclusiva de los monjes) se considera capaz de garantizar una defensa mágica contra influencias nefastas. Se entenderá ahora que los monjes budistas hayan monopolizado los ritos relativos a la muerte en casi todos los países.

Por supuesto, al tratarse de los repositorios de los saberes, los monjes pronto fueron requeridos como médicos. Buena parte de las técnicas herbales y de masajes de Asia se desarrollaron o se transmitieron de un país a otro a través de los monjes-médicos budistas. Y lo mismo cabe decir de sus conocimientos astronómicos. Todavía hoy, los monjes thailandeses son requeridos como astrólogos.

Esta religión estructura la sociedad, otorga señas de identidad, vehicula los saberes, se encarga de la educación y hasta legitima el orden político. Y, por encima de todo, se ocupa de la condición existencial de los practicantes. En este sentido, el budismo Theravada –a veces acusado de negador del mundo– se me antoja una de las tradiciones más preocupadas por la salud y el bienestar de sus seguidores. Porque de lo que se trata, para el Buddha, es de detener el sufrimiento, la alienación e insatisfacción de la existencia. Y a este menester dedican monjes y laicos, cada colectivo desde su ángulo, sus acciones y voliciones en el flujo de la vida.

43. ¡Mu!

Un monje preguntó a Zhaozhou: "¿También posee un perro la naturaleza del Buddha?" Zhaozhou replicó: "¡*Mu*!"

Este es el primer *koan* (chino: *gong'an*) de la famosa colección del *Mumonkan* (chino: *Wumen-guan*) y, posiblemente, el más citado y practicado de todos. El maestro Wumen (siglo XIII), autor de la recopilación, decía del ideograma *mu* (chino: *wu*) que era la llave de la puerta del Zen. En la moderna escuela Rinzai, el primer *koan* que se da al practicante suele ser el *mu*. Significa "no", "nada". En cierto sentido, el *mu* es la madre de todos los *koans*: hermoso, incierto, inquietante, arquetípico.

El *koan* es una práctica propia del budismo Zen (chino: Chan), maravillosamente imbricada en la idiosincrasia y el pensamiento chino y japonés. La palabra significa "caso" o "documento público", pero tiene el sentido de "paradoja" o "gesto" que conduce a la ultimidad. A mi entender, un *koan* no es más que un *medio* que sitúa al adepto frente a la naturaleza no dual de lo real. No es un acertijo que hay que resolver en un acto de agilidad mental. Tampoco es un recurso psicológico para sacudir el ego (aunque, a veces, lo logra). Cuando el *koan* se "resuelve", uno se da cuenta de que se trata de una frase simple y clara, concebida y realizada desde un estado de consciencia que facilita el despertar.

Para algunos, lo que Zhaozhou señala con el *koan mu* no es que el perro no posea naturaleza búdica, sino que ni el perro ni el Buddha, siquiera la budeidad, poseen naturaleza propia. Zhaozhou apunta a la vaciedad de esencia de toda formulación de la verdad. Pero esa es solo una de las múltiples formas de intelectualizarlo y tratar de asirlo. Por su naturaleza paradójica el *koan* es inaprehensible.

El primero en utilizar las frases de los antiguos maestros a la manera de un *koan* para instruir y examinar a sus discípulos fue Nanyuan Huiyong (siglo X). La práctica ganó aceptación rápidamente en la escuela de Linji (japonés: Rinzai), en especial con el maestro Yanwu (siglos XI-XII), él mismo iluminado por un *koan*. La tradición de introspección con los *koans* se refinó luego con el maestro chino Dahui (siglo XII) y el japonés Hakuin (siglo XVIII)

En la práctica Zen Rinzai, el maestro escoge ponderadamente los *koans* apropiados para cada discípulo. Poco a poco, el meditador afrontará nuevos *koans* según su nivel de práctica. Así, el *koan* sirve de herramienta para la meditación, de instrumento en las entrevistas privadas y hasta de tópico en los debates públicos.

La práctica pasa por concentrarse en el *koan* día y noche, cual *mantra*. De esta forma se entra en un estado de máxima atención. Generalmente, el meditador suele intentar solucionarlo primero con el intelecto, a partir de lo que ha leído u oído acerca de los *koans*. Pero, por su carga paradójica, el *koan* no puede resolverse mentalmente. Luego intentará aprehenderlo con alguna respuesta más "zen"; haciendo alguna cosa absurda. Pero esa solución también es rechazada. Quizá pruebe a dejar la mente en blanco; lo cual es imposible, porque siempre tendremos un agente que lucha por borrar unos pensamientos que no cesan de brotar. No; la práctica de la meditación no consiste en eso. El practicante entra entonces en un estado de "desesperación". Le acecha la "gran duda", tanto a nivel mental, emocional como corporal. En todo el proceso, el rol del maestro es crucial, pues en la "gran duda" el ego está en graves aprietos; existencialmente bloqueado en sí mismo. Este momento es sumamente peligroso: las cosas ya no son como parecen ser. Y es que con el *koan* se trata de desenmascarar la enorme contradicción de quien se observa a sí mismo y topa con un "observador" y un "observado"; con una duda, uno que duda y el dudar. El *koan* muestra que es imposible captar la realidad con conceptos. Tan imposible como intentar asir el espacio con una red.

Durante las sesiones prácticas con el maestro (*dokusan*) o las lecturas diarias (*teisho*), el *koan* puede "superarse" con una palabra clave (*jakugo*) que aparece espontáneamente desde lo hondo. No es tanto una "solución" como una señal que apunta a la esencia apofática (más allá de toda afirmación) de la experiencia Zen. El *koan* nos deja en la absoluta incertidumbre. Transforma nuestra mente y nuestro corazón. En cualquier momento puede ocurrir la ruptura súbita, lo que en japonés se conoce como *kensho*. Puede tener lugar durante la sesión con el maestro, al recibir un bastonazo durante la meditación o cortando la leña para el hogar. Y puede no suceder. Porque el evento iluminador no es más que la aprehensión del "rostro original" como la "vaciedad". O sea, *¡mu!* Solo existe *¡mu!*

No hay más que *¡mu!* haciendo *¡mu!*

44. Sabiduría no-dual

Para muchos, la mística constituye la *esencia* de las religiones. Por lo menos, debería alimentarlas periódicamente, so pena de dejarlas anquilosadas en instituciones, ideologías, jurisprudencias o ritualismos rígidos y faltos de poder transformativo. El cultivo de la dimensión mística es el mejor antídoto para trascender formalismos y corsés [véase §4]; para dar verticalidad a la existencia. Hay quien dice –aunque yo tengo mis dudas razonables– que sin la mística las religiones siquiera habrían aparecido. Podría ser que hasta la mismísima noción de un "más allá", connatural a la mayoría de religiones, no fuera más que una trasposición o adaptación de la experiencia de no muerte, la aprehensión de un tiempo ni lineal ni circular que "escapa" paradójicamente a la temporalidad. El "más allá" no estaría en un futuro post mórtem, sino que se descubre en el "aquí y ahora", en la realización –religiosa o secular– de la no dualidad, la no separatividad, el no tiempo. Quién sabe. Incluso se ha postulado una corriente mística "subterránea", una *philosophia perennis* o Tradición Primordial (un núcleo esotérico-místico común a todas las religiones) que suturaría de forma invisible las tradiciones del planeta. Aunque, a título personal, no me seduce demasiado la idea de una tal filosofía perenne, sí concuerdo en que algunas escuelas contemplativas poseen un sospechoso "parecido familiar".

De ello que quisiera que dirigiéramos nuestra mirada hacia la tradición hindú que muchos tienen por el paradigma de la mística: el Vedanta Advaita.

Es cierto que una visión excesivamente mística, filosófica o yóguica de la religiosidad índica tiende a desnudar culturalmente el hinduismo y alejarlo del sentido y significado que posee en la vida cotidiana de millones de hindúes, a quienes la filosofía Vedanta les puede ser tan extraña como el platonismo o el tomismo lo son a un creyente cristiano [véase §25]. Pero en nuestro capítulo sobre las tradiciones místicas y contemplativas, hay que dar voz a esta corriente de luengo pedigrí.

Hace unos 3.000 años se puso en marcha en el valle del Ganges una "revolución" espiritual sin precedentes. En el seno de la antigua religión védica, algunos sabios empezaron a proclamar una enseñanza gnóstica y esotérica que podía conducir a la liberación (*moksha, mukti*) de la ignorancia, la contingencia y la finitud; por ende, a la inmortalidad.

Durante varios siglos, esta corriente fue tomando la forma de las enseñanzas de las *Upanishads*, la porción gnóstica y mística del *Veda*. En buena medida, las enseñanzas del budismo y el jainismo –que se originan en el mismo período– prolongan una línea análoga de introspección. Dentro de la tradición hindú fue la corriente que se denominó Vedanta ("fin del Veda", tanto en su sentido cronológico como en el figurado de "culminación del Veda") la que mejor supo canalizar esa vena mística de la India, en parte gracias a su compromiso con el *establishment* sacerdotal y a su anclaje en la simbología sacrificial de la antigua religión védica. El Vedanta se ha perpetuado de maestro a discípulo, en sus distintas escuelas y sensibilidades, hasta nuestros días. Y aún goza de extraordinaria salud.

Grosso modo, los sabios de las *Upanishads* realizaron una aguda y continuada indagación acerca del fundamento del mundo, de la existencia y del ser. Y dieron con la esencia o fuente oculta que liga estos componentes entre sí. A veces la llamaron *brahman*: el Espíritu universal, lo Absoluto, la Consciencia, la Realidad Última vista objetivamente. A veces la denominaron *atman*: el espíritu eterno en el ser humano, el Sí-mismo, la consciencia, la Realidad Última vista subjetivamente. La enseñanza principal de las *Upanishads* y del Vedanta proclama la absoluta *identidad* del *brahman* y el *atman*. Esa conclusión es, como mínimo, asombrosa. Porque dice que no hay diferencia entre lo macro y lo micro, el Espíritu y el espíritu, lo trascendente y lo inmanente, lo visible y lo invisible, la Consciencia y la consciencia, lo finito y lo infinito; o como más gráficamente suele expresarse: entre el conocedor, el conocimiento y lo conocido. Más que a la unicidad (monismo), su enseñanza apunta hacia la no-dualidad (*advaita*), que no es lo mismo.

Las *Upanishads* tocan ya la mayoría de puntos filosóficos que serán cardinales en el hinduismo: la noción de karma, de ciclo de transmigraciones (*samsara*), la autorrealización a través de la gnosis (*jñana*), la unidad última de la existencia (*atman = brahman*), o el valor de la introspección, la ascesis y la meditación como medios de avance en la liberación (*moksha*) de la ignorancia y la cadena de renacimientos. Con las *Upanishads*, el hinduismo se constituye en *soteriología*, es decir, en camino de progresión espiritual; lo que en la India se denomina *yoga* o *marga*. Para la historia de las religiones, las *Upanishads* representan, quizá, la primera –y la más rica– experiencia de la dimensión inmanente de lo Absoluto.

Obviamente, en unos pocos párrafos no podemos hacer justicia a la extraordinaria potencia de esta corriente mística hindú, sin duda una de las tradiciones de sabiduría más antiguas, profundas y elaboradas del mundo. Pero nos sirve para seguir esbozando algunas consideraciones de carácter filosófico.

Una cosa que salta a la vista al profundizar en el Vedanta es que el místico hindú no parece perseguir "una experiencia" o alcanzar un "estado alterado de consciencia", como mucha gente presupone, sino que buscaría algo así como "desvelar" la ignorancia. La India no posee el equivalente del "pecado" de otras latitudes; pero si algo se le asemeja, el más claro candidato a constituirse como raíz del mal es la ignorancia (*ajñana*) o desconocimiento (*avidya*). Para el Vedanta –y en sintonía con tradiciones hermanas como el budismo, el jainismo, el Samkhya o la filosofía Yoga–, el problema del ser humano es de orden fundamentalmente epistemológico. Desconocemos –o mejor, conocemos incompletamente– nuestra verdadera esencia espiritual. De ahí que la liberación no sea el resultado de ninguna técnica especial, sino que equivale al discernimiento (*viveka*) y la sabiduría (*jñana*) de las cosas tal-cual-son. La meta no es ningún luminoso estado alterado, sino la sabiduría que elimina la ilusión (*maya*). Shankara (siglos VIII-IX), posiblemente el mayor filósofo que ha conocido la tradición Vedanta, proclamaba que la liberación espiritual no es un efecto de algo, sino simplemente la destrucción de la ignorancia.

No todas las sensibilidades del Vedanta suscribirían estos enunciados. Existen, por ejemplo, corrientes teístas (quizá las más populares en la India), como el Vedanta de Ramanuja (siglos XI-XII), para quien la liberación es el producto de la gracia divina, vía la entrega total de uno mismo y devoción amorosa a Vishnu.* Además, no está tan probado que el Vedanta Advaita haya privilegiado siempre la experiencia (*anubhava*) o la meditación, tal y como el neohinduismo moderno ha imaginado. Pero está claro que fue esa modalidad de Vedanta, la llamada no-dualista (Advaita), la que a la postre se constituiría en el principal referente filosófico indio. Profundicemos, pues, en la noción de "no-dualidad", de tanto prestigio en la espiritualidad índica.

Dualidad es percibirnos en relación con el entorno. Existe el "yo" o el ego; y luego el "otro", lo otro (el mundo, mi hija, este libro, el Dios personal). La India –hindú, budista o jaina– es sorprendentemente categórica al afirmar que existe una forma distinta de experienciar la realidad. Con la trascendencia del ego,

---

*   Durante siglos, los sabios vedantins han sostenido acaloradas controversias acerca de si el fundamento único y último (*brahman*) es "sin atributos" (*nirguna*) o "con atributos" (*saguna*). Las *Upanishads* más antiguas favorecieron claramente la primera posición. Sin embargo, en las *Upanishads* intermedias lo Absoluto deja de contemplarse como una esencia impersonal y pasa a verse como un Dios Supremo. Esta tensión transmigrará en las corrientes no-dualistas y las teístas dentro del Vedanta. En la presente exposición seguimos la opinión de la tradición Advaita.

anclados en la sabiduría liberadora, que se cultiva con la meditación, el yoga, la renuncia, la escucha al maestro, el estudio y la conducta ética, la multiplicidad y la temporalidad pueden ser abolidas, y lo único que resta es la aprehensión, percatación y realización de la no-dualidad, donde no hay sujeto que experimente un otro.

Si no hay sujeto ni objeto, obviamente resulta difícil describir "eso". Así, lo que parece revelar la percatación de la no-dualidad es que la Realidad Última es apofática. Dicho en otras palabras, lo Absoluto trasciende de tal modo el intelecto y la contingencia humanas que cualquier pronunciamiento sobre "eso" es inadecuado, falso e imposible. Si pudiéramos caracterizarlo, inmediatamente dejaría de ser lo Absoluto y pasaría a ser eso que hubiéramos caracterizado. El *koan* del Zen expresa la misma inefabilidad [véase §43]. La *kenosis* cristiana también.

La cosa podría simplificarse del siguiente modo. Para el advaitin, el mundo manifiesto está formado por envolturas (*koshas*) que cubren y ocultan —como las capas de una cebolla— el *brahman*. El mundo que vemos y percibimos es el mundo de la ilusión cósmica (*maya*), de los atributos de lo Divino (*saguna*), el juego (*lila*) o sueño de lo Divino. O sea, solo captamos las capas superiores de la cebolla. Pero, en el nivel más profundo de la realidad —siempre según la visión del Vedanta Advaita—, no hay multiplicidad, tiempo ni atributos (*nirguna*). En cierta manera, la experiencia o cognición no-dual parece acabar revelándonos que no existen niveles de realidad, sino solo niveles de ilusión. Sobreimponemos —dicen los vedantins— las capas de la cebolla (el mundo, el cuerpo, la psique, la idea de Dios) sobre el *atman*, y de esta forma "eso" que es eterno e inmortal y está más allá de toda ley de causa y efecto aparece como un ente físico, particular y fenoménico (como el mundo de la multiplicidad y el alma individual). El Vedanta Advaita nos invita a pelar las capas de la cebolla y conocer —a través del discernimiento

pleno– y realizar –renunciando a la actitud egoica– la suprema identidad *atman-brahman* en lo más profundo del Ser.

Si lo Absoluto es Uno-sin-segundo, como se dice en las *Upanishads*, eso equivale a decir que nada hay que esté afuera, incluida la consciencia. No hay "otro". Nada es distinto de ello. De ahí
que no pueda "alcanzarse", pues ello implicaría a quien alcanza y
lo alcanzado, y la experiencia de la no-dualidad revela el carácter
único de Eso. Por tanto, el llamado "misticismo" de las *Upanishads*
y del Vedanta Advaita en realidad tiene poco de místico, en su sentido clásico. No hay unión a algo externo y trascendente. Uno no se
une a *brahman*. Uno se da cuenta de que es ello.

Lo Absoluto no es el "Otro"; es la misma trama de lo que existe. No hay, en el Vedanta, dualismo entre el Creador y lo creado. Lo
Absoluto es trascendente e inmanente *a la vez*. Eso que llamamos
"Yo" (*atman*) es en verdad "Eso" (*brahman*), tal y como se proclama en la más famosa de las "grandes sentencias" de las *Upanishads*: "Tú eres Eso" (*tat tvam asi*). "Tú" y "Eso" no son sujeto y objeto, sino idénticos. El *atman*, el elemento eterno en el ser humano
y en todos los seres, es idéntico a la Realidad Última (*brahman*). No
es que "yo" sea *brahman*, sino que el *brahman* es el Yo profundo.
Como dice un ejemplo muy conocido e ilustrativo, lo que percibimos como almas individuales y separadas no son gotas en el océano (como propondrían los teísmos); son simplemente las olas del
océano.

Todas las filosofías de la India son eminentemente prácticas. No
persiguen una Verdad en abstracto. El Vedanta no es únicamente
una "filosofía" (*darshana*), sino asimismo una "ciencia sobre la liberación" (*moksha-vidya*). Si la verdad no es liberadora y no nos
saca de la ignorancia y el sufrimiento, entonces no vale la pena profundizar en ella. Por tanto, los maestros del Vedanta Advaita –desde las *Upanishads*, pasando por Badarayana, Gaudapada, Shanka-

ra, Vachaspati Mishra… hasta Vivekananda, Ramana Maharshi, Nisargadatta o Ramesh Balsekar– han insistido en que la identidad *atman-brahman* puede intuirse y *realizarse* aquí y ahora por el yogui cualificado. Estas ideas y conceptos no son en modo alguno abstractos. El *atman* –en tanto el Ser en lo más hondo del ser humano– es el término de la búsqueda interior, del yoga. Es por la práctica espiritual (*sadhana*), y no a través del intelecto, como se experiencia la unificación de cuerpo, mente y espíritu.

La identidad *atman-brahman* equivaldría a una coincidencia plena con el espíritu, a la manifestación de su verdadera identidad no-dual. Ni se alcanza, ni se produce, ni se cumple, ni se recibe, ni es fruto de ningún acto mental, físico o verbal. Cuando se dice que se "alcanza la liberación final" se nos está hablando en sentido figurado, y muchas veces se utiliza el símil médico: el liberado recupera su estado natural y puro de "salud". No adquiere nada nuevo; retorna a un estado previo. Gracias a la práctica ha despojado la vía de obstáculos y "enfermedades" (como la ignorancia o la sobreimposición). No es un "retorno" a un estado "previo" en sentido cronológico. Es previo en el sentido en que es la condición o el substrato de una presencia siempre testimonial. Se trata de restaurar o redescubrir algo que siempre ha estado ahí, oculto por el mal fundamental de la ignorancia de nuestra verdadera esencia. Por tanto, esta coincidencia pura, este retorno al ser esencial, no es algo adquirido, alcanzado, siquiera perdido. Liberarse es despojarse del velo y "re-conocer" el *atman* contemplándose a sí mismo. En otros lugares exclamarán: ¡*mu!* [véase §43].

La naturaleza de la liberación final es indistinguible del estado de discernimiento pleno. No es una intuición del *brahman*, sino el mismo *brahman*. En ese contexto lo llaman *sakshin*, el Testigo, la contemplación transpersonal de la existencia.

VII. INMANENCIA

45. El rugiente espíritu de lo Divino

En la sociedad en la que la mayoría vivimos suele darse una drástica separación entre Naturaleza y cultura, entre entorno e individuo. El mundo, aunque sea un hermoso paisaje, es lo de ahí *afuera*. Es el objeto pasivo *visto* por el yo, el sujeto activo.

Los miembros de sociedades de pequeña escala, que viven en mayor armonía con la Naturaleza, no tienen esa percepción separada de "paisaje". No tienen necesidad de contemplar el paisaje porque forman parte de él. No hay oposición entre Naturaleza y cultura.

Su "paisaje" puede ser la tierra donde los dioses realizaron sus gestas, o el arquetipo del claro en el bosque donde el sabio medita en silencio, o la comarca donde arribaron los antepasados y moldearon con sus actos, o el vecindario cotidiano... Se trata de un paisaje, por tanto, intensamente cultural e intensamente natural. Aún más: el paisaje sagrado es la consciencia plena de lo cotidiano. Es el croar de la rana del *haikú,* intuir el fénec en el Gran Erg, la sorpresa por el hecho de existir, aquí. Buenas expresiones de la inmanencia.

Estas elucubraciones a colación de cierto panteísmo no son gratuitas. Estamos –mal– acostumbrados a concebir lo Divino como un Ser con apariencia personal pero a la vez abstracto, lejano, celeste y trascendente. Esta concepción de Dios está fuertemente tamizada por ciertas teologías muy expansivas; pero yo tiendo a pensar que la mayor parte de la humanidad insiste en confirmar lo sobrenatural *aquí* en las cosas, en los humanos, en la naturaleza del lugar y el paisaje. *Eso* no se deja reducir a lo trascendente, sino que se concreta en montañas, árboles, mujeres, hombres, animales, piedras, praderas, lagos y –como deseo mostrar a continuación– en rugientes volcanes. Y en no pocos.

No vayan a creer, sin embargo, que la tradición occidental desconoce la presencia de lo sobrenatural en los volcanes. Hefesto, dios helénico del fuego, fue el herrero nacido en la cima del Olimpo. Hera, su madre, lo desterró al mar (dicen que avergonzada por su cojera y fealdad). Hefesto fue a Sicilia y tomó el Etna como residencia. Instaló su yunque sobre la cabeza de Tifón, el monstruo que Zeus había vencido y encarcelado en el volcán. Para cualquier marino griego, el humo del Etna indicaba que Hefesto seguía en sus alquimias, sobre la testa de Tifón. Más tarde, los romanos lo homologaron con su propio dios del fuego, Vulcano, de donde procede nuestro *volcán*.

Esta visión ambivalente del volcán transmigró durante la Baja Edad Media en las imágenes oscuras del monte Hekla, uno de los volcanes más activos de Islandia, símbolo de la entrada al Infierno y hasta de la mismísima morada del Maligno. (J.R. Tolkien bebió de ahí; no lo duden.) Todavía en el siglo xix se utilizaban las tétricas descripciones del Hekla de algunos viajeros norte-europeos para probar la existencia del Infierno y realimentar la visión negativa que el cristianismo ha tenido del mundo natural. Y eso que las tradiciones bíblicas poseen también sus mitologías volcánicas. Todo hace pensar, por ejemplo, que el Ararat es el monte que emergió en primer lugar cuando las aguas del Diluvio comenzaron a retroceder. Del volcán descendieron Noé y sus compañeros zoomórficos para repoblar el mundo; haciendo así del Ararat el segundo lugar de la creación.

Como muchos sabrán, el Ararat es también la montaña nacional del pueblo armenio. Otro tema recurrente a lo ancho del globo. Quizá no exista un perfil que represente mejor al espíritu de una nación que el del monte Fuji. Suspendido entre el Cielo y la Tierra, su cono ha inspirado a poetas, pintores y a centenares de peregrinos. En Japón aseguran que allí los *kamis* y los *buddhas* se manifiestan y protegen la nación. De forma pareja, para el ojo turístico la silueta del Kilimanjaro representa al continente africano en su totalidad. Pero no olvidemos el significado que ese impresionante macizo posee para las etnias de su radio de acción. Los chagga, que viven en las laderas del monte, literalmente toman su sustento espiritual y material del Kibo, uno de los tres volcanes que conforman el macizo. También el volcán Kenya es de enorme significado para el pueblo kikuyu. Para los masai de Tanzania, el volcán Ol Doinyo Lengai es la "montaña de Dios", o sea Engai, el único Dios, que una vez tuvo allí su morada.

El volcán domina infinitas cosmologías en Asia. La mayoría de volcanes de Java se asociaron a las concepciones cosmológicas hindúes y budistas, que comparten el mítico monte Meru como eje del mundo. Todavía para los hinduistas de la isla de Bali, el volcán Gunung Agung es el verdadero pivote del mundo, espina dorsal del cosmos, cuyas alturas rozan los niveles celestiales donde moran las divinidades.

En las Américas, desde el Popocatepétl (la "montaña humeante") o el Iztaccihuátl (la "dama blanca"), en el valle de México, pasando por los volcanes de América Central, hasta la Tierra del Fuego, el supercontinente está atravesado por una ecología cultural marcadamente ígnea. De hecho, la pirámide cultual maya o mexica es una réplica del volcán, fuente de la fertilidad. No pocos santuarios y hasta capitales de las culturas andinas o patagónicas han sido construidas a la vera de estos *apus* o divinidades.

Los pueblos de Polinesia (desde Tahití hasta Nueva Zelanda) trazan su origen a partir de la gente que emigró de Samoa y Hawai'i y sus impresionantes volcanes de lava. El Mauna Kea, el Kilauea o el Mauna Loa son hijos de Pele, la temperamental diosa de los volcanes. Existen movimientos modernos en Hawai'i que han rescatado a esta diosa y protegen sus fumarolas sagradas.

46. Shasta

El monte Shasta es, con bastante probabilidad, la montaña más famosa de Norteamérica. Detengámonos en este gigantesco macizo volcánico que culmina a 4.322 metros de altura. Se encuentra al Norte de California, no lejos de la frontera con Oregón. Aunque pertenece a la cordillera de las Cascadas, el volcán no está físicamente conectado a otros montes, por lo que el solitario macizo se alza de forma imponente a más de 3.000 metros por encima de la región que lo envuelve. La silueta del Shasta es, sencillamente, espectacular.

Como es fácil deducir, el condado que lo alberga (Siskiyou County) constituye uno de los lugares de recreo preferidos de los californianos. La región es de una belleza incomparable; y los bosques, ríos y lagos que rodean los picos nevados son extraordinarios para los amantes de los deportes de montaña y aventura.

Por supuesto, el monte es sagrado para todos los pueblos nativo-americanos que habitan en la zona: los modoc, los karok, los ajumawi, los wintu, los shasta (que otorgaron el nombre hoy oficialmente aceptado), los hupa... De hí que se hayan opuesto con tenacidad a los proyectos de abrir estaciones de esquí en las laderas meridionales del macizo. En estos tiempos de tenue renacimiento de la espiritualidad amerindia, algunos de ellos continúan realizando ceremonias para invocar al espíritu de la montaña.

Para muchos pueblos indígenas, el Shasta –como el bíblico Ararat– fue el único lugar que no fue sumergido por el diluvio y donde, consecuentemente, se refugió el astuto Coyote (o el Cuervo). El Shasta es la fuente de la vida y del poder sagrado. La montaña (toda montaña y todo paisaje, en realidad) forma parte de un paisaje que es, como vimos páginas atrás, tanto natural como cultural [véase §45]. No hay separación entre un ecosistema natural y un ecosistema noológico compuesto de mitos y leyendas. De ahí que a los pueblos indígenas les resulte tan difícil entender el concepto euro-americano de Naturaleza "prístina" o "salvaje", que no contiene a los humanos.

Dada su relativa proximidad al océano, el volcán recibe puntualmente tormentas y borrascas. Con frecuencia, las cimas se ven envueltas por nieblas o resplandores misteriosos; y pueden escucharse los ecos de las ventiscas. Todo ello no hace sino reforzar el carácter sobrenatural de la montaña. Con lógica, el Shasta también se ha convertido en el epicentro de diversos grupos espirituales, esotéricos y nueva era modernos. Para los rosacruces, los lemurianos aún viven ocultos en los subsuelos del macizo. Otros consideran que el monte recibe periódicas visitas de ovnis y extraterrestres.

Lo cierto es que ese volcán posee "algo". Tal vez solo sea su solitaria inmensidad, quizá el eco de imágenes arquetípicas. O de una hierofanía o manifestación del Gran Espíritu, como dicen los modoc. Da lo mismo. Y es que el monte –*toda* montaña que se precie– constituye el lugar donde Cielo y Tierra se unen. La montaña es el mejor símil de la elevación hacia lo sobrenatural, lo divino o lo celeste. Incluso poblaciones que habitan en llanos y grandes valles asocian las alturas con la espiritualidad. Los picos han sido siempre moradas de los dioses. Acuérdense del Olimpo.

El Shasta forma parte de esta geografía sagrada a escala planetaria. El que hoy algunos grupos exóticos lo hayan adoptado no es sino otra expresión de cómo transmigra en estos tiempos el sentimiento de lo sagrado.

47. La peregrinación al pivote del mundo

Lo sagrado se manifiesta en la *naturaleza* y el *lugar*. Por ello, la práctica de peregrinar a la morada de lo Divino ha sido y es tan común en muchas culturas. Muy en particular en el Sur de Asia.

Los historiadores aseguran que las peregrinaciones (*yatras*) han formado parte de la expresión religiosa surasiática desde la prehistoria. Pero nunca han sido tan multitudinarias como en la época moderna. El factor clave en su popularización ha sido la mejora en las comunicaciones. Hoy, raro es el indio, el nepalí o el tibetano que, al menos una vez en la vida, no parta hacia uno de los grandes centros de peregrinación para rendir homenaje a su deidad de elección, rezar a un *buddha* o *bodhisattva* o empaparse de lo sagrado.

En sánscrito, un lugar sagrado se denomina *tirtha*, traducible algo así como "vado" o "puente para ir al otro lado". Los *tirthas* son puertas entre lo humano y lo divino; puentes que portan de lo terrenal a lo celestial; lugares donde las divinidades, por motivos inescrutables, han decidido manifestarse sin que hayan sido invocadas por los humanos. Cualquier río, lago, bosque, montaña, roca, isla, ciudad o árbol donde se ha producido el "descenso" de lo divino o donde el sabio se haya "elevado" a lo incondicionado puede considerarse un espacio sagrado.

La mayoría de los *tirthas* hinduistas tiene que ver con algún relato mítico contado en las Epopeyas o los *Puranas*. Muchos se encuentran junto a ríos. Los budistas están asociados a las reliquias del Buddha y de otros santos de la comunidad o a las divinidades que residen en los Himalayas. La predilección de los jainistas está claramente en las cimas de las montañas. También los sikhs y los musulmanes del Sur de Asia veneran parajes de poder [véase §28].

En general, el voto de peregrinar sirve para ganar mérito religioso, para expiar el mal karma, para tener una visión (*darshan*) de la imagen o el objeto sagrado y, especialmente, para crear la autoiluminación en la mente del peregrino. Como se señaló a propósito del camino de Santiago [véase §39], la idea es que el peregrino es un renunciante o monje temporal, por lo que las formas austeras son las recomendables.

La peregrinación suele iniciarse con algún ayuno purificador y un rezo a Ganesh, el sorteador de obstáculos. Muchos peregrinos optan también por la tonsura del cabello. En ruta comerán una sola vez al día, dormirán en el suelo, permanecerán castos todo el tiempo y, a ser posible, no realizarán el trayecto en vehículo de motor. Por supuesto, la peregrinación es mucho más poderosa si coincide con los días astrológicamente propicios o con los festivales del calendario sagrado.

Las peregrinaciones estructuran, a la vez, buena parte de la forma de vida y los itinerarios de los monjes, ascetas, *sadhus* y renunciantes, que pasan la mayor parte del tiempo viajando de un lugar a otro.

Como el Shasta [véase §46], muchos *tirthas* del Sur de Asia no son únicamente sitios donde los dioses han actuado o donde residen, sino que los lugares *en sí mismos* son las divinidades. Un ejemplo claro es la montaña de Arunachala-Tiruvannamalai (en el Estado de Tamil Nadu), venerada como la "solidificación" del *linga* de Shiva. Otras montañas célebres son Girnar (Gujarat) o Abu (Rajasthan), ambas muy queridas también por los jainas. En ciertos picos de los Himalayas, como las diosas Annapurna o Nandadevi, culminan algunas de las peregrinaciones más arduas y populares. Algo más accesibles son los centros de Badrinath, Kedarnath, Gangotri o Yamunotri, todos en la región montañosa de Garhwal (Uttarakhand).

En este sentido, el *tirtha* emblemático por excelencia del Sur de Asia es el monte Kailash, situado en una remota región del Tíbet. Se le identifica con el monte Meru, el *axis mundi* que conecta los distintos planos del universo. Para el peregrino que realiza su circunvalación (¡de cien kilómetros!) el monte es el pivote invisible del mundo. Y es doblemente sagrado por la presencia del lago Manasarovar, el de aguas gélidas, considerado uno de los *tirthas* más antiguos de la humanidad.

La montaña y el lago son sagrados para budistas, bön-pos, jainistas e hinduistas. Cada colectivo le confiere un significado particular. Para los tibetanos es el Kang Rinpoche, la Preciosa Montaña de Nieve, morada de Demchok y Dorje Pakmo, sabiduría y compasión, la quintaesencia de la iluminación. Para los hindúes, el monte es la residencia de Shiva; y el lago, la mismísima consciencia de Brahma. Para los jainistas es el Ashtapada, el lugar donde el primer *jina* de este ciclo cósmico, Rishabhanatha, alcanzó la liberación. Para los bön-pos es Yungdruk Gu Tseg, la esvástica de nueve niveles, el espíritu que insufla el mundo.

Quizá, para el moderno senderista, viajero o escalador el Kailash solo sea el lugar de nacimiento de los ríos Indo, Brahmaputra, Karnali y Sutlej (que no es poca cosa). Pero aun desvinculado de las cosmologías y tradiciones locales, le embargará una extraña sensación: la certeza de hallarse ante una fuerza más-que-telúrica de primer orden. Esa tangibilidad de lo inexplicable, de lo numinoso, que el moderno no acaba de ubicar en su estructura mental, linda con la misma experiencia religiosa del peregrino.

48. El culto a la Kumari en Nepal

La inmanencia de lo divino puede ser, quizá, uno de los rasgos más característicos de la espiritualidad índica. Lo divino desciende con frecuencia; y puede adoptar muchas formas y nombres.

La separación entre lo divino y lo humano es leve. Lo cual distingue al mundo hindú de otros espacios. Durante el ritual en el templo, el sacerdote se homologa a la divinidad. Puede incluso que esté por encima de las deidades, ya que estas solo cumplen determinadas funciones cósmicas no necesariamente más importantes que los ritos y sacrificios de los humanos, gracias a los cuales el cosmos también se mantiene.

No vayan a colegir que esta proximidad de lo divino es asunto de clérigos. Las divinidades de la India gustan de encarnar en forma humana, animal o vegetal. Conocidos son los *avatars* Rama o Krishna; o divinidades zoomórficas como Hanuman, Ganesh, Garuda o Nandi. Famosa es la vaca sagrada de la India (aunque ella no sea más que el símbolo de la sacralidad de toda forma de vida). Todos los animales son sagrados en la India. Y todos pueden ser –y son, en cierto sentido– divinos.

Quizá las formas más espectaculares de inmanencia se den con los bailarines y bailarinas del Sur de la India o con la niña o doncella (*kumari*) del Nepal. Detengámonos en ella.

En ningún lugar del planeta se ha mantenido una tradición de adoración a la Diosa tan potente y tan arraigada como en la India y Nepal. Ya los navegantes griegos tomaron nota del culto a la doncella (*kumari*) virgen (*kanya*) en el Sur de la India. De ahí proviene Kanyakumari (cabo Camorin), el nombre del extremo Sur de la India, un lugar que alberga todavía un famoso templo de la Diosa.

Lo verdaderamente único del culto a la Diosa en Nepal es la práctica de la veneración de niñas como símbolos vivos de la Divinidad. Hay muchas historias acerca del origen de esta tradición. La mayoría apunta al rey Jayaprakash Malla (siglo XVII), el último monarca de la dinastía Malla de Katmandú, que hizo de la Diosa Taleju la guardiana y protectora de su reino. Al ser la forma nepalí de la poderosa diosa Durga tiene la capacidad de destruir a los enemigos del reino. Las siguientes dinastías mantuvieron a Taleju como deidad tutelar. Y la tradición ha llegado hasta el presente.

Se tiene la equivocada impresión de que solo existe una niña-Kumari, pero sabemos de por lo menos una docena. Cada Kumari tiene su casta de selección específica, sus cuidadores, sus festivales y días sagrados estelares. Algunas compaginan la vida de Diosa con el estudio; otras no. Incluso existen Kumaris adultas. Algunas encarnan a la Diosa solo durante los festivales y retornan a su vida "civil" pasados los días sagrados. Otras, como la más importante de todas, la Kumari real de Katmandú, que es en la que vamos a centrarnos, lo son de forma permanente.

El proceso de selección de la Kumari real es sumamente significativo. Se eligen niñas de entre 2 y 4 años, invariablemente de la casta *shakya* de la comunidad budista newar. La candidata ha de estar sana; se valora que no haya padecido ninguna enfermedad gra-

ve, no haya perdido ningún diente ni sangre menstrual. En definitiva, debe poseer las 32 cualidades de una Diosa y su horóscopo
tiene que ser compatible con el del rey. Un comité dirigido por el
guru personal del monarca evaluará concienzudamente todos estos
aspectos. Hasta que algunos signos de impureza aparezcan (léase la
primera menstruación), la niña llevará una vida de reclusión como
Kumari. Es significativo que unos monarcas hindúes rindan culto a
unas niñas de extracción budista, pero que simultáneamente encarnan a una diosa hindú (Taleju) o budista (Vajradevi, que es como los
newars la veneran). Esto se debe a que en Nepal el budismo y el
hinduismo están fuertemente entrelazados.

Una vez seleccionada, el rey debe mostrarle sus respetos, los sacerdotes la entronizan como Diosa-virgen, la divinidad la *posee* y
la niña pasa a ser la personificación misma de Taleju. Desde ese
momento, cinco liturgistas budistas la custodiarán a diario. Cuando la nueva Kumari ha sido instalada, su predecesora regresa a su
hogar y recibe una pensión hasta el día de su matrimonio, si bien
existe la superstición de que una mujer que ha sido poseída por la
Diosa acarreará la muerte prematura de su marido.

La Kumari participa en una docena de festivales, quizá el más
relevante de los cuales sea el Indra-yatra, que rememora su primera encarnación en tiempos del rey Jayaprakash Malla. No obstante,
no es necesario esperar a ningún gran festival para verla. Cualquier
devoto puede acudir a honrarla dos horas cada mañana. Muchos nepalíes le rinden culto con ocasión de algunos ritos de paso: el que
marca el primer corte de cabello, la iniciación, la primera menstruación, el matrimonio, etcétera. Se dice que ante la visión de la
Kumari si la niña-diosa sonríe, otorgará salud o prosperidad. Si se
muestra triste, indica infortunio y peligro.

Aunque la Kumari es una virgen y encarna la pureza del período
pre-púber, a la vez porta vestidos rojos, color solo utilizado por mu-

jeres casadas y sexualmente activas. De hecho, en el hinduismo la diosa Kumari no es ninguna virgen, sino la consorte de Kumara (el dios que comanda los ejércitos divinos, también llamado Skandha). De ahí que su culto esté muy unido a la fertilidad y la sexualidad. La mayoría de devotos de la Kumari en Nepal son mujeres que sufren de desajustes menstruales o que quieren tener niños.

La noción de que un humano encarne a la divinidad tampoco es extraña en otras latitudes. Recordemos al Hijo de Dios de los cristianos. De ahí, también, la facilidad con la que los hindúes aceptaron al Cristo como manifestación o *avatar* de lo Divino. Como se mencionó, a los dioses y diosas de la India les encanta tomar formas humanas, como Rama y Krishna, héroes de muchas gestas del hinduismo y campeones de la devoción popular. Y a la inversa. La mentalidad hindú concibe la posibilidad de que cualquier hombre, mujer o incluso infante pueda constituirse como manifestación corporeizada de lo divino. Todo hombre y mujer hindúes, al menos una vez en su vida, asumen una forma divina para sus amigos y familiares. Cuando el novio y la novia se toman de la mano el día de su matrimonio lo que hacen es identificarse con las parejas divinas (Shiva-Parvati o Rama-Sita), y ese día son venerados de la misma manera que se honra a esas divinidades. Los *sadhus* u hombres santos, lo mismo que ciertos gurus o maestros, pueden ser considerados igualmente divinos. Porque aquel que ha realizado lo divino –o que coincide con su potencial divino– *es*, en toda regla, Divino.

Por tanto, cuando un hindú se jacta de ser divino, no está diciendo nada extraordinario ni nada blasfemo, aunque a los oídos de un seguidor del Dios de Abraham suene fuerte. Al fin y al cabo, numerosas filosofías hindúes postulan la existencia del *antaryamin*, lo Divino inmanente, el *atman* en lo más íntimo de uno mismo [véase §44].

49. El tiempo de la ensoñación

Virtualmente, todas las religiosidades del planeta han poseído o poseen sus modalidades de inmanentismo. Tan elaboradas y tangibles como las hindúes del apartado precedente. Sucede que, en muchos casos, están siendo desplazadas y arrinconadas (aunque también fecundadas e hibridizadas) por las facetas más agresivas de la Modernidad.

Sí. Cada año desaparece, solamente en Australia, una lengua. Con ella se pierde una manera de entender el universo y una forma única de estar en él. De las 600 etnias que existían en el continente a la llegada de los europeos, apenas sobrevive la mitad. Y digo *apenas* porque la mayoría de veces lo que resta de un antiguo orden social y cósmico ya solo es un vago recuerdo, tamizado de milenarismo paracristiano y resquebrajado por la enfermedad, el alcohol o la desidia.

Todas las culturas están expuestas al cambio, a las influencias foráneas, al mestizaje. No obstante, con las sociedades y clanes aborígenes de Australia nos hallamos ante un caso prodigioso de continuidad (sin duda debido a su aislamiento) durante más de 30.000 años. Aunque las diferencias entre las tribus aborígenes son palpables, también lo es su unidad, así como su incontestable origen común. Por tanto, el encontronazo del mundo aborigen-australiano con el europeo-colonial representa el más brutal ejemplo de desmoronamiento social, psicológico y cósmico de los conocidos.

Si no fuera por ciertos colectivos aislados en zonas inhóspitas, cuando hablamos de la cosmología aborigen habría que hacerlo en tiempo pretérito. Entre otras cosas, y ya voy al grano, porque los clanes australianos comparten un pasado mítico: el *tiempo del sueño* o de la ensoñación, como gustan designar hoy los expertos. En lengua aranda –del centro de Australia–, este tiempo se denomina *alcheringa*. Los seres divinos y héroes míticos de aquel tiempo varían de una región a otra, pero en todos los casos se habla de una época remotísima, cuando dichos seres desplegaron sus poderes creativos y dieron lugar a los humanos, los animales, los accidentes geográficos, los meteorológicos... en fin, a todo cuanto existe, incluida su propia fuerza creadora.

Cuentan los arandas que en el principio existía el Gran Padre. Empero, este ser celestial no creó la Tierra ni a los seres vivos. Se muestra un tanto indiferente a lo terreno. Mircea Eliade ha detectado que, en la historia de las religiones, es frecuente que el dios celestial pronto quede relegado en el culto, y más en sociedades de pequeña escala. Lo vimos con Olórun de los yorubas [véase §12]. Para los arandas, pues, al principio el mundo era un desierto informe. Pero contenía, en forma embrionaria, a los futuros seres humanos, atrapados como en una red, en lagos salados. Además, existía en los subsuelos un tropel de demiurgos sumidos en un profundo sueño.

La ensoñación comienza, dice el antropólogo Waldemar Stöhr, cuando esos entes despiertan y rompen la corteza terrestre para abrirse paso en la superficie. Con ellos salieron el Sol y los astros. Los lugares por donde surgieron estos seres ("nacidos de su propia eternidad" al decir de los arandas) se llenaron de su fuerza espiritual.

Al recorrer la superficie, los seres primigenios fueron moldeando la Tierra. Así surgieron las montañas y los valles, las dunas y los manantiales... Acto seguido, liberaron a los embriones humanos, abriéndoles ojos, boca y nariz, y despertándoles del sueño eterno. Les enseñaron a hacer fuego, cazar, recolectar, preparar los alimentos, las complejísimas reglas matrimoniales de cada clan o los rituales funerarios. Después de establecer el orden socio-ritual, ya cansados, los antepasados totémicos regresaron a las profundidades telúricas. Los puntos por donde se sumergieron se impregnaron de la fuerza espiritual de los seres creadores y, con el tiempo, se convirtieron también en lugares de culto. El aranda habita una densa topografía sagrada. Cada vez que un miembro del clan alumbra un fuego –para regenerar las tierras cultivables o hacer salir de sus madrigueras a las presas– pide permiso a los "propietarios tradicionales" de la tierra. Es en este vínculo de reciprocidad con el mundo, en esta relación sagrada con la tierra, donde seguramente hunden sus raíces muchos de los ritos y sacrificios religiosos [véase §31].

Por doquier, los ancestros dejaron vestigio de su fuerza espiritual. En rocas, árboles, riachuelos, animales o piedras. Esa esencia es capaz de penetrar en la mujer encinta y reencarnar en el feto. En efecto, se piensa que cada individuo se identifica con el tótem de un lugar sagrado cerca del cual pasó su madre poco antes de quedar embarazada. La ligazón con los antepasados queda, así, sanguíneamente formalizada, espacialmente reactualizada y ritualizada en las tallas de madera llamadas *churunga*, que contienen una figura, planta o animal totémico que vincula a los miembros del grupo con el tiempo de la ensoñación.

Para el (ex)cazador-recolector aborigen todo lugar, objeto u acto ligado al tiempo de la ensoñación tiene carácter sagrado. Lo expresa asimismo en las maravillosas pinturas rupestres que encontramos en cuevas, abrigos y salientes, en especial las de la Tierra de Arnhem, al Norte del continente; tan hermosas como las de los ju'hoansi de África Meridional [véase §55]. En todos los casos hallamos representaciones de las gestas del tiempo de la ensoñación. Lo mismo puede decirse de los actos rituales que mantienen y reactualizan la obra creadora de los tiempos del sueño. Gracias a danzas, recitaciones míticas, iniciaciones o músicas que nos transportan al tiempo de la creación, los humanos se sienten inseparablemente ligados a su espacio ecosistémico y a su universo cosmológico. Hoy, sin embargo, todo eso ya es cosa del pasado.

50. Diosa-Madre y Madre de Dios

Uno de los aspectos más interesantes del cristianismo, sea católico u ortodoxo, ha sido su particular adecuación al paisaje religioso sobre el que vino a imponerse. No me estoy refiriendo a los evidentes casos de asimilación o transculturación del cristianismo en espacios híbridos como Brasil, Filipinas, México o Camerún. Estoy pensando en el universo religioso de España, Italia, Serbia, Ucrania o Polonia, que es igual de sincrético que los anteriores. Solo que más antiguo.

Piensen en mitologías como las de la Natividad, en rituales como la Pascua, en la veneración a vírgenes como Nuestra Señora de Medjugorje (Bosnia), en fiestas como las de san Juan, el Carnaval [véase §69], etcétera. El peso de los mitos mitraicos, de rituales de ayuno hebreos, de remotos cultos paganos, incluso pre-indoeuropeos... no admite discusión. Y creo que es saludable.

Aunque históricamente el cristianismo se ha caracterizado por un arrogante sentido de exclusivismo (actitud propia de los monoteísmos, pues si solo existen un Dios y una Verdad, hay tendencia a entender a otros dioses y otras verdades como el Diablo y la Mentira), también es cierto que ha sabido –y hay quien diría que no le ha quedado más remedio que– adaptarse a tradiciones de establecida alcurnia y a las necesidades de inmanencia de las personas. Mirando el culto a los santos y a las vírgenes de la Europa católica y ortodoxa, uno no puede menos que concluir que nos hallamos ante otro prolífico y saludable caso de politeísmo [véase §24].

La imagen que me viene ahora a la mente es la de los palimpsestos: aquellos libros medievales que fueron manuscritos sobre textos más antiguos y cuyos trazos son ya apenas inteligibles. Esto es, remito a saberes que no han logrado borrar la huella de otras

Costa mediterránea. Turquía.

El Gran Erg Occidental. Argelia.

Cabeza de Brahma. Bayon. Angkor, Camboya.

El futuro *buddha* Maitreya. Ladakh, India.

Altar de la religión china. Singapur.

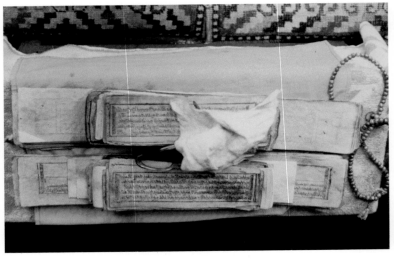

Sutras. Monasterio de Tikse. Ladakh, India.

Culto en un templo jain. Delhi, India.

Molinillos de oraciones. Monasterio de Gandantegchinlin. Mongolia.

Devotas en la catedral de Lima. Perú.

La Natividad. Iglesia de la Sagrada Familia. Barcelona, España.

Atlantes de Tula. Hidalgo, México.

Santeras en la Vieja Habana. Cuba.

Mezquita principal de Delhi. India.

Stupa de Borobudur. Java, Indonesia.

Catedral de Santiago de Compostela. Galicia, España.

Túmulo de Newgrange. Irlanda.

Ritual votivo a Bahru. Rajasthan, India.

Procesión del pueblo. Tamil Nadu, India.

El viejo *taravad* de Menakath. Kerala, India.

El Buddha. Sukhothai, Thailandia.

El Buddha. Polonnaruwa, Sri Lanka.

Monte Shasta. California, EE.UU.

Procesión sikh durante el Baisakhi. Southall, Reino Unido.

cosmologías. El cristianismo no es El Vaticano; de modo que las viejas creencias y prácticas de la Europa pagana hallaron su lugar en nuevos contextos debidamente "cristianizados". La fascinante historia de las reencarnaciones de la Diosa-Madre (Gea-Mater, de donde Deméter) da buena cuenta del meollo.

Los arqueólogos han desenterrado en los Balcanes una cultura pre-helénica, pre-celta y pre-casi-todo (de entre 4.000 y 6.000 años de antigüedad), que han bautizado como "Civilización de la Antigua Europa". No hay duda de que su religiosidad estaba centrada en divinidades femeninas. De ahí, algunos han colegido que la Vieja Europa –y, a decir verdad, también Oriente Próximo– vivía en una sociedad matriarcal. Con la llegada de los pueblos indoeuropeos de las estepas de Asia Central se habría impuesto la patriarquía y la cultura jerárquica y guerrera que todavía impera. Me excusarán por tan grosera simplificación, pero a buen seguro muchos y muchas ya habrán oído la narración.

Me temo, no obstante, que este relato es algo ingenuo. El que existiera un culto a la Diosa, a la fertilidad y al principio femenino, no implica necesariamente una matriarquía. Es una bella utopía ginocéntrica, pero que hoy pocos arqueólogos y antropólogos sostienen. (Dejemos, sin embargo, que la imaginación "romántica" se desquite de la historiográfica.) De lo que no cabe ninguna duda, en cualquier caso, es de la fuerza, la longevidad y la extensión de un culto a lo femenino en todo el área de lo que hoy es Bulgaria, Macedonia, Serbia, Croacia, Rumanía, Hungría... Y aunque no pueda hablarse de un matriarcado, sí es factible que algunas sociedades de la antigüedad fueran matrilineales (contemplaran la descendencia y la herencia por la línea femenina) o matrilocales (las hijas permanecen en el hogar y son los varones los que transitan de una familia a otra).

La Diosa-Madre es el substrato sobre el cual se edifica todo el cosmos. Es la Madre-Tierra. Sin la aprehensión de este principio, la experiencia y comunicación religiosa no es posible. De ahí los cultos a la fecundidad, el acompasamiento con las leyes naturales, la celebración a las fuerzas generatrices o al crecimiento y renovación de la vida. La dadora y sustractora de vida es, coherentemente, una de las primeras imágenes de lo sagrado. Esta sensibilidad religiosa no constituye ni una Edad de Oro irremisiblemente perdida, ni ningún estadio arcaico o primitivo digno de haber sido rebasado. Es la percatación individual y colectiva de la *matriz* [véase §78], una dimensión permanente del espíritu religioso.

Es incluso posible que esas remotas diosas del Mediterráneo o los Balcanes, que sobrevivieron a griegos y romanos, a la Iglesia y a su santa Inquisición, tuvieran su origen en África, como defienden algunos de los que han estudiado a las vírgenes y *madonnas* "negras" que aún abundan en la topografía sagrada de Europa. La lista es interminable: Diana de Éfeso (Turquía), Aya Sofía de Constantinopla (Estambul), Nuestra Señora de Jasna Gora (Czestochowa, Polonia), la Mare de Déu de Montserrat (Cataluña), las vírgenes de Chartres o Le Puy (Francia), Sara la Kali de Saintes Maries-de-la-Mer (Francia) [véase §36]… En fin, la Diosa-Madre fue asimilada a María, la Madre-de-Dios [véase §58].

Con el protestantismo y el racionalismo, este mundo ritual, mitológico y cultual fue desplazado del paisaje espiritual europeo. Quizá comenzara entonces el proceso de "desencantamiento" del mundo. Aquel que –Max Weber *dixit*– llevaría al triunfo del capitalismo, la ética del trabajo, el desarrollo de la ciencia y la "muerte de Dios". Un desencantamiento que hoy, en el mundo de las osificaciones, porta a una lamentable folclorización y nacionalización de diosas, santos y festividades.

Una nueva vuelta de tuerca a la dinámica de lo santo. Pero los palimpsestos no se borran fácilmente. Créanme.

51. Malta: en el vientre de la Diosa

Ligeramente posterior al mundo de la Antigua Europa hallamos otro foco intensísimo de culto a la Diosa: el Mediterráneo. Las culturas pre-indoeuropeas de Creta, Cerdeña o el Sur de España lo atestiguan. Y de todas estas viejas sociedades destaca, por méritos propios, la de la isla de Malta.

Allí, en la pequeña isla, en un –hoy– poco bucólico suburbio de La Valletta, se encuentran dos de los santuarios de la Diosa más interesantes, extraños y mejor conservados del planeta. Me refiero al templo de Tarxien y a las cavernas de Hal Saflieni. La isla cuenta con otros yacimientos importantes (Ggantija, Xemxija o Hagar Qim, por ejemplo), pero me centraré en las joyas de Tarxien y Saflieni. (Por cierto que aquellos que quieran visitarlas es mejor que reserven con antelación.)

Ambos santuarios estaban relacionados entre sí y pertenecen a una misma cultura, que existió en Malta entre el -3800 y el -1500. Luego, sin conocerse todavía el porqué, los proto-malteses desaparecieron de la isla. Hasta que fue re-colonizada 600 o 700 años después.

Sabemos que en el templo de Tarxien se adoraba a una deidad femenina de dimensiones colosales (una imagen de más de dos metros y medio de la Diosa se encuentra en el museo de La Valletta); una divinidad a la que se sacrificaban toros, cerdos y carneros. Posiblemente, el templo de Tarxien también se utilizara como un oráculo.

A muy pocos kilómetros de allí se encuentra el *hipogeo* ("subterráneo" en griego) de Hal Saflieni. Se trata de un conjunto de cavernas, algunas naturales y otras artificiales, construidas entre el -3600 y el -2500. El conjunto destaca –a diferencia de otros yacimientos megalíticos– por lo trabajado y pulido de sus pórticos y fachadas. Con toda seguridad el hipogeo servía también de oráculo. En un pozo votivo ha sido hallada una "mujer durmiente", es decir, una figura que atestigua la antigua práctica de la "incubación": dormir en un santuario para recibir sueños sanadores o proféticos. El hipogeo vendría a simbolizar el vientre de la Diosa-Tierra, la madre nutricia a la que acude el consultante o la sacerdotisa para comunicarse con los antepasados, con los espíritus protectores o con la mismísima Diosa-Madre.

El santuario posee diversas salas funerarias donde han sido hallados restos de huesos. Por tanto, Hal Saflieni era asimismo una sepultura colectiva. De hecho, es la primera necrópolis subterránea de la que tenemos noticia. Cámaras funerarias parejas han sido encontradas también en el Sur de España, Portugal e Italia. La cosa no debe de extrañar. Al fallecer retornamos todos a la matriz primigenia de la cual surgimos y con la que es posible comunicarse a través de los sueños y las consultas selectivas. Esa matriz era, y estarán de acuerdo en que sigue siendo, siempre femenina.

VIII. SÍMBOLOS SAGRADOS

52. La casa de mi abuelo

Mi abuelo paterno nació en el Sur de la India. La zona originaria de los Pániker (o Panicker, a veces Panikkar, también Pannikar) era la costa de Malabar. Una tierra fértil y pluviosa; dicen que moldeada por las hazañas de Ramachandra, el *avatar*.

Malabar es territorio del malayalam; una lengua que para mí ya es impronunciable y no comprensible. Pero no crean que es una lengua menor. La tienen como materna casi 40 millones de personas. Los lingüistas coloniales tenían al malayalam como un hijo bastardo del tamil. Los nacionalistas tamiles lo caricaturizan como un dialecto tamil nasalizado que se vendió al sánscrito. Hay que ver la falta de amabilidad que impera en las Academias.

Dicen que el título nobiliario Pániker (porque resulta que tiene algo de eso) fue otorgado en el siglo XVI o XVII por el *zamorín* de Calicut; es decir, por el rey de Malabar. Lo confirió a destacados guerreros de su ejército; que sospecho eran bien bravos. Pániker es, por tanto, un título de casta; o como hoy gusta decir, un nombre de subcasta. Los Pániker (del sánscrito *parinayaka*, "jefe"; y famosos como maestros de *kalaripayattu*, las artes marciales de Kerala), como los Menon o los Nair, pertenecen a la gigantesca casta de los *nayar*; o mejor, al cúmulo de castas de militares, aristócratas y terratenientes de Travancore y Malabar. Creo que un tío abuelo mío era, como tantos *nayar*, el capo del pueblo. El pueblo en cuestión se llama Karimba. Allí nació mi abuelo.

Karimba posee resonancia africana y un deje exótico. Pero para los Pániker ese pueblo era simplemente su *lugar*. La aldea se encuentra en el llano de Palakkad, un valle que se escurre entre la cordillera de los Ghats y comunica con el vecino país Tamil. En esa zona liminal y fronteriza, el bilingüismo malayalam-tamil es común. Para fastidio de los académicos.

La finca de la familia se llamaba Allampadham; y se situaba en las afueras del pueblo. Bien, lo de las afueras es un decir, porque las aldeas del país malayali no son nucleadas, sino extensas, informes, sin límites. Uno busca y rebusca y jamás da con el centro del pueblo. No hay plaza mayor. En cambio, un sinfín de villorrios y caseríos desperdigados, bastante próximos los unos a los otros, salpicados de campos de arroz, palmerales, bosquecillos, ríos y carreteras angostas.

La primera vez que visité Karimba todavía vi elefantes trabajar con grandes leños; y a niños zambullirse bajo la cascada. Una India rural, acuática, plácida. ¡Ah! la topofilia, de nuevo. También fui al lugar de origen del clan familiar: la finca Menakath, en la vecina aldea de Pulapatta. Otro lugar recóndito y calmo, en lo hondo de la selva tropical; donde te reciben como al hermano que partió anteayer. (Y, si mis datos no me engañan, la sección Pániker que dejó Menakath para ir a fundar Allampadham, debió de hacerlo a mediados del siglo XIX.) Fuertes son los lazos de casta. Muy fuertes.

Entre los *nayar* y otros colectivos de Kerala, las fincas familiares se denominan *taravads*. Con la simbología del viejo *taravad* de Menakath deseo iniciar esta etapa de viaje por el mundo de lo simbólico. No es ningún *ashram* [véase §3], pero casi. Entren, por favor, y descálcense.

La casa tradicional *nayar* consiste en un cuadrilátero alrededor de un atrio o "lugar de en medio" (*nadumittam*), siempre enlosetado y abierto al cielo. Todas las casas están orientadas hacia al Este; la dirección auspiciosa por antonomasia. La puerta de entrada principal se encuentra también el Este. Da paso al espacio mayor de la construcción: la sala de recepción. Ahí se recibe a los huéspedes, se celebran los grandes rituales y allí es donde –hasta hace poco– los varones socializaban.

Los dormitorios están en el segundo piso. En la planta de abajo hay otro dormitorio, donde antiguamente se recluían las mujeres durante su período menstrual.

Como los templos hindúes, las casas de Kerala están diseñadas a partir de un eje Este-Oeste; pero los *taravads* lo están adicionalmente por un eje Norte-Sur, que delimita áreas para actividades humanas inconcebibles en el templo: alimentarse, hacer el amor, dar a luz, menstruar, la cremación o la defecación.

Las terrazas o *verandahs* del Sur y del Este se utilizan para tomar la fresca durante el día y, a veces, para que duerman los varones. La *verandah* del Norte era la utilizada por las mujeres y para las actividades relacionadas con la preparación de alimentos.

La cocina conforma el epicentro de la "sección femenina" de la casa. Junto a ella hay un pequeño comedor. Cuando se trata de banquetes o comidas más formales se utiliza la gran sala de recepción. Las mujeres con pareja tienen su propia habitación. (Punto importante para una comunidad que hasta hace unos cien años aún era matrilineal y matrilocal.) El resto de miembros desparejados suele dormir en la sala de recepción o en el comedor.

En el terreno ajardinado de la finca se halla el pozo de agua potable, la balsa para el baño diario, el árbol sagrado, el "bosquecillo de la serpiente", numerosos árboles frutales, un pequeño huerto, el establo, el granero y el lugar de cremación. Las grandes mansiones como Menakath albergan incluso algún minisantuario.

La casa keralita se expande a medida que la familia aumenta; hasta el día en que la superpoblación familiar obliga a la partición de la propiedad, como cuando mis antepasados tuvieron que dejar la vieja Menakath y construir Allampadham.

En suma, el *taravad* no solo posee espacios para todas y cada una de las actividades cotidianas, sino que incluso delimita espacios para ritos de paso completos, como el nacimiento o la cremación. Posee zonas para relacionarse con gentes de otro estatus. A la vez, pueden considerarse auténticos templos, con lugares para los distintos tipos de culto. Y todavía más: el *taravad* es un verdadero reflejo del cosmos. No en vano su plano-base sigue el patrón mandálico de la arquitectura tradicional hindú. De ahí la importancia del atrio o "lugar de en medio". Parece ajeno a las simetrías y diagonales del resto de la casa. Y, sin embargo, es considerado el lugar más esencial y "sagrado" del hogar. Por ello siempre queda al margen de las actividades cotidianas. Toda la estructura gravita alrededor del atrio. Es el punto de referencia e intersección de todos los movimientos y vectores. El punto de equilibrio.

Una casa es siempre algo *más* que una casa.

53. Lo sagrado

Para las personas religiosas, lo sagrado es lo que confiere sentido al mundo. Lo sagrado es lo real, lo verdadero, lo eterno, lo absoluto. Pero pasa que "eso" no puede delimitarse. Parece "algo" pero no es una "cosa". Es el *más* de la cosa. Lo sagrado podría ser la experiencia, el conocimiento y la consciencia de la realidad de existir. El asombro de estar aquí. O puede ser un poder o una cualidad prodigiosa que reside en objetos, personas, animales, lugares… Aunque, como tantos otros conceptos, lo sagrado será –en definitiva– lo que cada uno sienta y piense que es.

Alguna generalidad, no obstante, sí puede establecerse.

Lo sagrado suele remitir a un espacio: el árbol, el icono, el monasterio, el templo, el lugar de peregrinación, la casa… donde tal vez se manifiesta lo Divino, o donde uno comunica con lo numinoso o que representa a lo Divino. También suele referirse al momento de esa comunicación: un sacramento, la ofrenda anual, el festival… Lo sagrado es asimismo un acto: la plegaria, el rito, la iniciación, el comportamiento moral, el yoga, el trance, el estudio… Y, naturalmente, el contenido de esa religazón: un duende, Dios, ningún dios, un estado del ser, un sonido, un coyote, un ideal, una comunidad… Lo sagrado también es un sentimiento (o muchos), un estado de consciencia (ídem), un tabú, una emoción y hasta puede que un instinto.

Podemos entender intelectualmente que una oración, un santuario, un determinado comportamiento, una deidad, un valor, una visión, una persona… es una manifestación de lo sagrado; pero lo sagrado escapa siempre a nuestra plena comprensión. Es misterioso, pues forma parte de nuestra propia consciencia. No disponemos de la distancia necesaria para verlo.

Ahora bien, si lo sagrado no se hiciera presente a través de lo visible (audible, tangible…), jamás podría ser aprehendido o intuido. Aunque esta realidad poderosa eluda nuestra comprensión, siempre se dirige a los humanos y siempre sitúa la vida de las personas en un orden con significado. Por tanto, lo sagrado precisa del *símbolo*. O mejor, los humanos precisamos del símbolo para conferir sacralidad a lo que en otra situación o contexto sería plano y profano. El símbolo religioso siempre remite a una realidad oculta, la mayor parte de las veces tan poderosa que acaba por dar sentido pleno al mundo. Los símbolos sintetizan la idiosincrasia y la cosmovisión de los pueblos.

El ser humano es, ante todo –y seguramente antes que racional–, un animal simbólico. Y a través de nuestra aptitud simbólica construimos buena parte del mundo que habitamos. El lenguaje, el arte, el mito o la religión… en resumen, eso que generalmente llamamos "cultura", es producto del *homo symbolicus*. Lluís Duch dice que la historia de nuestra especie es, antropológicamente hablando, la de una paulatina apropiación simbólica de la Naturaleza. No podemos vivir sin símbolos, porque ellos constituyen la forma en que se manifiesta la realidad en nuestra consciencia. Ese talento simbólico es lo que nos une como especie. Apuesto a que la capacidad para simbolizar un Cielo repleto de espíritus sobrenaturales se formó en paralelo con la percepción consciente del mundo material y natural. El símbolo ha presidido nuestra vida cotidiana desde hace muchos milenios. Como catalizador del psiquismo humano, es vital en el ámbito religioso.

Nada hay en ninguna tradición religiosa que sea inherentemente sagrado. La sacralidad de una persona, de un lugar, de una imagen o un momento, depende del contexto, de la relación entre lo sagrado y lo cotidiano. Una persona que entra en trance extático en un baile ritual durante una ceremonia vudú, y ejerce de médium o intermediario entre las divinidades y la comunidad, es un simple mortal al día siguiente. De la misma forma, una imagen del *buddha*

Amitabha es una vulgar piedra si no ha sido debidamente consagrada. El símbolo religioso es más que un signo porque no solo porta un significado, sino que expresa lo paradójico de lo sacro. El símbolo sagrado evoca siempre una realidad ausente.

Sucede que en muchas partes del planeta no hay zona profana y zona sagrada delimitada de antemano; siquiera hay *doxa* que se ocupe de la cuestión. Si bien no todo es sagrado en el sentido fuerte, todo es susceptible de serlo, todo lo es potencialmente, y todo lo es en su sentido blando. Ahora no extrañará que ni en sánscrito ni en chino ni en la mayoría de lenguas del mundo existiera la palabra "religión" [véase §10]. En el momento en que esa palabra hubiera sido inventada se habría establecido la distinción definitiva entre lo religioso (lo sagrado) y lo no religioso (lo profano).

54. Arqueología del espíritu

La sepultura es, seguramente, el primer testimonio de la irrupción de lo sagrado en la vida del *homo sapiens*. Por lo que sabemos, algunos grupos humanos ya enterraban a sus muertos hace 100.000 años, si es que no lo hacía mucho mucho antes. La ceremonia funeraria implica una nueva consciencia en el *homo*; un tipo de sabiduría que no solo presupone la presencia del tiempo, sino un aparato mitológico que se ha puesto en marcha para afrontar la muerte [véase §32].

Los *sapiens* que vivían hace 75.000 años en los abrigos de la roca en Blombos (Sudáfrica) decoraban sus cuerpos con ocre y grabaron en piezas de ocre dibujos geométricos de insondable carácter simbólico. Hete aquí la clave del asunto: es el *pensamiento simbólico* lo que nos hace verdaderamente humanos. Por ello, algún antropólogo ha colegido que la religión habría nacido con el lenguaje, nuestro aparato simbólico por excelencia.

Mas es a través de la pintura –analizada desde la arqueología, la paleoantropología, la etnografía, la etología o la neuropsiquiatría– como los estudiosos miran de descifrar los orígenes del universo simbólico, imaginal y sagrado del ser humano. El alarde gráfico muestra ya aptitudes estéticas y noológicas de muchísima complejidad.

Las pinturas rupestres representan sistemas de creencias muy arcaicos. Ingenuo es aquel que se jacte de haberlos entendido. Se barajan hipótesis, pero el documento es mudo sin un esquema de interpretación. Nada –o poco– nos dice de sus ritos, de sus mitos, de su simbolismo. Así que el prehistoriador trata de descifrar el documento a partir del presente (por analogía con sociedades de cazadores recientes), con los riesgos que ello conlleva. Toda sociedad se transforma. Absurdo –aunque lícito [como veremos en §55]– es extrapolar los datos del presente a los documentos prehistóricos; al menos, sin una buena dosis de imaginación. Justo lo que les propongo a continuación.

Existen infinidad de culturas rupestres, desde la Patagonia hasta Siberia, de Australia a Escandinavia. Algunas son muy antiguas; otras –muy pocas– aún perduran. De entre ellas, el área franco-cantábrica sobresale por el número de yacimientos conocidos (más de 400), por su antigüedad (entre 40.000 y 10.000 años) y por la calidad de sus pinturas (como las archifamosas de Lascaux, Les Combarelles, Niaux, Les Trois Frères, Altamira o Monte del Castillo). La mayoría de cavernas nunca fueron habitadas. Muchas son de acceso difícil. Además, las pinturas suelen estar alejadas de la entrada. Su intencionalidad parece fuera de toda duda. De modo que existe unanimidad entre los investigadores en considerar estas cavernas como santuarios o proto-templos.

Puede que la entrada a estas cuevas replique el descenso al Mundo Inferior que efectúa el chamán en sus vuelos extáticos [véase §37]; o tal vez rememore la matriz generativa de la que todos provenimos [véase §51]. Presentimos que nuestros antepasados paleolíticos habitaban un mundo saturado de significado y contenido. En algunas cuevas pirenaicas hay indicios de quema de enormes cantidades de huesos animales. Quizá nos encontremos frente a trazos de los primeros sacrificios religiosos.

Penetremos en la caverna pirenaica de Les Trois Frères (Ariège). Hace 12.000 o 15.000 años, para acceder hasta el "santuario" principal de la cueva había que atravesar primero los casi 200 metros de la gruta de Enlène (que, significativamente, no contiene pinturas rupestres, aunque sí esas cenizas de huesos quemados). Luego, atravesar en cuclillas los 60 metros del "pasaje" que conecta con la entrada de Les Trois Frères. En lo más hondo de la cueva (otros 150 metros más adentro), después de pasar por varias galerías, se encuentra una pequeña cavidad que los arqueólogos denominaron el "santuario". En una de las paredes del techo, a 4 metros de altura, se ubica el famoso "brujo" o *dieu cornu* (así bautizado por el abad Henri Breuil). Para ver a este enigmático personaje teriantrópico (parte humano, parte animal), sin duda una de las cumbres del arte rupestre franco-cantábrico, había que acceder aún por un corto y estrechísimo túnel. Está claro que el "brujo" no fue pintado para ser contemplado por cualquiera.

Debido a esta densa carga ritual estimo que habría que dejar de ver en las pinturas rupestres únicamente "arte" (lo que no desmerece su exquisito trazo, claro está). Téngase en cuenta que en el Paleolítico superior una imagen era algo sencillamente *único*; rarísimo. Sospecho que la contemplación comunitaria que de estas pinturas tenían los magdalenienses del Pirineo no se parece en nada a la que podamos percibir los urbanitas del siglo XXI. Seguramente se parecería más a una ingestión de hongos alucinógenos que a una visita guiada por un museo de pintura. Y no lo apunto solo de forma figurada.

Las reflexiones bien valen un paréntesis más amplio a propósito del "arte" en la antigüedad. Las viejas *imágenes* de espíritus animales, dioses o seres sobrenaturales, o los lugares donde se ubican (santuarios, cavernas, templos) podían –y aún pueden– tener muchísima más fuerza y significado que cualquier *idea* abstracta o concepción intelectual de Dios o lo sobrenatural. Ocurre que cuando nos plantamos ante determinadas imágenes sagradas asumimos inconscientemente que fueron hechas para ser contempladas. Precisamente, la belleza y exquisitez de estas piezas nos hacen pensar que se crearon por razones puramente estéticas. Proyectamos nuestros preconceptos sobre ellas y, con frecuencia, tendemos a imponer una pueril visión del "hombre primitivo" o del "buen salvaje" sobre ellas. Cuando lo que entendemos por "arte" no es más que una categoría émic de la moderna sociedad euroamericana. Algunos saben que muchas imágenes en numerosas culturas y civilizaciones fueron hechas para ser *utilizadas* ritualmente. Hoy incluso pensamos que no pocas imágenes religiosas fueron creadas porque el acto de *hacerlas* era más importante que su resultado final. Muchas pinturas rupestres, patrones geométricos (espirales, ondas paralelas, rombos, etcétera), incluso ciertos *mandalas* de monjes tibetanos, se hacen como un acto de comunicación con lo sagrado (o de meditación), más que como "pintura" o "escultura" para ser contemplada.

Volviendo a las pinturas franco-cantábricas del Paleolítico superior, observamos que algunos de los animales pintados están boca arriba, otros boca abajo, no se respetan las escalas de tamaño, muchas veces están superpuestos, nunca se dibuja el contexto (árboles, alrededores, suelo, etcétera). Todo hace pensar que la experiencia religiosa tenía mucho que ver con la *realización* de las pinturas. Las imágenes de Lascaux parecen haber sido producidas de forma comunitaria y luego alteradas ritualmente. Las imágenes no son "pinturas" de animales, sino que son iconos, *visiones* incrustadas en lugares sagrados. (Bueno, así lo entiendo yo.) En la profundidad y penumbra de la caverna, espoleados por los cánticos o el ritmo de los tambores, aturdidos por el increíble eco de la cavidad, quizá auxiliados por plantas, hongos o brebajes de poder, los chamanes magdalenienses entrarían en contacto con los espíritus animales que pueblan los distintos niveles del cosmos para beneficio del clan.

Muchas de estas cuevas están repletas de las famosas manos "en negativo" y de los no menos enigmáticos signos "tectiformes". Los arqueólogos han podido constatar que los mismos signos se hallan en yacimientos o cuevas muy alejadas entre sí, lo que presupone un sistema de creencias increíblemente homogéneo. Para algunos, estos signos están relacionados con hechos cotidianos (escudos, casas, trampas, flechas). Otros les atribuyen una organización sexuada, una especie de sacralización de la bipolaridad de la existencia. Hay quien piensa que los signos podrían ser calendarios lunares o solares. Para otros tienen que ver con algún tipo de cosmología proto-chamánica. Y hasta se baraja la hipótesis de que se tratara de marcas étnicas. No lo sabemos. Pero una cosa parece clara: los "signos", las "manos" o las "pinturas" del Paleolítico son el resultado de elaborados procedimientos rituales. Incluso algunas imágenes de animales parecen haber sido pintadas para que nadie las vea. O nadie humano. Están pensadas para los espíritus de los niveles no ordinarios del cosmos. En este sentido, se parecen a los jeroglíficos y encantaciones que hallamos en los sarcófagos egipcios, diseñados para ayudar al fallecido, y no para los vivos.

Posiblemente, los autores de las pinturas rupestres del Paleolítico guardarían una relación especial con los espíritus de los animales pintados. Los animales cazados, las armas que los abatieron, las herramientas, todo se nos antoja cargado de sacralidad a pesar de la "opacidad" de tales documentos. Aunque hoy sabemos que la caza quizá no ha sido aquel colosal vector hominizador que se pensaba hace unas décadas, el universo rupestre franco-cantábrico alude, una y otra vez, al misterioso *ethos* del cazador.

La caza no es una mera actividad de supervivencia. Es *a la vez* una actividad simbólica muy poderosa. Lo sabemos por las sociedades de cazadores de tiempos históricos. Las poblaciones de cazadores suelen considerar a los animales como sus semejantes, aunque dotados de poderes especiales. Las almas de los muertos pueden penetrar el cuerpo de los animales. Los humanos son capaces de transformarse en animal. Los espíritus guardianes que acompañan al cazador suelen ser animales. El chamán incluso conversa con ellos. Grupos de cazadores-recolectores contemporáneos hablan de un vínculo empático sobrenatural, una especie de "solidaridad mística" entre el cazador y la presa. La sangre derramada es igual a la humana. Por momentos, el cazador se convierte en el animal cazado. Quizá el licornio de Lascaux (Dordoña), un animal híbrido que no se corresponde con ninguna especie conocida, o el "brujo" de Les Trois Frères, que también es híbrido, delaten poderosos Señores de los Animales, protectores de los clanes de cazadores, o insinúen las visiones de la transformación o fusión entre humanos y animales, propias de los vuelos chamánicos.

Aunque las cuevas son mudas en lo referente al mundo de la recolección, todo hace pensar que la solidaridad de *sapiens* con el entorno vegetal pudo ser igual de profunda. De hecho, las sociedades de cazadores-recolectores contemporáneas basan más de un 80% de su dieta en frutos y vegetales. Lo sabemos por los ju'hoansi del Kalahari (Botswana y Namibia), de los que en seguida nos ocupamos. La fruta y el tubérculo pueblan nuestra sensibilidad religiosa no menos que el bisonte altamirano o la gacela africana. Y no está de más recordar aquí que si la caza ha estado generalmente en manos de varones, la recolección pertenece al universo de las mujeres.

Un razonable ejercicio de imaginación.

55. La danza del trance de los ju'hoansi

Si hurgamos en lo más profundo de muchas religiones del planeta, veremos asomar con frecuencia estados alterados de la consciencia, ya sean del tipo extático (trance) o del enstático (meditativo). No insinúo que *todas* las religiones *procedan* de experiencias de este estilo, sino que *muchas* de ellas *contienen* este tipo de experiencias.

Como ya observamos en otro capítulo [véase §37], a estos estados de consciencia puede accederse a través del uso de sustancias psicotrópicas, por la danza y la música, con el ayuno, gracias a una concentración intensa, privación sensorial, hiperventilación... y hasta por estados considerados "patológicos" (esquizofrenia, migrañas...). Teniendo en cuenta que el *espectro* de la consciencia es sumamente amplio (desde el estado levemente absorto hasta los alucinatorios de máxima intensidad), la gama de experiencias religiosas de esta índole puede ser muy variada. Con todo, resulta que las similitudes son tanto o más significativas. Las manos "en negativo" del arte parietal las hallamos tanto en Cantabria como en la Patagonia, en Australia o en Sudáfrica. Por eso algunos investigadores creen que las religiones derivan de nuestra estructura neuronal; de la bioquímica. Lo cual me parece un truismo. Por descontado debe admitirse que el cuerpo co-produce nuestro sistema simbólico, mítico o ritual (¿cómo podría no hacerlo?); pero siempre en interacción con la sociedad, con el hábitat, con la economía, con la cultura… En buena medida, los sistemas simbólicos que denominamos "religiones" representan la forma en que las sociedades han tratado de articular esta prodigiosa interconexión, interdependencia e interrelación de todo con todo. Ello esclarecería por qué determinadas prácticas chamánicas son tan similares entre sí –a pesar de la distancia en el espacio o en el tiempo–, e incluso resulten tan parejas a ciertas experiencias yóguicas, místicas o meditativas (porque remiten a registros bioquímicos similares); al mismo tiempo que explicaría por qué el significado de los símbolos o de las experiencias puede variar tanto de una tradición a otra.

Vamos a zambullirnos en el asunto con la religiosidad y la estructura social de una sociedad de pequeña escala; una manifiestamente alejada de lo que solemos imaginar por "mundo moderno" (razón por la cual ha sido de los pueblos más investigados del planeta). ¿Quién es esta gente tan "diferente"? Los San, antiguamente llamados bosquimanos. Y, en particular, la sección que hasta hace poco era designada !kung San, hoy renombrados ju'hoansi (pronúnciese: *zhut-wasi*), que significa "gente real".

Hubo un tiempo en que las poblaciones San se extendían por la mayor parte de África Meridional. Sus migraciones continentales pueden trazarse gracias a las soberbias y delicadísimas pinturas rupestres que legaron en rocas y cuevas (desde el -3000 hasta hace unas pocas décadas). Acosados por la presión de ganaderos y agricultores, grupos San como los gwi, los ¡xo o los nharo han sido relegados a minúsculos espacios de Botswana, Namibia y Sudáfrica. Los ju'hoansi habitan la árida región de Dobe, en la frontera entre Namibia y Botswana, en pleno desierto del Kalahari.

Actualmente, la comunidad ju'hoansi apenas cuenta con 10.000 individuos. A diferencia de otras tribus San, muy mestizadas con poblaciones ganaderas, los ju'hoansi se esfuerzan por mantener la esencia de su sociedad. Forman, quizá, la última comunidad errabunda de cazadores-recolectores del planeta. No obstante, están perdiendo con vertiginosa rapidez su modo de vida tradicional.

Viven en grupos trashumantes de entre 15 y 30 personas. Se trata de sociedades abiertas, siempre dispuestas a aceptar nuevos miembros o a fusionarse. En determinadas épocas del año las bandas se congregan. Es una buena ocasión para ver a familiares, pactar alianzas matrimoniales y llevar a cabo rituales, como la gran danza de sanación o danza del trance, como hoy suele llamarse. En tanto que sociedad seminómada, no existe el sentido de la propiedad y se comparten los recursos. La organización gira en función del hábitat, que conocen maravillosamente. Sus armas y estrategias de caza siguen fascinando a los observadores. Y la destreza de las mujeres en detectar bulbos enterrados en la arena del desierto es sencillamente increíble. Cuando el agua escasea, las comunidades se agrupan. Cuando las condiciones de lluvia mejoran, el grupo vuelve a separarse y raro es que tenga la misma composición que a su llegada.

Los conflictos sociales y territoriales son escasos. En las pocas ocasiones en que suceden, el grupo posee fascinantes recursos disuasorios para que el litigio no degenere. Vean.

Se comienza por un repertorio de bromas; en ocasiones, una especie de torneo verbal. Normalmente, esto es suficiente para rebajar la tensión y llegar a una reconciliación. En caso contrario, se pasa al insulto sexual. Este estadio puede durar semanas y puede conllevar una escisión del grupo. Si el conflicto no decrece, se llega a un tipo de lucha. Si aun así reaparece, entonces se lleva a cabo una danza colectiva en la que se "golpea" ritualmente a los combatientes. En rarísimas ocasiones se utilizan armas, en cuyo caso el desenlace suele ser fatal. Sorprende que en ningún caso exista una autoridad o jefe que organice, medie o decida en estos conflictos. Cuando el antropólogo Richard Lee preguntó a los ju'hoansi si tenían jefes, le dijeron: "¡Por supuesto que tenemos jefes! De hecho, todos somos cabecillas... cada uno de nosotros es un jefe". Es el colectivo en bloque el que dispone.

Los ju'hoansi practican la división sexual del trabajo: los hombres cazan, las mujeres recolectan. Digno de mención es el grado de autonomía que ellas gozan. La mujer ju'hoansi es quien construye la vivienda, pero tiene un esposo que coopera en las labores domésticas. Además, si este no la satisface sexualmente, ella pide el divorcio. Como en muchas sociedades matrilocales, la iniciativa de separación le pertenece. La mujer se ocupa también de la educación de los niños. Su primer bebé nace cuando tiene unos 20 años; los siguientes nacerán en intervalos de... ¡44 meses! Para este eficaz control de natalidad no utilizan ningún tipo de técnica anticonceptiva ni tabú sexual; un misterio que los antropólogos no se explican todavía muy bien.

Los ju'hoansi entierran a los muertos, pero no rinden culto a los antepasados. Colocan el cadáver en posición fetal y evitan la tumba durante uno o dos años. Solo los ancianos y los iniciados conocen los mitos y secretos de Gauwa, el creador del mundo y de la vida, responsable de la enfermedad, de la muerte o de los animales y espíritus de poder que pueblan los diferentes niveles del cosmos. Estos iniciados son llamados "poseedores de poder" (*nom k'xausi*). Equivalen a lo que en otras latitudes hemos llamado "chamanes".

Aunque el chamán San es un hombre muy respetado, dado el carácter tan igualitario de la sociedad (donde las decisiones se toman colectivamente), está claro que no tiene el peso que los sacerdotes y chamanes poseen en otras culturas. No luce vestimenta que lo distinga. Realiza las mismas tareas que el resto del grupo. De hecho, casi la mitad de los miembros del clan (un 50% de los hombres y un 25% de las mujeres) entran en la categoría "chamán". Por tanto, no hay "iniciación" a un conocimiento accesible únicamente a unos pocos. Una vez más, en unas sociedades tan igualitarias como las San, la noción de que alguien dé lecciones a otro se considera aberrante.

Básicamente, el chamán es el poseedor del "poder" o "potencia sobrenatural" (*nom*), una esencia invisible que reside en animales, cosas o gente y que puede manipularse para el bien de la comunidad (aunque también para fines malignos).

El principal ritual San es la danza del trance, en la que participan hombres, mujeres, niños y hasta visitantes. Las mujeres se sientan en círculo alrededor de un fuego, cantan "canciones de sanación" y marcan el ritmo con las palmas. Los hombres –y algunas mujeres– danzan en círculo –en sentido contrario a las agujas del reloj– alrededor de las mujeres que marcan el ritmo. El baile suele durar toda la noche. Los chamanes entran en trance gracias al canto y al repicar de palmas. Extasiados, los *nom k'xausi* pueden caer al suelo catalépticos, si bien algunos chamanes consiguen controlar su nivel de alteración de consciencia y no pierden el conocimiento. En la danza del trance, el chamán adquiere el "poder" de un animal u objeto particular (antílope, jirafa, miel, el Sol, etcétera). Muchos chamanes sangran por la nariz. De hecho, se cree que su "poder" reside en su sangre. En ese estado alterado, el espíritu del chamán sale del cuerpo y puede visitar a la Divinidad, sanar enfermedades, combatir a espíritus malignos, guiar animales para que caigan en la emboscada del cazador, controlar la meteorología, etcétera. Se dice que en ese estado el chamán está "muerto" y vuela al mundo de los espíritus, igual que cuando muere. La única diferencia entre la muerte y la danza del trance es que en esta última el espíritu del chamán *regresa* conscientemente al cuerpo. La similitud con las técnicas chamánicas del Ártico [véase §37], Mesoamérica [véase §38], Amazonia o Melanesia es notable, aun cuando estas sociedades nunca han tenido contacto entre sí.

Interesantemente, las etnias San poseían hasta hace poco un arte rupestre (salvo los ju'hoansi del Kalahari, donde la ausencia de rocas imposibilita la producción de imágenes) asombrosamente parecido al de los pueblos del Paleolítico superior [véase §54].* Sus pinturas constituían –con permiso de ciertos grupos australianos [véase §49]– el arte rupestre más exquisito del mundo. En muchas ocasiones se ilustraba la gran danza del trance y los animales con quienes los chamanes entraban en contacto y de quienes lograban su poder. Piedras pintadas hace más de 2.000 años de antigüedad muestran con claridad escenas de la danza del trance análogas a las que todavía pueden observarse hoy en el Kalahari. Los artistas utilizaban la sangre del antílope eland, el animal más cargado de potencia sobrenatural.

Las imágenes pintadas o grabadas en la roca son como reliquias sagradas o iconos: repositorios de la potencia sagrada (*nom*). La imagen no es una mera representación costumbrista del mundo natural. Un amenazante león pintado en la roca puede representar a un chamán malvado que se ha transformado en un felino. La imagen muestra entonces el *control* de su hacedor (seguramente también un chamán) sobre el peligroso chamán leonino. Al ojo no avezado le cuesta interpretar este soberbio universo simbólico. Y es que mu-

---

* La tesis de autores como David Lewis-Williams, por ejemplo, es que todas las religiones poseen un componente extático que entronca con la alteración de la consciencia chamánica. La uniformidad de la imaginería rupestre y de las creencias subyacentes apunta a que un hipotético origen de la religión podría haber sido "chamánico". La aparición de deidades antropomórficas en el Neolítico no supondría ninguna "revolución", sino que sería la reintegración de los viejos cultos a los antepasados de la religiosidad de los cazadores-recolectores. *Grosso modo*, suena bastante plausible.

chas imágenes comprenden "visiones" accesibles solo a través del trance del chamán (haces de luz, transformaciones de personas en animales, líneas que ilustran la salida del espíritu del cuerpo, etcétera). Aunque estos fragmentos pintados implican el significado completo de la danza, son mudas para quienes desconocen los viajes espirituales de los chamanes. Como ha puesto de relieve David Lewis-Williams, las pinturas San se parecen a las vidrieras de las catedrales medievales: la "luz" de los reinos espirituales brilla a través de ellas y las anima de tal forma que se convierten en manifestaciones de cosas espirituales más que en meros "dibujos".

Sabemos que cuando los antiguos chamanes San en trance sentían la necesidad de más "poder" se ponían frente a imágenes rupestres, elevaban sus brazos y recibían la potencia sobrenatural de las imágenes (pintadas con la sangre –o sea, el "poder"– del eland). En este sentido, aportan claves seguramente útiles para interpretar el arte rupestre paleolítico.

Todo eso no significa que los ju'hoansi hayan quedado petrificados como osteolitos del Paleolítico. Los ju'hoansi no son ni "primitivos", "caníbales" o demás etiquetas que la episteme colonial colgó sobre los pueblos de pequeña escala; ni su reverso romántico de "buenos salvajes"; ni la más moderna de entregados eco-pacifistas en simbiosis con la Naturaleza.

Estas sociedades de pequeña escala *no* son un vestigio del pasado. Su cultura, su lengua, su religiosidad y su forma de vida son tan complejas y elaboradas como cualquier otra. Como muestra el arte rupestre de los San, la riqueza simbólica, ritual y cosmológica de esta sociedad es sencillamente exquisita. Los ju'hoansi poseen una comprensión de la condición humana, una distancia crítica, un razonamiento abstracto o un conocimiento del medio muchísimo más sofisticado de lo que los viejos antropólogos victorianos sospechaban. Su capacidad para cambiar sus explicaciones a la luz de nuevos conocimientos es idéntica a la forma en que opera la ciencia moderna. De hecho, lo sobrenatural no interfiere con la supervivencia cotidiana. No nos confundamos, pues. La idea de que un chamán pueda transformarse en león o en pájaro no es más inverosímil que muchos de los episodios del "Viejo Testamento", los milagros del "Nuevo Testamento" o las hazañas de la mitología griega. Las sociedades llamadas tribales no encarnan prístinas sociedades de otros tiempos. Son, igual que las que no reconocemos como tribales, expresiones contemporáneas, después de siglos de intercambios, migraciones, colonizaciones o resistencias.

Únicamente sucede que los ju'hoansi comparten un mismo *ethos* de cazador-recolector con los antiguos magdalenienses. Por ello pueden sernos de tanta utilidad a la hora de "imaginar" la religiosidad paleolítica. Pero el hecho de que hace decenas de miles de años los humanos cazaran-y-recolectaran y pintaran en cavernas y que hoy los ju'hoansi y algún otro colectivo practique la caza-recolección no nos legitima para deducir que estas sociedades son representantes del Paleolítico. Solamente podemos concluir que la caza-recolección, y el mundo simbólico asociado a ella, posee una larga, muy larga historia. Una historia que, tristemente, no tiene ya sitio en el mundo de hoy.

56. Construcciones megalíticas

En los últimos 400 años Occidente no ha inventado muchas cosas. Hay que reconocerlo. La palabra escrita fue cosa de los sumerios. A Dios, con mayúscula, lo inventó un faraón egipcio. Un cosmos sin Dios lo aprehendió el Buddha. El fascinante número 0, o bien los mayas o bien los hindúes. El Arte, los calígrafos chinos. La novela nació y murió con Homero. Eso por no hablar de los logros antiguos, aquellos que verdaderamente nos distinguen de nuestros hermanos, los bonobos. Me refiero al lenguaje, al uso del fuego, la domesticación del perro, del centeno, a la sepultura, la música, etcétera.

Seguramente, el mayor invento de esta civilización, que dice de sí misma que es racional, científica, pragmática y realista, sea el *simulacro*. Sé lo que me digo. Vivimos en un mundo de ocultaciones y camuflajes. Decimos que hemos desencantado el mundo, "Dios ha muerto", hemos perdido la conexión con la Naturaleza; todo es chato, profano, mensurable. Pues bien, en eso consiste exactamente el *simulacro*. Lo sagrado se ha camuflado tras una espesa niebla de cientifismo, racionalismo y utilitarismo. La sensibilidad mística está ahí, pero simula no estar. Esto es un invento, cuando menos, prodigioso.

La fascinación que lo antiguo y lo mistérico provoca en el moderno ciudadano del mundo es una de las formas más palpables e interesantes que lo sagrado tiene para expresarse en estos tiempos de simulación. A través del interés por otras culturas, por otros lugares, por otros tiempos o por otras formas de entender el universo, el *mythos* se camufla y adapta al siglo XXI. Les invito a hurgar en este territorio oculto de nuestra psique.

Viajemos a la costa occidental de Irlanda. Esta región de la isla es mucho más mansa que la agreste costa atlántica. El paisaje recuerda a la campiña inglesa. Campos ondulados pulcramente vallados, entrecortados por pequeños bosques, que se adentran en las colinas. No olvidemos la lluvia, fina, gris, benefactora. Dicen que en estas humedades, además de zorros, viven elfos y duendes. Pero eso, pensamos usted y yo, son habladurías de la gente. Lo que en verdad nos ha traído a este lugar es la mayor –y quizá la mejor– concentración de arte megalítico de toda Europa. ¿Arte? Cierto, eso no es Arte. Hay que volar a un tiempo cuando las consideraciones estéticas y el genio creativo iban de la mano de la experiencia religiosa, ritual, social y artesanal [véase §54]. Vamos, pues, al tiempo de las grandes (*mega*) piedras (*lithos*).

Viajar a un yacimiento de 5.000 años de antigüedad puede ser tan arduo como ascender a un pico de los Andes o tratar de captar el significado de las pinturas rupestres del Paleolítico. Requiere un esfuerzo imaginativo semejante. De lo contrario, nos encontraremos ante piedras y más piedras. Igual que el escalador, el viajero del tiempo precisa de ciertos conocimientos técnicos (arqueología, antropología, lingüística) y preparación emocional (intuición, sensibilidad, empatía). Pero si nos hemos desplazado hasta el valle del río Boyne, 30 millas al Norte de Dublín, es para intentar este tipo de aventura.

Junto a un par de meandros del río, los arqueólogos han desenterrado tres túmulos, muy próximos entre sí: Newgrange, Knowth y Dowth (condado de Meath). Existen más yacimientos, pero estos tres destacan por su excepcionalidad. Un viaje a Irlanda que no incluya una visita a estos túmulos sería imperdonable.

Primero, algunas consideraciones generales. La cultura megalítica de la antigua Europa cubre todo el occidente del continente. Se abre desde el Mediterráneo (Malta, Cerdeña, Córcega, Baleares), la península Ibérica (Sudoeste, Galicia, Cataluña), buena parte de Francia (Bretaña, Normandía, costa Mediterránea, Bélgica), las islas Británicas (Irlanda, Sur de Inglaterra, Escocia), hasta el Sur de Escandinavia. (Ya dimos alguna pincelada en otro capítulo a propósito de Malta [véase §51].) Esta cultura comenzó a florecer hacia el -6000, seguramente en paralelo al desarrollo de la agricultura. Los primeros campesinos de Irlanda están atestiguados hacia el -4000. Mil años después, entre el -3200 y el -2800, el arte megalítico irlandés llegó a su clímax.

Curiosamente, los yacimientos irlandeses presentan más elementos en común con los ibéricos (Los Millares, cueva del Romeral) que con los de Inglaterra (Stonehenge) o Bretaña (Carnac), más próximos geográficamente. Aunque en la franja costera occidental de Irlanda existen por doquier dólmenes, círculos de piedras (*crómlechs*) y menhires sueltos, los yacimientos más importantes corresponden al tipo llamado "tumba de corredor", también típico del Sur de la península Ibérica.

Invariablemente, en estas tumbas hallamos un túmulo de piedras (*cairn*) reforzado en la base por grandes bloques, muchos de los cuales poseen símbolos sagrados. El conjunto (formado por varios cientos de miles de piedras extraídas del Boyne) tiene el aspecto de una colina de entre 60 y 100 metros de diámetro, rodeada por una serie de menhires que delimitan el espacio sagrado. En Newgrange, un pasillo de unos 20 metros de largo conduce hasta la cámara principal. Junto a esta "capilla" se hallan dos más, de menor tamaño y en forma de trébol. Los primeros arqueólogos hallaron en la cámara central una gran piedra que sin duda hacía de altar sacrificial.

Una de las particularidades del arte megalítico irlandés es la profusión de tallas en las rocas. Abundan los símbolos abstractos, como las espirales, círculos concéntricos, soles, zigzags, estructuras romboidales.

Técnicamente, se trata de obras tan inverosímiles como las pirámides de Egipto o de México. El techo abovedado de la cámara central de Newgrange está compuesto por un centenar de bloques perfectamente equilibrados, sin necesidad de argamasa. En 5.000 años solo se han roto dos piedras. Su mayor fuerza, no obstante, reside en el impacto que el conjunto produce en un lado difuso de nuestra psique. Estas piezas nos asombran; remueven algo en nuestro interior. ¿Qué visión del universo tenían los constructores de estas tumbas?, ¿qué ritos y creencias?, ¿qué significado tienen las espirales y demás símbolos grabados en la roca?

En verdad, la vasta literatura que trata de explicar el significado de las tumbas y sus símbolos nos dice más acerca de los autores que han escrito estos libros que acerca de los artistas y artesanos que las construyeron. Es altamente especulativa.

Los primeros investigadores no concedieron demasiada importancia a los símbolos: se trataba de tallas primitivas meramente ornamentales. Luego se sugirió que consistían en arcaicos signos lingüísticos. A principios del siglo XX se propuso que los símbolos representaban caras humanas, quizá representaciones de dioses o de los muertos enterrados en el túmulo. Recientemente se ha dicho que estas tallas recogen observaciones astronómicas y cosmológicas. Abundan también las explicaciones pseudocientíficas que ligan la cultura megalítica a extravagantes conocimientos esotéricos. Hay que reconocer que la arqueología topa con un muro de miles de años de antigüedad que es incapaz de traspasar. Pero, al mismo tiempo, el visitante sensible tiene la sensación de que está frente –o dentro de– algo familiar. Voy a aventurarme a dar una explicación que a mí me parece plausible.

Al entrar en el corredor, normalmente flanqueado por una losa de muchas toneladas, ricamente decorada, uno tiene la sensación de penetrar la tierra. Ya lo decían los malteses de sus templos: Hal Saflieni es el útero de la (Diosa) Tierra [véase §51]. Hay quien ha interpretado la piedra de la cámara principal como el falo que fecunda el útero materno (la cámara) situado en el interior del huevo cósmico (el túmulo, de forma ovalada). Puede. En todo caso, nos adentramos en un mundo repleto de creencias ctónicas y ritos ligados a la fertilidad, una cultura emparentada con las tumbas de Tarxien (Malta), Los Millares (España) o con el conjunto de Avebury (Inglaterra), otro complejo religioso dedicado a la fertilidad.

Pero también existen relaciones astronómicas claras. La entrada de Newgrange está colocada de tal forma que los primeros rayos del solsticio de invierno atraviesan el estrecho corredor hasta la capilla central. Unos días antes y después del solsticio, la cámara se ilumina mágicamente durante unos veinte minutos. Algo parecido sucede en la tumba de Knockroe, al Suroeste de Irlanda, solo que allí es el último rayo del atardecer el que penetra en la cavidad. Estas conexiones astronómicas nos recuerdan el círculo de menhires de Stonehenge (Inglaterra), considerado el mayor observatorio astronómico de la antigüedad. (Bien, más que "observar" el cosmos, el propósito de Newgrange o Stonehenge sería el de "aprovecharse" de los eventos naturales para sacralizar la existencia y cierta categoría de personas.)

Pero tampoco hay que olvidar que estamos ante tumbas; unas sepulturas que, 20 o 30 siglos más tarde, los celtas asociarían a sus reyes de tiempos gloriosos. (Nótese que los celtas *no* construyeron estos túmulos; aunque muchos de los trazos de la antigua cultura megalítica sobrevivieron en las tradiciones druídicas célticas posteriores.) Por tanto, estamos ante túmulos megalíticos que son simultáneamente templos dedicados a la fertilidad, observatorios astronómicos y sepulturas. ¿Cómo ligamos estos componentes entre sí?

La explicación más fehaciente nos remite a una sociedad agraria (que la arqueóloga Marija Gimbutas asocia al Neolítico de los Balcanes, del que también hemos dado cuenta [véase §50]). Los cultos a la fertilidad suelen estar asociados a una Diosa-Madre y a un dios fálico (muchas veces, un toro), que copulan para regenerar y fertilizar el cosmos. Aquí es cuando entra en juego el simbolismo astronómico. Todas las culturas agrarias están ligadas a un calendario estacional; esto es, meteorológico. El solsticio de invierno marca el comienzo del año nuevo, cuando las fuerzas vitales vuelven a apoderarse de la tierra adormecida. ¿Y los símbolos sagrados? Quizá, las espirales que encontramos en el interior de New-grange o Knowth simbolizarían el viaje emprendido por los muertos. Las de la losa de entrada representarían la resurrección. En este caso, más que ante una "tumba" nos hallaríamos ante el punto de reunión de la Diosa, el dios, el Sol y los espíritus. Las tumbas de corredor serían santuarios donde se llevaría a cabo la fecundación simbólica del huevo cósmico para asegurar la perpetuación de los ciclos de nacimiento-muerte-resurrección. Tal vez, los notables de la comunidad serían enterrados allí, para que el día del solsticio de invierno, el Sol incidiese en ellos y actualizara, simbólicamente, la continuidad de la estirpe.

Todo esto son conjeturas y especulaciones. Lo reconozco. El mito de la objetividad histórica tiene que abandonarse. Pero el viajero o la lectora no son historiadores; y, con los elementos que la arqueología le proporciona, puede transportarse al tiempo en que la Diosa y su consorte mantenían el orden del universo. Un tiempo que ve sustituir al chamán por el sacerdote, que deja la trashumancia por la sedentarización y la caza por la agricultura. Esta cosmovisión sería luego devaluada por el espíritu jurídico romano, por el monoteísmo exclusivista cristiano, por el racionalismo ilustrado y otros -ismos más recientes, pero es una manera de aprehender el universo que, de alguna manera, forma parte del inconsciente colectivo europeo.

Por ello continúan fascinando las historias de continentes sumergidos en los océanos (Atlántida, Lemuria, Mu) o las leyendas de fabulosos reinos perdidos (Shambhala, Shangri-La, El Dorado). Aunque estos espacios míticos han sido descatalogados por la racionalidad, presiento que asoman tras nuestra atracción por ciertos lugares recónditos, cargados de historia y paradojas. Precisamente, por santuarios megalíticos como Stonehenge o la Isla de Pascua, lo mismo que por paisajes simbólicos como Nazca o Uluru (Ayers

Rock), o ciudades antiguas como Macchu Picchu o Angkor [véase §61], y templos sagrados como Delfos o Gizeh. Se trata de sitios repletos de resonancias espirituales, dimensiones esotéricas y aspectos inexplicados. Como digo, estos espacios forman parte del inconsciente colectivo de una buena porción de la humanidad. Si no es así, ¿por qué fuimos a Newgrange?

57. El Muro de las Lamentaciones

Todo el mundo ha oído hablar del Muro de las Lamentaciones, en la ciudad vieja de Jerusalén. Una de las imágenes clásicas del judaísmo es la de una congregación de judíos ortodoxos, vestidos infaliblemente de negro, desde el abrigo hasta el sombrero (al estilo de los polacos del siglo XV), con sus patillas en tirabuzón, balanceándose espasmódicamente mientras rezan con absoluta devoción de cara al Muro. Pero ¿qué es este Muro?, ¿qué representa para el pueblo judío?, ¿por qué lo llaman así?, ¿qué hacen los devotos frente a las piedras milenarias?

De entrada hay que decir que el nombre de "Muro de las Lamentaciones" lo otorgan únicamente los no judíos. Los hebreos lo denominan simplemente el "Muro occidental", pues se encuentra en la muralla de Levante que rodeaba el antiguo templo de Jerusalén. Se dice que las piedras inferiores del Muro son de tiempos de Herodes, y que todavía por debajo se encuentran los cimientos del primer templo erigido por Salomón. Así, el Muro sería el solitario vestigio del gran templo dedicado a Yahveh, el lugar más sagrado del judaísmo, la morada del Único Dios.

Igual que Yahveh posee su templo inaccesible en el *cielo*, habita también en su santuario –¡sin imagen!– aquí en la *tierra*, en la montaña-ciudad sagradas. Jersusalén es una teofanía o manifestación divina. El simbolismo del Muro está íntimamente ligado a la historia del templo, del judaísmo y el pueblo de Israel. La cosa habría ido más o menos así.

El templo fue construido en tiempos de Salomón (-950), sucesor de David, es decir, en los tiempos seminales del pueblo hebreo. Luego el reino se dividió en dos (Israel y Judea) y hacia el -720 la región fue tomada por los asirios, dispersando a los israelitas en diez tribus. Más tarde, Judea fue conquistada por los babilonios, y en el -586 Jerusalén y su templo fueron destruidos. Es precisamente en este contexto de exilio y lejanía en el que Jerusalén y su templo toman su sagradísimo cariz. Los judíos fueron configurando su identidad frente a una borrosa y añorada ciudad.

Tras regresar de su destierro, los hebreos volvieron a construir un segundo templo. Durante más de cinco siglos, el judaísmo se convirtió en comunidad de culto, centrado en el templo de Jerusalén. Cualquier persona con un mínimo conocimiento del *Tanakh* (aproximadamente el "Antiguo Testamento" de los cristianos) recordará los hechos que sucedieron. En el -63 Judea se convirtió en provincia romana, y en el 70 los centuriones romanos destruyeron por segunda vez el templo. A partir de entonces, para la gran mayoría de judíos comenzó una nueva y prolongada diáspora de 2.000 años.

La desaparición del gran templo imposibilitó el culto sacerdotal, de modo que la comunidad judía tuvo que reorganizarse, no ya bajo la dirección de sus sacerdotes, sino de la de sus letrados, los rabinos, que establecieron una ley común que mantuviera unidos a todos los judíos. La identidad judía volvió a reconfigurarse, como en exilios anteriores, con la nueva pérdida de su templo.

A pesar de que el judaísmo se alejó del culto sacerdotal, en modo alguno menguó el significado del último vestigio del templo:

el Muro. Todo lo contrario, se dice que la presencia divina (*shekhina*) nunca ha abandonado sus piedras, y el lugar se ha convertido en algo así como una gran sinagoga al aire libre. Desde hace 2.000 años, el Muro simboliza a la vez la esperanza y el sufrimiento del pueblo judío. Los sábados (*sabbath*), miles de judíos, tocados con las cajitas de oraciones (*tefillin*) y cubiertos con un mantón (*tallit*), acuden al Muro para realizar sus plegarias, que sustituyen a los antiguos rituales. Muchos judíos de ultramar acuden para realizar el importante rito de paso a la edad adulta (*benei mitzvah*). Y los *hasidim* seguirán rezando la llegada del Mesías (*mashiaj*) que restaure el gran templo (que, sin embargo, nadie planea reconstruir). El Muro es, pues, un emblema del judaísmo, de la alianza entre el pueblo de Israel y Yahveh y un símbolo de la identidad judía.

Israel –con permiso de Akhenatón y Zarathushtra– inventó la noción del Único Dios, cuyo amor y bondad son inagotables, lo mismo que su cólera. Es fácil criticar hoy en día, desde perspectivas más dulces o taoístas, el talante del Dios de Moisés –que alienta a "dominar la Tierra y la Naturaleza", por ejemplo–, pero también hay que recordar que ese mismo Dios sentó las bases de buena parte de la justicia, la libertad –y la protesta– social.*

Desde la destrucción del templo, ese Dios, que utilizaba al pueblo de Israel para introducir en la historia la pasión por la libertad y la justicia, que es misericordioso con los más desfavorecidos (aspecto que se perpetuará en el cristianismo y en el islam), que acostumbraba a intervenir directamente en los acontecimientos históricos (para sacarlos de Egipto, para castigarlos dispersando sus

---

*   Xabier Pikaza ha apuntado que la concepción occidental de "libertad" se aposenta sobre dos pilares: la libertad política de los griegos (democracia), fundada en la razón, y la libertad social aportada por el pueblo judío. Tras su servidumbre en Egipto, los judíos se consideraron a sí mismos *esclavos liberados*. La liberación fue posible gracias a la intervención de Yahveh.

tribus), era esperado a fin de rescatar nuevamente al pueblo judío de su diáspora. Si no él directamente, sí un Mesías que restauraría las condiciones utópicas de los tiempos de David. Esa esperanza, simbolizada en el Muro, apelmazó la identidad de la comunidad y proveyó a los judíos de la necesaria fe en sí mismos y en su Dios como para que un pueblo pequeño, un pueblo que según las reglas de la historia tendría que haber desaparecido hace muchísimo tiempo, llegara un día a construir un Estado propio, en aquella Tierra Prometida, por vez primera desde la destrucción del templo, allá por el siglo I.

58. El mito de la "Virgen" María

El "mito" no goza de buena reputación hoy en día. Hasta el punto que algunos de sus significados en boga son los de "farsa" o "cuento". Pero por mucho que queramos desembarazarnos de los mitos, nuestra psique está *constituida* por ellos y no puede vivir sin comunicar con los símbolos mitológicos.

Dicen que recontar un mito es traer el mundo de lo sagrado al plano de lo profano. El mito da respuesta a muchos de los interrogantes que cada sociedad se plantea sobre cómo son las cosas. Por ejemplo, numerosos mitos de diferentes culturas narran el origen del mundo y los sucesos que acontecieron y debido a los cuales el ser humano es lo que es. Somos el resultado de sucesos míticos. Por ello, la gente se comporta en congruencia con el mito. Lo reactualiza e imita a sus protagonistas. Gracias al mito podemos entrar en contacto con algo que nos trasciende. Los mitos están para ser *vividos*.

Veámoslo –de la mano de Hans Küng– con el ejemplo de María, la Madre de Dios, a quien muchos conocen simplemente como la "Virgen", una figura religiosa que ha sido moldeada por sus seguidores según un modelo arquetípico y coherente. Su mito revela muchísimo de lo que el cristianismo (católico y ortodoxo) encapsula.

A propósito de María y su virginidad, no obstante, el historiador tiene algo a decir.

En los estratos más antiguos del "Nuevo Testamento", que son las "Cartas de Pablo", no se menciona el nacimiento virginal de Jesús ni se cita a María por su nombre. Solo hay una referencia –y muy de paso– al hecho de que Jesucristo "nació de mujer". Aparece en "Gálatas", probablemente escrita en el año 57.

La siguiente referencia a María es la del "Evangelio de Marcos", fechado hacia el año 70. Aquí incluso el tono de Jesús hacia María (y los hermanos de Jesús) raya lo irrespetuoso. Hay quien piensa que este pasaje indica que María aún no reconocía la mesianidad de su hijo.

Es solo en los siguientes "Evangelios" donde encontramos el origen del mito del nacimiento virginal de Cristo. El principal objetivo del autor del "Evangelio de Mateo", fechado hacia el 75-90, era presentar a Jesús como el cumplimiento de las profecías del "Viejo Testamento", como cuando en "Isaías" se decía que una doncella (*'almah*) encinta daría a luz a un hijo.

En el "Evangelio de Lucas", que es de entre el 80 y el 90, ya se describe la Anunciación –del arcángel Gabriel– y la Visitación –de María encinta a su prima Isabel–, que tan importantes serán en las tradiciones marianas. Y es solo en los textos apócrifos del siglo II, como el "Protoevangelio de Santiago", donde encontramos las historias que formarán la base para las doctrinas de la Iglesia sobre la

Virginidad Perpetua de María (dogma oficial en 649), la Inmaculada Concepción (1854) y la Asunción de María al Cielo (1950).

Si ponemos este desarrollo en su contexto histórico, todo cobra otro sentido. Durante los dos primeros siglos de su existencia, la Iglesia estaba inmersa en un magma greco-romano repleto de divinidades y héroes —como Baco, Apolo o Perseo— que habían tenido madres humanas fecundadas por dioses. Con la historia de María que acabaría por triunfar, podía ponerse de manifiesto la naturaleza dual de Cristo. Por un lado, humano. Por el otro, Divino.

Mucha tinta se ha vertido acerca de la traducción de la hebrea *'almah* (doncella) por la griega *parthenos* (virgen) realizada por la "Biblia Septuaginta", en la que se basó Mateo. Lo importante que hay que retener no es si se trata de una buena o mala traducción, sino las valencias que el término "virgen" tenían para el traductor, inmerso en un mundo helénico, repleto de diosas olímpicas *parthenoi*, como Artemisa, Hestia y, naturalmente, Athena.

El segundo motor que ha alimentado el desarrollo del culto de María ha sido la necesidad de una *figura arquetípica* que encarnara sublimes virtudes femeninas: pureza, virginidad y maternidad, según las concibió y articuló el antiguo cristianismo.

Aquí el historiador puede sacar toda su artillería para mostrar que esta historia es una crasa desviación de los hechos, pues más allá de lo que sucediera con la concepción de Jesús, María no podía ser perpetuamente virgen, ya que se dice que tuvo otros hijos (no reconocidos, claro está, por la Iglesia católica, aunque sí por los protestantes). ¿Entonces?

Lo que tenemos entre manos es un símbolo local esforzándose por convertirse en un arquetipo universal. Ya pueden decir los hechos lo que quieran, que es la metahistoria, la verdad superior del arquetipo, la que cuenta para el creyente. María encarna el ideal de feminidad preferido de Occidente durante casi dos milenios: el *ma-*

ternal. Pero, a la vez –y posiblemente espoleado por el énfasis de Pablo en la castidad y el celibato– se dice que María está en un estado espiritual de perpetua virginidad; es decir, encarna el nuevo discurso de la sexualidad construido por el cristianismo en el mundo mediterráneo. Los que tratan de mostrar la incongruencia de esta aseveración no es que no estén en lo cierto, sino que pierden el punto de mira del devoto. Como diría Ludwig Wittgenstein, el historiador (o el ateo) y el creyente están inmersos en diferentes "juegos de lenguaje".*

María, en fin, representa un nuevo ideal de feminidad y constituye el nuevo rostro de la Diosa-Madre o Madre-de-Dios (Theotokos, que será dogma en el 431). Pero eso no es todo. Gracias a María de carne y hueso el Espíritu se manifiesta en el mundo como el Hijo de Dios. Por tanto, ella está perpetuamente vinculada al despliegue divino. No puede ser únicamente Miriam, una doncella israelita madre biológica de un carismático líder mesiánico. O sí lo es, pero teniendo en cuenta que –desde el plano solo accesible por la fe– esa extraña concepción y nacimiento irregular constituyen la revelación y manifestación divinas en la Tierra. Desde una óptica mariana, la virginidad es el símbolo de la *presencia* divina en María. Por tanto, María no es –como las diosas mediterráneas a las que viene a superponerse– una mera consorte humana de Dios. Es una

---

* Un científico ateo, por ejemplo, puede presentar pruebas y evidencias en contra de la existencia de Dios; y un creyente puede aportar sus evidencias en favor de su existencia. Según Wittgenstein, ambas posiciones no son mutuamente excluyentes ni contradictorias, ya que no están en el mismo "universo de discurso" o "juego de lenguaje". Hablan de cosas diferentes y proponen reglas distintas. Por eso no se ponen de acuerdo. Esta posición parte de la idea de que no podemos situarnos en un punto neutral en el que juzgar un juego de lenguaje (o cosmovisión) frente a otro. Esto es pertinente en el caso de la religión, ya que suele conformar un esquema conceptual autocontenido. Decir que un pronunciamiento religioso es correcto o no dependerá de si se ha realizado desde dentro de la cosmovisión de esa religión o desde afuera.

mortal, una simple *creyente* (casi el arquetipo del o la creyente) que es ¡Madre de Dios!

La virginidad de María no es un hecho biológico y factual, sino teológico y de la fe. No se está falsificando la historia ni distorsionando la realidad; ni siquiera se está publicitando una "buena nueva" (*evangelio*). El proceso de mitologizar viene a ser como el destapar una realidad arquetípica, esotérica o espiritual. Si nos ponemos en el lugar del creyente, desde una perspectiva más émic, la virginidad de María representa una verdad más profunda, que ha de ser integrada, creída o vivida.

A diferencia del pasado, hoy en día es precisamente la abundancia de mitos y pasajes milagrosos en las religiones lo que las hacen problemáticas para muchas personas. Pero eso es entender los mitos bajo otra cosa de lo que dicen ser: *mitos*. Un mito no proporciona un punto de vista científico de cómo sucedió un evento determinado. Existe una fortísima tendencia a entender el mito como un tipo de ciencia o teología. Cuando la explicación mítica es a la vez metafórica, ritual, retórica y soteriológica, es decir, es transracional (metafilosófica y metacientífica). De ahí la enorme riqueza simbólica y la importancia del mito en las religiones. Cuando el mito es vivido y creído no necesita ser examinado ni probado.

Si la figura de María resuena en su interior, ¿qué importancia tiene la génesis de su mito? Ahora bien, si dicha figura no le guía espiritualmente, entonces el mito se convierte en un mero punto de vista dogmático o teológico y, con frecuencia, en un "cuento", incapaz ya de competir con los nuevos mitos del deporte, del espectáculo, el cine o la Razón, que son los que ahora nos constituyen.

59. Esvástica

Para algunas personas, el símbolo sagrado apenas es más que un ornamento o un signo desprovisto de significado. Otros tratan de buscar nuevos símbolos que sean capaces de expresar su mundo interior. Bastantes viven inmersos en un ecosistema repleto de metáforas, poesía, sueños y arquetipos. Y los más hacemos lo que podemos al afrontar símbolos sagrados que intuimos significaron mucho para otras personas, en otros tiempos.

Tomemos el caso de uno de los símbolos más reconocibles, aunque quizá no bien conocido: la esvástica. El nombre procede del sánscrito *su* ("bueno") *asti* ("eres"). En la India, donde la hallamos por doquier, es el símbolo por excelencia de la buena fortuna y lo auspicioso. Lakshmi, la divinidad que encarna la prosperidad, la lleva siempre grabada. Aparece en infinidad de templos, en los hogares, en libros, muros en la calle... Pero, como todo el mundo sabe, no hace tantas décadas el mismo símbolo fue utilizado para representar al siniestro partido nacionalsocialista de Alemania y sus ideas de arianidad. Para muchísimas personas, la esvástica ha pasado a ser el signo que define la maldad, la locura colectiva y el holocausto. En algunos países es incluso ilegal. Tal vez no exista hoy símbolo que evoque significados más encontrados. Lo interesante de esta cruz es que la hallamos en infinidad de culturas, contextos y épocas. Es uno de aquellos símbolos que fácilmente podríamos calificar de universal.

Es en el Sur de Asia donde lo detectamos por primera vez, hace 4.000 años, en los yacimientos de la civilización del Indo. En aquel mundo, siempre parece haber retenido el sentido benevolente que su nombre implica. En la tradición jainista de la India ha pasado a ser el símbolo de la mismísima religión; con la doble connotación de "prosperidad" y símbolo de los cuatro destinos en los que un espíritu puede renacer. En el budismo representa la doctrina del Buddha. Como tal, en Japón es el sello de la budeidad. En China simboliza a "los diez mil seres", esto es, la multiplicidad y hasta la infinitud. También fue un emblema de Chinggiz Khan y los mongoles. El símbolo está atestiguado asimismo hace 3.000 años entre los hititas de Anatolia, en Troya, en las culturas megalíticas de Bretaña e Irlanda, de donde pasó a los celtas y escandinavos. Aparece en Creta, Chipre, entre los etruscos, en las catacumbas cristianas. Aun hoy lo encontramos como el *lauburu* ("cuatro cabezas"), tan querido por las tradiciones pastoriles de Euskadi y Asturias, y hasta como emblema heráldico de los vascos. Estuvo también presente entre las culturas precolombinas de Sudamérica y Norteamérica. Y entenderán que me detenga ya. Estos símbolos geométricos universales posiblemente se originen en la estructura neurológica de nuestro cerebro. Pero está claro que es la cultura la que le otorga los distintos significados; y a través de la cultura en la que hemos crecido los entendemos e interpretamos.

Para muchos estudiosos del fenómeno religioso, la esvástica simboliza la fuerza y el movimiento del Sol. Pero como símbolo de la cuaternidad también puede significar las cuatro direcciones cardinales, o las cuatro etapas de la vida, o los cuatro posibles renacimientos, o las cuatro estaciones… Hay esvásticas dextroversas y sinistroversas. La que forma ángulos rectos suele llamarse cruz gamada, ya que puede formarse juntando cuatro letras *gamma* mayúsculas. El *lauburu* tiende a los contornos redondeados.

En la mayoría de casos y contextos, el símbolo remite a una dimensión sagrada y primordial; una dimensión que tal vez hayamos olvidado, y que en cierta época fue apropiada política o ideológicamente; una dimensión ya solo accesible a través de la *iniciación*.

60. Cosmología de Borobudur

Si les interesa lo *iniciático* viajen al centro de Java, a la ciudad de Yogyakarta y sus aledaños; una región considerada como el "corazón" cultural de Indonesia. Ahí es donde uno puede disfrutar de la mejor música tradicional con orquesta *gamelan*, o del fascinante arte de las marionetas, o visitar los suntuosos palacios de los dirigentes precoloniales. Lo interesante es que dichas tradiciones están ligadas por igual a las creencias animistas locales, a las epopeyas hindúes del *Mahabharata* y el *Ramayana* o a los sultanes islámicos de la isla.

La historia de Java es la del permanente diálogo entre distintas lenguas, religiones y maneras de entender del mundo. Uno de esos componentes ha sido el budismo. Aunque hoy el peso del budismo en Indonesia es mínimo, su huella en la historia, el arte o la cultura javanesa ha sido, sencillamente, bárbara. Pregúntenles a quienes han visitado el *stupa* de Borobudur.

En efecto, Borobudur es la mayor y más importante construcción de piedra de todo Indonesia. El nombre probablemente deriva del sánscrito *Vihara Buddha Pura*, que significa "Monasterio de la ciudad del Buddha". El santuario es la cumbre del arte Shailendra, una dinastía indianizada de Java que tuvo su apogeo en el siglo VIII, época de construcción del *stupa*. No obstante, Borobudur ya fue abandonado un siglo después, todavía por causas poco conocidas. Quizá el temible volcán Merapi, todavía muy activo y siempre humeante, conozca el misterio.

El *stupa* se encuentra en un paraje evidentemente sagrado, de exquisita belleza, flanqueado por cordilleras que en su tiempo albergaron culturas hindúes. Es propio de una religión recién llegada acoplarse sobre el poso de antiguas creencias. El estilo de toda la obra posee evidentes influencias del arte shivaísta de Java. Y sigue los cánones y patrones del arte budista indio.

Borobudur es a la vez un *stupa*, un santuario alzado en un lugar sacro y un *mandala*. No es ningún templo. Sino una imagen del cosmos según la concebía el budismo Mahayana. Este es un aspecto que todo *stupa* puede adoptar. Deja de ser un monumento cultual para simbolizar la enseñanza (*Dharma*) del Buddha.

Un *mandala* es una herramienta para la meditación. Luego, Borobudur es cual guía para apuntar a lo incondicionado (*nirvana*). En verdad, el viajero, el visitante o el devoto puede entender la pirámide como guste; pero estimo yo que su valor iniciático ensombrece incluso su potencia artística. O mejor: la escultura y la arquitectura van de la mano de la simbología y la cosmología de una forma magistral.

Viajemos, pues, en pos del despertar, ascendiendo por las terrazas que conforman este *mandala* arquitectónico. Como en toda circunvalación budista, el cono central (el *stupa* propiamente dicho) siempre queda a la derecha del peregrino. Y lo fascinante de Borobudur es que cada nivel del santuario reproduce la cosmología tradicional. A medida que uno asciende va atravesando los distintos planos del cosmos.

Conceptualmente, el *mandala* puede dividirse en tres grandes niveles. La base inferior parece representar el "mundo del deseo", el mundo dual, temporal y egoico; lo que las cosmologías budistas llaman Kamadhatu. También muchos templos hindúes son extremadamente barrocos en su exterior y reflejan con todo detalle el mundo de la sensualidad y el apego.

Las galerías centrales representan el "mundo de la forma" o Rupadhatu. El viaje de ascenso va cobrando un cariz más iniciático. Los murales de este nivel están repletos de bajorrelieves que representan escenas de la vida cotidiana o historias de los *Jatakas* (las leyendas de vidas anteriores del Buddha). Los bajorrelieves (¡1.200 en total!) ilustran el curso del *samsara*, el mundo contingente del devenir, de la multiplicidad; salpicado con historias aleccionadoras sobre el karma y la compasión. Son sencillamente exquisitos. Los duchos incluso pueden "leer" en piedra enseñanzas filosóficas de famosos *Sutras* del budismo Mahayana.

Los niveles superiores componen el "mundo sin forma" o Arupadhatu. Ahí el *stupa* central aparece en todo su esplendor. Significativamente, en su interior no hay reliquia del Buddha, ni de monjes de la comunidad, que sería lo propio de un *stupa*. De hecho, el interior es inaccesible y no contiene nada. Corrijo: *eso* es el símbolo de la vaciedad (*shunyata*). En las galerías superiores ya no hay bajorrelieves. Pero sí pueden contemplarse 72 pequeños *stupas*, cada uno con una imagen del Buddha cósmico (Vairochana) en su interior. Uno de estos *stupas* ha sido destapado para que podamos ver al Buddha predicando. Interesantemente, ninguno de estos pequeños *stupas* de la galería superior puede verse desde los planos inferiores. Porque este es el nivel metafísico sin forma; el plano de la vaciedad, que representa la falta de esencia propia de todas las cosas.

No existe otra representación del cosmos y el ascenso en pos de la iluminación tan aleccionadora y refinada como Borobudur. De ahí la cantidad de peregrinos budistas de todo el mundo que se acercan a Yogyakarta. Personalmente, no he visitado otro lugar en el mundo que esconda una simbología tan rica como hermosa. Bueno, con permiso de nuestra siguiente escala.

61. La sonrisa de Angkor

Angkor, Camboya, año 1177. En un ataque sorpresa, las tropas de Champa capturaban la capital de los khmer. Tres siglos y medio de civilización indo-khmer se desplomaban. Todo un universo moral y cosmológico quedaba hecho trizas. ¿El fin de Angkor? No, la síntesis khmer aún no había dicho la última palabra. Cinco años más tarde, Jayavarman VII reconquistó la capital para los khmer. Con renovado ímpetu consiguió extender el imperio hasta los confines del Yunnan (Sur de China). Pero ya nada podría ser como antaño. El viejo sistema brahmánico debía pasar a la retaguardia. En su lugar, el monarca promovió una nueva cosmología, la del budismo Mahayana, a la categoría de religión de Estado.

Él mismo trató de emular el patrón clásico del monarca universal (*chakravartin*) o rey budista iluminado, cuyo mejor arquetipo se encuentra en el emperador indio Ashoka (siglo -III). Plagó cada rincón del imperio de templos, hospitales, carreteras, pozos y albergues. Junto a la vieja Angkor, el monarca hizo construir una nueva ciudad, un nuevo *omphalos* (el ombligo o centro del mundo) que emulara la capital celestial de Indra, el soberano de los dioses, en el mítico monte Meru: Angkor Thom.

No lejos de Angkor Thom, Jayavarman VII erigió dos templos emblemáticos: Ta Prohm, dedicado a su madre, y Preah Khan, en honor de su padre. Hoy, ambos se encuentran semicubiertos por los gigantescos castaños de Indochina, infestados de serpientes, las lianas degollando las piedras, el torso de una *apsaras* resquebrajado por la vegetación… La imagen de estos dos templos devorados por la jungla ha pasado a enriquecer el inconsciente colectivo de la mitad de los viajeros que sueñan con Asia. Pero no es mi intención avivar la vena romántica. La experiencia de Angkor es única de cada viajero, y la palabra escrita solo puede malherirla.

En cambio, sugiero ahondar en la simbología de Angkor Thom, un aspecto que suele escapar al viajero y cuyo conocimiento puede dejarnos tan perplejos como la exuberancia de Ta Prohm. Aunque quizás Angkor Thom no posea la sublime perfección de Angkor Vat (templo vishnuista), ni el refinamiento de Banteay Shrei (templo shivaista), contiene una riqueza simbólica que todavía ninguna otra construcción budista de ningún país ha igualado, con permiso de Borobudur.

La capital es una mina de simbologías y correspondencias. Se trata de una réplica terrenal de la capital celestial de Indra. En cada uno de los cuatro portales del muro que rodea la ciudad hay una inquietante representación de la mítica batalla entre los dioses (*devas*) y los demonios (*asuras*) en pos del elixir de la inmortalidad; un duelo de eones cósmicos pretéritos librado al pie del monte Meru. Un motivo que el arqueólogo Jean Boisselier conectó con la microhistoria khmer: el ataque de las tropas cham (representadas por los *asuras*) contra la primera ciudad de Angkor reconquistada por los khmer (representados por los *devas*). Una imagen ciclópea de la divinidad guardiana del punto cardinal vela por la seguridad de la nueva capital. En su interior, junto al palacio real, tenemos el *mandala* del Bayon, el templo que replica la asamblea de los dioses. Doscientos rostros gigantescos asoman por doquier, con enigmática sonrisa. Algunos dicen que es la imagen del propio Jayavarman VII; otros, que representan al *bodhisattva* Avalokiteshvara; aunque lo más probable es que las efigies sean las del dios Brahma, que multiplica holográficamente su propia faz para recibir en audiencia a los treinta y tres dioses del cielo budista. Una vez más, los expertos los identifican con los gobernantes provinciales que estaban bajo el mando de Jayavarman VII. Igual que Indra reinaba sobre treinta y tres dioses, Jayavarman VII reinaba sobre otros monarcas menores del Sudeste Asiático. Por tanto, Angkor Thom encierra una verdadera simbología búdica. Es una pieza que remite a una cosmovisión nueva para los khmer (y no a la megalomanía que los primeros estudiosos atribuían a Jayavarman VII), una sensibilidad que, tras la muerte del monarca, se eclipsaría con rapidez. Finalmente, en el 1431, los thai arrasaron la capital. El bosque comenzó, entonces, su labor de ocultación.

La sonrisa de Angkor muestra que la idea de replicar –aquí en la selva– la misma génesis e historia del cosmos es la madre de todas las artes. Y que, en el interior del viajero que la contempla, más allá del gastado arquetipo del "descubridor", se puede esbozar idéntica sonrisa; el pacífico gesto de quien devino libre de todo apego.

IX. MESTIZAJES

62. Ortodoxia y sincretismo

Una idea muy generalizada asume que la genuina religión es siempre la de sus orígenes y fundamentos. El auténtico islam es la modalidad árabe de tiempos del Profeta. El verdadero budismo fue el predicado por el Buddha hace 2.500 años. La prístina religión de los yanomamos era aquella anterior al contacto con el "hombre blanco". Etcétera.

Creo que estos enunciados son compartidos por bastantes antropólogos, orientalistas, arabistas... y lectores comunes. En breve, se insinúa que el islam que se "trasplantó" del suelo árabe al javanés forzosamente resultó en un sincretismo, por no decir que germinó en un islam incompleto. O que las creencias de los rastafarianos forman un cóctel de nociones judeocristianas, mesianismo panafricano y alucinaciones de marginados del gueto. Cosas parejas suelen esgrimirse acerca de infinidad de tradiciones invariablemente tildadas de sincréticas; tradiciones seguidas y vividas por millones de personas en todo el mundo.

En realidad, la posición del moderno estudioso del fenómeno religioso se asemeja algo –y no me malinterpreten– a la del fundamentalista. Unos y otros asumen que su visión es mejor o más completa que la del creyente o practicante, incapaz de entender la "verdadera" religión o tradición de sus antepasados. No en vano muchos grupos reformistas protestantes, islámicos o hinduistas del XIX-XX tenían en mente "corregir" o "eliminar" las prácticas y creencias desviadas de la genuina *ortodoxia*. La purga continúa, lamentablemente, en muchos lugares del planeta.

A mi entender, ideas como "sincretismo" u "ortodoxia" son resbaladizas y ambiguas. Para producir algo "sincrético" es necesaria la participación de dos cosas fijas y estáticas, pero no conozco ninguna religión que sea autocontenida, que no esté en perpetuo flujo, tensión e interrelación consigo misma y las tradiciones vecinas. Y cómo vamos a determinar la "ortodoxia" cuando diferentes segmentos –casi siempre enfrentados– de una comunidad religiosa se jactan todos de representarla o suscribirla. Creo que en otro capítulo [véase §29] proponía que la ortodoxia era la capacidad de determinar, regular, mantener, exigir y ajustar las prácticas correctas, y nombrar, condenar, excluir o deslegitimar las incorrectas. Ergo, eso se reinventa cada vez que un grupo toma el "poder".

Tras el vocablo "sincretismo" suele asomar una recurrente ansiedad: la bastardización. Y eso, para determinada mirada, causa temor. Pueden existir síntesis que nos parezcan más o menos afortunadas que otras, pero es significativo que la idea de mezcla, hibridación y sincretismo se haya cargado de connotaciones negativas. Cuando lo que en verdad impera por doquier es la interrelación, la interfecundación y el mestizaje.

Si, por ejemplo, en lugar de considerar el fenómeno del caodaismo (la religión centrada en Cao-Dài, que practican unos 3 millones de vietnamitas) como un burdo "sincretismo" tropical lo visualizamos como un proceso de vibrante *creatividad religiosa* (capaz de integrar e indigenar elementos del cristianismo, el ocultismo, el budismo, el confucianismo y el taoísmo), entonces se produce un importante cambio de perspectiva.

La analogía con la llamada criollización lingüística también me parece pertinente. El criollo remite a una manera de pensar en varios lenguajes, allende la pureza de una lengua, más allá del monolingüismo y de la pertenencia a una nación. El "español chicano" o el "spanglish" no son mutilaciones del castellano, sino lenguas "liminales" que se han desarrollado de forma natural. Lenguas que corresponden a un modo de vivir. El chicano resulta ser como aquel proto-español medieval, un idioma fronterizo hablado en la periferia del mundo latino y los confines del mundo arábigo.

Prosigamos con lo criollo. Con la apoteosis del sincretismo.

63. Sincretismo afro-cubano

La santería de Cuba podría caracterizarse, de forma somera, como el sistema religioso que los esclavos africanos trajeron al Caribe y que, en su proceso de adaptación al nuevo contexto, fue absorbiendo elementos del cristianismo, del espiritismo y hasta de la numerología china.

Bajo la guisa de un piadoso catolicismo, la santería disimula unas prácticas y creencias esencialmente africanas. El continente negro sigue poseyendo una centralidad innegable; y, según se mire, sorprendente. Los mitos de creación siguen ligados a África y a la ciudad de Ife (Nigeria) y numerosos rezos se realizan en lengua yoruba [véase §12].

La santería posee obvios paralelismos con otras tradiciones afroamericanas. Las más conocidas son las haitianas (vudú) o las brasileñas (candomblé, macumba, umbanda), en las que en seguida entraremos. Pero a diferencia de aquellas, ha retenido su origen yoruba de forma mucho más compacta. En la propia Cuba existen otras religiones de origen africano menos conocidas y practicadas, como la regla de Arará y la regla de Palo, que provienen respectivamente de las tradiciones de los pueblos dahomey (hoy Benin) y kongo (hoy Congo).

Para no despertar los recelos de los amos coloniales, muy pronto los esclavos camuflaron sus "divinidades" u *orishas* (de la yoruba *orisá*) en santos, santas y vírgenes del catolicismo. El proceso es virtualmente idéntico al que tocamos a propósito de la traslación de la religión yoruba a Brasil [véase §13]. El culto a los santos siempre ha sido muy popular en la Iberia profunda (aunque no siempre bien visto por la Iglesia, y, desde luego, despreciado por la intelectualidad). Al disfrazar a sus *orishas* en santos y santas del catolicismo, los afro-cubanos podían pasar por "buenos cristianos". Así fue acuñándose el término "santería", que posee una resonancia algo condescendiente, para designar la religiosidad popular de los afrocubanos. Hoy van ganando aceptación otros nombres, como regla de Osha, regla afro-cubana o, simple y llanamente, religión yoruba.

En la santería destacan una veintena de *orishas* mayores. El más poderoso y primigenio es Obatalá (que en su guisa "católica" toma la forma –femenina– de Nuestra Señora de la Merced), considerado el padre de la humanidad. Es idéntico al Orisá-nla yoruba o al Oxalá brasileño. Eleguá sería el siguiente *orisha* en poderío (asociado al Niño Jesús de Atocha, a san Antonio de Padua o a san Martín de Porres, el primer santo negro –peruano, concretamente– de América). Muy importante es también el *orisha* Orunla (conocido en África como Orunmila y homologado al santo católico Francisco de Asís), que personifica la sabiduría y el poder de conocer el pasado y el futuro (e influir en él). Popularísimo es Changó (equiparado a santa Bárbara, conocido en Nigeria como Sango y en Brasil como Xangó), un *orisha* de contornos más humanos, extremadamente pasional (y, por tanto, lo mismo un gran seductor que un valiente guerrero). La *orisha* femenina Yemayá representa la maternidad y la fertilidad. En la mitología santera, ella es la madre –biológica o adoptiva– de la mayoría de *orishas*. Muchas mujeres que no pueden tener hijos la invocan. Está asociada al océano y a Nuestra Señora de Regla, una virgen negra del barrio de la Regla de La Habana. Otra *orisha* femenina es Oshún, la feminidad en su faceta más sensual y erótica. Ella es asimismo dueña de la elegancia y la riqueza, y es un alma muy caritativa (por lo que se asocia a Nuestra Señora de la Caridad, más conocida en Cuba como Cachita, y que es algo así como la patrona de la isla). La lista proseguiría con Ogún, *orisha* del metal (equiparado a san Juan Bautista o a san Pedro), o con Babalú Ayé, que es tanto la enfermedad como su curación (y se asocia a Lázaro), o con Oyá, que preside la relación con la muerte y la comunicación con los antepasados. Etcétera.

Algunos autores sostienen que fue la propia Iglesia la que superpuso los santos católicos a los *orishas*. Aunque esto es poco probable, lo que sí se alentó desde el gobierno colonial fue la creación de hermandades y cabildos para los negros. A la postre, estas agrupaciones ideadas para dividir a los esclavos se convirtieron en redes sociales solidarias que facilitaron la transmisión de las tradiciones religiosas africanas.

Sobre la base yoruba y la guisa católica vino a integrarse en el siglo XIX un sistema esotérico venido de Europa: el espiritismo de Allan Kardec (1804-1869), que también influyó en las religiones afro-brasileñas. Además de servir de alternativa al catolicismo (demasiado ligado a las coronas de España y Portugal), el espiritismo concordaba con muchas nociones de la religión yoruba. La esclavitud había hecho desaparecer el culto africano a los antepasados, ya que en el Nuevo Mundo las genealogías familiares habían quedado completamente destruidas. Gracias a las teorías de transmigración de los espiritistas, los afro-cubanos pudieron restablecer el culto a los antepasados y la comunicación con los muertos. En sus trances, los médiums santeros entran en comunicación con guías espirituales africanos, con esclavos muertos en Cuba e incluso con indios tainos (el pueblo amerindio original de Cuba, hoy ya extinto). A principios del siglo XX, los trabajadores chinos aportaron la numerología asiática.

Por todos estos factores la santería o religión yoruba cubana es nombrada como caso paradigmático de lo que ha sido llamado "sincretismo". Ahora bien, todas las religiones son, como bien sabemos, sincréticas. ¿Por qué no empleamos el término con otras tradiciones?

Por ejemplo, el islam del siglo XII –por poner uno de los momentos estelares de una de las religiones llamadas "universales"– hacía mucho que había dejado de ser una religión árabe. La civilización islámica ya era enormemente cosmopolita (que es quizá una manera educada de ladear el término "sincrético"). La ley islámica había absorbido multitud de elementos del ritualismo, la legislación o las escrituras hebreas. Las filosofías griega y neoplatónica, más ideas de la escatología y la teología cristianas, habían pasado a formar parte del misticismo islámico. Se estudiaba la ciencia helénica. El arte, la arquitectura y el ritual bizantino habían sido asimilados; lo mismo que multitud de ideas políticas y métodos de administración de los persas sasánidas. Elementos de cultura centroasiáticos, egipcios, zoroástricos o maniqueos habían sido integrados. El islam supo vehicular todos estos elementos gracias a un ímpetu asimilativo y a una orientación supranacional poco habitual.

Párrafos muy parejos podríamos generar del cristianismo, el budismo o el rastafarismo. Todas las tradiciones religiosas se adaptan, dialogan, evolucionan, prestan, toman prestado... son –en definitiva, y mal que pese a algunos– "sincréticas". Entonces, ¿por qué se califica de sincrética la santería, el rastafarismo o el candomblé y no el cristianismo o el islam? En verdad, omitir de calificar de sincrética la religión propia y subrayar el carácter sincrético de "otra" tradición es una forma de presentarse como seguidor de una religión *pura* y presentar al otro como un seguidor de una versión impura, distorsionada o bastarda de esa religión. Como sucede con otros casos, el uso del término "sincretismo" revela por encima de todo la visión del mundo de quien lo enuncia y delata –en particular– determinadas concepciones occidentales de lo religioso.

Aquellos que, por ejemplo, consideran las religiones afro-brasileñas o afro-caribeñas como el subproducto de las mentes poco cultivadas de los esclavos africanos, no solo suscriben una visión intolerablemente racista, sino que al tildar a estas religiones de "sincréticas" se está negando que los esclavos tuvieran consciencia de su situación y penuria en el Nuevo Mundo. No olvidemos que la santería resulta de la *deliberada* estrategia para camuflar la espiritualidad africana en un durísimo contexto existencial. Una inteligencia o plasticidad espiritual, por cierto, que es común a la gran mayoría de tradiciones africanas, capaces de adaptarse a los medios sociales y culturales más dispares.

Con el concepto "sincretismo" se da una especie de racismo cultural. Para el racista, un mestizo o un mulato son un pecado contra la sangre. Porque el estereotipo negativo dice que el mestizo siempre hereda lo peor de las dos razas progenitoras. De la misma forma, se tiende a ver el sincretismo como la bastardización de dos religiones. ¿Por qué no puede contemplarse al revés? Como la síntesis, la esencia, como una genuina sinergia (*synergoi*). O lo que aún sería más sano: ¿por qué no contemplar la santería como lo que es?

La religión yoruba cubana posee paralelismos, apariencias y puntos en común con el cristianismo, como también con otras religiones (en seguida lo veremos); pero, más allá de su sano sincretismo, es ante todo una religión *original* que ofrece una visión del mundo propia y un camino de plenitud y realización válidos para millones de personas.

64. Candomblé, macumba, umbanda

Existe en Brasil una larga e interesante historia de maridaje entre dos religiosidades muy potentes: el candomblé, que retiene la esencia de la espiritualidad africana [véase §12] traída por los esclavos al Nuevo Mundo [véase §13], y el catimbó, que –si bien contiene elementos del catolicismo europeo– hunde sus raíces en las formas amerindias de espiritualidad.

En sus perfiles más tradicionales, no hay mestizaje posible. Como nos ha hecho ver Roger Bastide –de quien tomaremos muchas de las reflexiones que siguen a continuación–, el trance del candomblé es provocado por la música; en el catimbó se utiliza el tabaco o, de forma más corriente, el alucinógeno *jurema*. Si en el candomblé el eje ritual lo constituye la danza extática (como en toda religión africana), en el catimbó es el diálogo entre el espíritu y el chamán (al modo de las religiosidades chamánicas). De hecho, los candomblés tradicionales tratan de evitar todo tipo de interferencias para mantenerse fieles a los viejos cultos yoruba o fon.

Sin embargo, existen otros tipos de candomblés más porosos que el yoruba. En el seno de una misma secta de estos candomblés pueden coexistir el culto africano y el culto amerindio, bien que con cierta autonomía. A diferencia de los candomblés yoruba o fon, los miembros de los "candomblé de *cabocle*" pueden ser poseídos por dos divinidades: una africana y otra india. No obstante, cuando la ceremonia está dedicada a un *orixá* africano, el *cabocle* indio permanece mudo. Y viceversa.

Con la llamada macumba carioca, los dioses africanos –que, recuérdese, están a su vez homologados a santos católicos– y los espíritus de la mitología india intervienen en una misma ceremonia. Con todo, aún existe una jerarquía y los *orixás* acuden primero. O, al menos, así lo era hasta la incorporación de mulatos y blancos de clase trabajadora, que han venido a complejizar mucho los órdenes de precedencia. Y el cariz que toman los trances.

Llegados aquí me parece pertinente interporlar algunas consideraciones a propósito de los susodichos trances y bailes extáticos. Y no necesariamente de Brasil.

En gran medida, la imagen del "salvaje" que hemos construido en Occidente procede de los recuentos que los viajeros, misioneros y exploradores coloniales hicieron del "encuentro extático" entre los dioses y los nativos en muchas sociedades de pequeña escala. La mirada de aquellos observadores está repleta de prejuicios típicos de Occidente que considero terapéutico hacer aflorar, dada su pertinaz vigencia. Porque han sido esos recuentos, visiones e interpretaciones las que han hecho del "trance" el ritual "primitivo", "bárbaro", "caníbal" y "salvaje" por antonomasia. Esa categorización se sostiene, por un lado, en la escasa reputación que históricamente ha tenido el cuerpo entre las élites europeas. Por otro lado, la mirada cristiana tiene una marcada tendencia a identificar los dioses de los nativos –africanos, melanesios o amerindios– con los demonios, de forma que se tiende a juzgar todo culto de posesión como un fenómeno parejo al de los cultos satánicos medievales. Además, los viajeros con formación médica o psiquiátrica invariablemente veían el trance como un tipo de crisis histérica o comportamiento patológico. Cuando lo cierto es que el trance es casi lo opuesto al histerismo. Se trata de un *acto litúrgico* que se asemeja más a una representación teatral que no a las crisis histéricas que los europeos conocían en sus manicomios. Los cultos extáticos de las sociedades de pequeña escala de África, Oceanía o América están –de principio a fin– controlados por la sociedad. No olvidemos que, entre muchas cosas, cumplen una función social esencial: permiten la comunicación entre las divinidades y los humanos. Y esa comunicación facilita la caza, protege de enfermedades, porta lluvia, nos brinda amores, etcétera. Recordemos a los ju'hoansi [véase §55] o a los chamanes siberianos [véase §37]. Lejos de la imagen de caos, violencia y descontrol que tenemos del "éxtasis", en muchos casos solo un ojo experto puede captar que determinado parpadeo o que un ínfimo temblor muscular indican que la divinidad ha descendido. Cuando un trance adquiere contornos violentos es únicamente cuando el médium es poseído por una divinidad de la guerra o un espíritu maligno. De igual forma, cuando se es poseído por una divinidad amorosa o un espíritu bienhechor el trance es infinitamente más calmo. Y no está de más recordar que, incluso en los trances, existen leyes de etiqueta y de buenos modales que hay que seguir.

Solo en contextos socio-religiosos muy particulares los trances pueden adquirir tonalidades y expresiones más salvajes. En la macumba brasileña, por ejemplo, el trance exquisitamente domesticado del candomblé da paso a un culto extático mucho más violento y espasmódico. La violencia nunca aparece cuando se es poseído por el *orixá* africano, sino cuando se es poseído por el *cabocle*, el espíritu de los indios. Esto tiene que ver con los estereotipos del negro y el indio en el imaginario brasileño. En Brasil suele considerarse al negro como una persona básicamente buena, servicial y afable (a imagen del tío Tom de Estados Unidos). El cimarrón, es decir, el esclavo negro que se evade y se rebela, es desplazado por la imagen del negro sumiso y respetuoso con su amo. Por eso, al ser poseído por la divinidad africana no hay violencia. Con el espíritu indio, en cambio, se pone en marcha el estereotipo que dice que el indio no aceptó la esclavitud y mantuvo con orgullo y valentía su carácter de "hombre libre". El trance propiciado por el espíritu indio es, en consecuencia, violento.

Es también significativo que en la macumba los adeptos sean poseídos por un *orixá* como Exu. En el candomblé, Exu es esencialmente un intermediario y nunca posee a los médiums. Como el Mercurio de la mitología griega porta las plegarias de los humanos a los *orixás*. Pero como sabemos, el ambiguo Exu posee otra faceta más peligrosa [véase §12]. Es el "tramposo", capaz de castigar a quienes no le rinden honor. Significativamente, en la macumba, Exu solo retiene este costado perverso. Es el jefe de los demonios (denominados *exus*). Y, contra la ortodoxia africana, entra en los cuerpos humanos para provocar trances. Las posesiones de Exu son todas de carácter demoníaco. Algunos *terreiros* o templos de la macumba están íntegramente dedicados a este aspecto "negro" de la espiritualidad brasileña. Está claro que a medida que nos alejamos de los mitos originales, a medida que una sociedad cada vez más heterogénea deja de controlar y domesticar el culto, a medida que la religión exprime las nuevas situaciones de marginación y explotación en las *favelas*, las cofradías de la macumba pueden servir de canal para expresar las frustraciones y ansiedades de sus adeptos. Lentamente, la magia negra se apodera del trance y el ritual.

Finalmente llegamos al espiritismo umbanda, que viene a ser la moderna adaptación de la macumba a la sociedad urbana, industrial y racionalista de Brasil.

Como la santería cubana, la umbanda está fuertemente influida por el espiritismo de Allan Kardec. Puesto que se trata de un verdadero "espiritismo", la umbanda no incorpora divinidades sino espíritus o almas desencarnadas de los muertos. El ritual de posesión sigue siendo el centro del culto, pero no son los *orixás* quienes poseen a los adeptos, sino únicamente las almas de antiguos esclavos africanos muertos (*os pretos velhos*) o de los antiguos jefes indios, que acuden para auxiliar a los vivos, sea en la sanación de enfermedades o en la purificación de las pasiones. Los *orixás* y los santos católicos básicamente actúan de "generales" o "comandantes" de las legiones de espíritus de los muertos.

A diferencia del candomblé o la macumba, que son consideradas –tanto por sus adeptos como por aquellos que no lo son– religiones africanas, el espiritismo umbanda se ve a sí mismo como la religión nacional de Brasil. La gran mayoría de adeptos son mulatos o blancos de clase media, de modo que se palpa una mentalidad más luso-brasileña que afro-brasileña. Todo lo que es demasiado "africano", como los sacrificios de animales o los "baños de sangre" de los rituales de iniciación, suele ser descartado. Para acomodar a los emigrantes venidos a lo largo de los siglos XIX y XX, se crearon "líneas" de galos, germanos, eslavos y hasta de japoneses.

Por tanto, hallamos en esta tradición una integración consciente de las tradiciones africanas, las amerindias y las europeas. Por este motivo, sus adeptos se jactan de representar el espíritu mismo del Brasil multirracial. En su seno hallamos una tendencia que prioriza el aspecto africano (kimbanda), y otra que privilegia el elemento cristiano-evangélico. Lo que resulta en cierta manera sorprendente es la incorporación del elemento amerindio. Eso tiene que ver con la revalorización de lo indígena en los nacionalismos latinoamericanos.

Con la independencia de España y Portugal, las nuevas naciones latinoamericanas buscaron cortar los viejos lazos que las unían a Europa e "imaginaron" un romántico origen amerindio. Es un buen caso de invención de la tradición. Incluso las grandes familias brasileñas gustan de decir que tienen unas gotas de sangre india en sus venas. Se da una idealización del "indio", en buena medida en detrimento del "negro". Este último queda desvalorizado a causa de su condición de esclavo. El indio es imaginado entonces como aquel que prefirió morir combatiendo a los conquistadores en lugar de llevar las cadenas. Obviamente, esta ideología olvida que el indio también fue esclavizado y que el negro se rebeló con frecuencia, pero lo que nos incumbe aquí es la imagen del indio que los blancos crearon a finales del siglo XVIII y a lo largo del XIX.

Los nacionalismos latinoamericanos han hecho del mestizaje su bandera. La hibridación no es solo racial, sino también cultural. Como señalara Roger Bastide, la umbanda ofrece a una población mezclada "su" religión del mestizaje, haciendo del sincretismo afro-católico-indio-espiritista el fundamento, en cierta manera místico, del mestizaje físico y cultural.

65. MaNawal de JesuKrista

Yo soy un asiduo visitante de las tierras altas de Guatemala. Desde la –otrora– plácida Antigua gusto de adentrarme en el silencioso mundo de los pueblos mayas quiché.

Podría contar aquí alguna de las genialidades de esta cultura. Cosas de su cosmología, extraídas del *Popol Wuh* (recopilación de la cosmogonía y de los principales mitos tradicionales mayas), por ejemplo. O del intrincado calendario maya, que no deja de sorprender por su precisión astronómica y por su rica simbología ritual. Tenía pensado hablarles también de las grandes pirámides de Tikal y los mitos del Gran Jaguar. Pero ¿no suena todo esto un poco a fantasía exoticista? Dicho de otra forma: ¿qué relevancia tiene el *Popol Wuh* para los guatemaltecos o los yucatecos de hoy? Y de una forma más envenenada: ¿acaso los mayas que desconocen el calendario tradicional –y son bastantes– son menos mayas que los que sí lo aprendieron?

Estas inquietudes, propias de antropólogos *amateurs*, me conducen a otras reflexiones. Me suena que la gente que –no se sabe muy bien por qué– llamamos "indígena", "aborigen" o "nativa" (como si los que así los designamos no fuéramos también nativos de algún lugar) está atrapada entre dos losas que entre todos hemos fabricado: o son inauténticos (porque olvidan su sabiduría ancestral, abandonan sus vestimentas, persiguen metas "occidentales" o no siguen el mismo tipo de vida que sus bisabuelos); o, si, por contra, todavía fueran "genuinos", entonces los petrificamos en esencias inmutables; ecos o vestigios de un pasado que el Progreso está a punto –o tendría que estar a punto– de finiquitar. En definitiva: la hibridez es pecado.

Conozco a bastante gente que –desde México D.F., Buenos Aires, Los Ángeles o Madrid– viene a estas alturas (o al vecino Chiapas, o a la asombrosa Oaxaca…) en busca de nuevos modelos espirituales. No ha tanto en estas latitudes vivían chamanes como Don Juan, Pachita o María Sabina. Si durante el desfasado paradigma positivista la imagen occidental del chamán tendía a considerarlo un neurótico o un psicótico, cuando no un auténtico imbécil, gracias al trabajo de eruditos como Mircea Eliade, Claude Lévi-Strauss, Michael Harner o Jacobo Grinberg pudo apreciarse la importancia de su rol y la profundidad de sus conocimientos. Lo que ha llevado a una idealización del chamán como un ser excepcionalmente sabio dotado de poderes indescriptibles. Este tipo de ensalzamiento acaba por fijar la identidad nativa; de modo que cualquier miembro de la comunidad que

vea las telenovelas en las urbes y no siga las ceremonias tradicionales, es denigrado por haberse "occidentalizado". Eso es lo pernicioso de hablar de *una* cultura maya, francesa o mbuti. Todo aquel que
no se ajuste al arquetipo cultural ya no es genuino.

Al destacar de lo maya únicamente el *Popol Wuh* o la sapiencia
de los chamanes (y ojo que mi reflexión no menoscaba la potencia
de este tipo de cosmovisiones ni invalida la necesidad de reintegrar
su sabiduría)... como decía, al construir al maya como un ente im-
pávido desde el origen de los tiempos, el primitivismo nueva era o
el romanticismo del viajero lo inhabilitan e incapacitan para sobrevivir en la Modernidad.

Craso error; porque el maya, como cualquier mortal, como –sin
ir más lejos– el urbanita de México D.F., Buenos Aires, Los Ángeles o Madrid, está negociando permanentemente con la Modernidad. Y en su imbricación con el mundo contemporáneo, los valores
y personajes del *Popol Wuh* (desde Huracán, hasta los gemelos Hu-
nahpú y Xbalanké) han sido desplazados –que no significa olvidados, ni enterrados– por esa extraordinaria presencia divina y ancestral llamada Mam, popularmente conocido como MaXimón; o
por el no menos fabuloso salvador MaNawal de JesuKrista, cuyo
sacrificio replican las cofradías de Santiago Atitlán, de Chichicas-
tenango o de Santa Cruz del Quiché.

Aunque estos personajes tengan algo del catolicismo o del evan-
gelismo de lejanas tierras, el sacrificio y martirio de MaNawal de
JesuKrista puede entenderse como la proyección de su propia cultura y sociedad oprimida y colonizada. Así son los Cristos de los altos de Norteamérica: criollos, híbridos; víctimas del sacrificio de
una visión del mundo. Por eso muchos mayas conocen poco el viejo *Popol Wuh*.

También lo he comprobado en el altiplano mexicano.

66. La visión mestiza de Cristo

Sobre una pequeña pirámide se dibuja la silueta nítida de los misteriosos atlantes de Tula. Son ocho colosos que otean impertérritos estas tierras altas del Estado de Hidalgo. Ni un turista ni un chilango (capitalino) ni un campesino. Estoy solo. También México –como Guatemala– parece haber olvidado sus antiguas divinidades.

Es cierto que los dioses de Tula ya habían sido abandonados mucho antes de la llegada de los españoles. Pero también que los aztecas legitimaron su gobierno en esa antigua cultura. Y que la retórica nacionalista hoy los exalta, como parte de su recuperación de lo indígena. Pero la verdad es que solo unos pocos turistas se acercan por Tula.

Llegué muy temprano a un pueblo próximo, cuando la niebla todavía no se había disipado. Mineral Chico se llama. Tiene una pequeña iglesia de estilo colonial. Una joya. Despacio, el pueblo entero fue desfilando frente al Cristo barroco del altar. Silenciosos, con la mirada triste y el porte digno de los indígenas. Devoción y entrega piadosa, sin estridencias, los rostros graves. Como lo percibido en la catedral de Lima [véase §20].

Diríase que mexicanos o guatemaltecos han sustituido sus viejos dioses por un nuevo Dios, venido de allende los mares. Pero la cosa no parece tan sencilla. Decía Octavio Paz que el mexicano venera al Cristo sangrante y humillado, condenado por los jueces, porque ve en él –y eso es lo crucial– la imagen transfigurada de su propio destino.

El origen de este destino se halla en los turbulentos tiempos de la conquista. Como mucha gente sabe, la llegada de los españoles fue una liberación para multitud de pueblos sometidos por los aztecas. Bastantes celebraron con alegría la caída de Tenochtitlán. Pero ni la superioridad tecnológica de Hernán Cortés ni su astucia ni la ayuda de los Estados-ciudades hubieran bastado para arruinar el Imperio Azteca. Jugaron otros factores ocultos.

Cuando el emperador Moctezuma abrió las puertas a Hernán Cortés, mucho antes de la gran batalla, los aztecas ya habían perdido la partida. Se fraguó el suicidio. ¿Por qué cedió Moctezuma? Porque los dioses habían desertado. La gran traición de la historia de México no es la de Tlaxcala o la Malinche (aliados de Cortés). La gran felonía fue la de los dioses. La llegada de los españoles se interpretó como el signo del final de una edad cósmica. Era el cataclismo que los adivinos habían advertido. Las divinidades aztecas partieron; y abandonaron al pueblo.* El tiempo de aquellos dioses renegados se había acabado; y el desamparo azteca fue total. Se ponía en marcha un nuevo ciclo, con nuevos dioses y sangre nueva. Y hoy, Tula sigue desierta de devoción. La iglesia de Mineral Chico, en cambio, ve transitar a casi todo el pueblo frente a la imagen del Cristo.

Es verdad que los aztecas tenían su propio hijo de dios, Huitzilopochtli, también concebido sin contacto carnal; cuyo mensajero fue un pájaro… Sería fácil homologar al Cristo con ese guerrero del Sur. Empero, esta línea de pensamiento no debería llevarse demasiado lejos. El mexicano no ha sustituido a un dios por otro, sino que en el nuevo hijo de Dios ve su propia herida, su ser escindido, por eso adora al Cristo golpeado por los soldados. No es un Cristo híbrido, ni un Cristo mestizo, es la visión mestiza de Cristo.

---

* En este sentido existe una cierta similitud con lo que sucede en sectores del moderno Occidente, que siente desde hace ya bastante tiempo que el Dios que participaba en la historia en su favor ha desaparecido. Las variantes propuestas por los filósofos y teólogos son absolutamente indiferentes a los asuntos humanos. Y un Dios que no se preocupa de la condición humana y que parece haber traicionado sus promesas se torna en un Dios inútil. Alejado en su ociosa trascendencia, los humanos lo abandonan. Algo semejante debió suceder en el antiguo México.

Es un hecho, también, que el catolicismo mexicano se concentra en el culto a la virgen de Guadalupe, una virgen india, aparecida ante un indio pobre --y no un español-- en una colina donde antiguamente se hallaba un santuario dedicado a Tonantzin, Diosa-Madre de la fertilidad. Pero Guadalupe-Tonantzin ya no vela por la fertilidad. Tampoco ella ha sido sustituida. "Mamá Lupita" es refugio de los desamparados, el escudo de los débiles y oprimidos, como el Cristo de Mineral Chico.

La antigua religión comunal y sacrificial fue abandonada. Con el individualismo humanitario del catolicismo, la muerte de Cristo dio paso a la esperanza personal. Los atlantes de Tula y el panteón azteca abandonaron al pueblo, pero en estos nuevos tiempos unas divinidades compasivas han venido a redimir un corazón que ahora está partido.

67. Rabí Yeshúa, el "africano"

La figura de Cristo puede servirnos para un ejercicio muy recomendable. Consiste en ponerse en el lugar del "otro". Tratar, por un momento, de despellejarse del vago turista que llevamos dentro y aventurarse a mirar el mundo a través del prisma de otro cristal. Desde luego, lo que les propongo es imposible. Por eso digo que es un "ejercicio"; un ensayo de humildad culturalmente terapéutico.

Con este talante, les invito a examinar la figura de Jesucristo, que imagino es bien familiar a los lectores. Pero les propongo otear al Cristo no con los ojos de un cristiano, de un ateo o de un agnóstico (que son los ángulos que les presupongo a muchos de ustedes); mas de un judío.

La cosa tiene doble sentido, porque aquel a quien conocemos como Jesús "el Cristo" (que es la traducción griega de la hebrea *mashiaj*) fue un rabino judío: Yeshúa de Nazaret. Por lo menos, lo fue hasta la transformación de Yeshúa en el Cristo, que equivale –*grosso modo*– a la helenización del judaísmo; y, dicho sea de paso, a uno de los desarrollos sincréticos más fecundos de la historia. Pero ese movimiento –iniciado por el judío Shaul de Tarso, más conocido tras su "conversión" como san Pablo– realmente no empezó a calar hasta uno o dos siglos después de la crucifixión.

Voy, pues, con el susodicho. Y déjenme que lo redunde. Yeshúa el hombre fue un judío de religión judaica. Nuestro ejercicio exige que olvidemos por un par de párrafos las ideas cristológicas –de divinidad de Jesús– y tratemos de contemplarlo como un hombre; un hombre excepcional si se quiere, pero cien por cien humano.

Yeshúa fue circuncidado en cumplimiento de la *Torah*, sus padres (Yosef y Miriam) eran practicantes del judaísmo, enseñaba en sinagogas... Como es bien sabido, él no vino a abolir la Ley o los Profetas sino a dar su cumplimiento. Él fue el maestro de un grupo judío mesiánico que prolongó el pacto que su pueblo había adquirido con aquel cuyo nombre es impronunciable, pero que por comodidad se convino en llamar Yahveh; el mismo Dios de Abraham, de Isaac y de Jacob. Hasta tal punto Yeshúa confiaba en el pacto con su Dios, que acabó por usurparle el puesto. ¡Ojo! No fue el rabí quien osó tomar su lugar. Allá lo alzaron Juan y Pablo, los helenizadores del judaísmo y los que consuman la ruptura con el judaísmo. Y quien había sido un rabino inquieto, carismático y algo heterodoxo fue transformándose en el Divino Mesías; a la par que su enseñanza iba tomando la forma que luego llamaríamos cristianismo.

Es a la vez natural e irónico que lo que fue el primer ensayo del Dios Único (Yahveh) consistiera en una divinidad tan asombrosamente antropomórfica; tan humana. El Dios del *Tanakh* y del "Antiguo Testamento" es iracundo, emotivo, amoroso, celoso, promulga leyes, pacta con los humanos, sale de excursión al Sinaí... Lo cual se me antoja lógico: ¿quién podría amar a un Dios absolutamente ausente (trascendente)? En cambio, el que fue un mero humano acabó –gracias a las ideas de encarnación, crucifixión y resurrección– por ser deificado (como Hijo del Padre) y elevado luego a la categoría de Dios trascendente (el Hijo tomó el lugar del Padre). Eso es precisamente lo que el judaísmo no perdonará al rabí. Disculpen la simpleza –en parte, inspirada por Harold Bloom–, pero les recuerdo que no es este un tratado de cristología, sino un ejercicio de hermenéutica: ponernos en la piel de un "otro".

En teoría, el Dios de los cristianos es Yahveh; que es el mismo Dios de los judíos. Pero como cualquier judío sabe, el Dios cristiano es otro; es el Cristo helenizado de los teólogos: el *Theos*. O sea, Dios. En muchas latitudes, el cristianismo es percibido como la religión que adora a Dios bajo el nombre y la forma de Jesús. Puede que exista una *tradición* judeocristiana (sin duda el cristianismo prolonga la ética judía), pero no es tan sencillo defender un *Dios* judeocristiano. Yahveh no es el Dios de los cristianos; y viceversa. El genuino Dios trascendente es Allah, y, en menor medida, también el Dios del protestantismo.

En verdad, esto de la dimensión humana del Cristo es un quebradero de cabeza teológico. Que porta a las sutiles consideraciones acerca del Padre, del Hijo, de María, del Espíritu Santo... Al final, el Jesús histórico o el Cristo de los teólogos no deberían de tener tanta relevancia como el Jesús de la fe; de las distintas formas de la fe. Estoy al corriente de que hoy esta consideración está en horas bajas. Estamos en tiempos de culto al historicismo; de modo que el Jesús de la fe (como el MaNawal de JesuKrista o el Cristo mestizo de Mineral Chico) ha quedado desterrado al plano de las "creencias", de las "supersticiones", del "folclore" o de los manipuladores eclesiásticos.

Y es en este punto cuando les invito a cambiar de montura y enfocar ahora esta enigmática figura desde el ángulo de un cristiano distante. Lejano de nuestras coordenadas e idiosincrasias. Lejano en el sentido eurocéntrico de "periférico" y "marginal". Propongo, por ejemplo, mirar a Jesús desde la piel de un jamaicano. Y lo que entonces vemos no es ya a un rabino heterodoxo secuestrado por judíos renegados, sino a un líder de piel negra, de cabello en tirabuzones (por lo menos, rizado), que muestra un camino de emancipación para el esclavo. Eso es exactamente lo que yo vi entre ciertas comunidades jamaicanas... de Uxbridge Road, que es una avenida del Oeste de Londres, donde residí a principios de los 1980s.

Mis amigos de Uxbridge no eran cien por cien rastafarianos (aunque sí *rastas* que bailaban al son del reggae), ni pertenecían a ninguna secta sincrética; sino que eran personas que habían encontrado en un mensaje antiguo ecos y significados con sentido para su vida cotidiana de la periferia londinense. Esa figura no era ni un rabí ni un extraño *logos*. Jesús, naturalmente, era –fue y será– negro; posiblemente africano.

Y si no me creen, escuchen esta historia.

68. Jah

En 1930, Ras Tafari Makonnen fue coronado emperador de Etiopía. Tomó como nombre el más conocido de Haile Selassie y, entre otros títulos, "Rey de reyes" o "León conquistador de la tribu de Judá".

A miles de kilómetros, una pequeña comunidad de jamaicanos consideró el evento como el cumplimiento de una esperada profecía. Hacía algunos años, el líder panafricanista jamaicano Marcus Garvey (1887-1940) lo había avisado: "Dirigid vuestras miradas a África cuando sea coronado un rey negro, pues en ese momento la liberación estará próxima".

Marcus Garvey combatió toda su vida por la autoestima y el orgullo afro-americano y hasta por el retorno a África de los negros americanos. Entre ciertos círculos de Jamaica, la profecía de Garvey se cumplía con la coronación del *Ras Tafari*, considerado a partir de entonces una auténtica manifestación de Dios en la Tierra. En consonancia, los rastafarianos creen que los israelitas del "Antiguo Testamento" eran negros. Y que la raza blanca es un producto antinatural caracterizado por una crasa falta de profundidad espiritual. La escatología rastafariana se asienta en una mezcla de pan-africanismo garveyano y milenarismo sionista: el día que los negros retornen a su Etiopía natal y, desde allí, promuevan el colapso de Babilonia, su metáfora para designar la opresora civilización blanca.

A partir de los 1940s, el liderazgo de los rastafarianos corrió a cargo de Leonard Howell (1898-1981), artífice de una comunidad eremítica en los bosques de Pinnacle, no lejos de la capital Kingston. Un poco al modo del monasticismo cristiano, Howell predicó la renuncia al mundo construido en los valores de los blancos, enemigos del pueblo de Israel. En Pinnacle, Howell desarrolló un estricto código moral basado en prácticas como la prohibición de profanar el cuerpo –que se traduce en uno de los distintivos clásicos de los rastafarianos: el cabello sin cortar, en tirabuzones, a imagen del león y, según se asevera, de los antiguos guerreros etíopes–; o la prohibición de la carne de cerdo y de marisco –como los judíos–; el rechazo a toda forma de hedonismo; el cumplimiento de las "antiguas leyes" de Etiopía; y hasta la práctica de fumar marihuana (*ganja*), tenida por objeto sagrado, por "hierba de la sabiduría" que une espiritualmente al fumador con Dios (Jehová o Yahveh, abreviado en Jah).

Algunos grupos vivieron en comunas basadas en el respeto, la paz y el amor. Los colectivos de los suburbios de Kingston, no obstante, no han cesado de tener problemas con la autoridad; sin duda, debido al cultivo y consumo de *ganja*.

Con la disolución de la comunidad de Pinnacle, a mediados de los 1950s, los rastafarianos se esparcieron por el resto de Jamaica. Con los años han aparecido grupúsculos en otras islas caribeñas, en Estados Unidos o en el Reino Unido. En buena medida, esto puede explicarse por el enorme éxito alcanzado por su vehículo de expresión religiosa y política por antonomasia: el reggae. Pero también por la aparición de corrientes menos milenaristas, que no sueñan con un utópico regreso a Etiopía y promueven un compromiso más firme con la política y con la reforma social de Jamaica. Es esta nueva corriente la responsable, en gran parte, de la eclosión del arte religioso y musical de la isla.

Los estudiosos del fenómeno religioso invariablemente consideran el fenómeno rastafariano como un burdo sincretismo de panafricanismo y alucinaciones de marihuana, o como un producto de marginados y desesperados de gueto, por no mencionar a quienes lo tienen por una patología antisocial. Sin embargo, yo todavía no conozco un solo fenómeno religioso que no sea una amalgama de diversas ideas y prácticas, que no contenga ninguna respuesta social o política a situaciones existenciales concretas, ni que desconozca algún tipo de medio para trascender los niveles de consciencia ordinarios. Sinceramente.

A través de sus prácticas, símbolos, expresiones, valores y creencias, la religión rastafariana logra crear una solidaridad comunal excepcional. Si, como sostienen los sociólogos, la función principal de una religión es la de conjuntar a los miembros de la comunidad, entonces el rastafarianismo goza de buena salud y de un ritmo muy contagioso. No lo duden.

No crean, sin embargo, que estas cosas de la hibridación son asuntos de las periferias y demás espacios que padecieron la colonización. El mestizaje campea por doquier, para horror de puristas y fundamentalistas. Vean a continuación.

69. El espíritu del Carnaval

Una voz clama en el desierto. No es el muecín. Es la llamada a la Cuaresma: seis semanas de ayuno y recogimiento que todo cristiano debería contemplar en memoria de los cuarenta días que Jesucristo pasó en el desierto. Una práctica íntimamente emparentada a los ayunos hebreos y al Ramadán musulmán. Pero en la Vieja Europa la llamada es desoída. Como máximo, quizás algunos se abstengan de carne los viernes precedentes a la Pascua Florida.

Significativamente, los días previos al Miércoles de Ceniza, la fecha en que en teoría comienza el ayuno, sí son muy celebrados. Esta semana, llamada genéricamente Carnaval (de "Carnestolendas", o sea, cuando ha de dejarse la carne), representa el reverso de la Cuaresma. La Iglesia ha legitimado –aunque, a decir verdad, medio a regañadientes– un trepidante espíritu de jarana, justo antes del período de austeridad y recogimiento.

Todo el mundo sabe que el catolicismo romano simplemente se apropió de una festividad arcaica; o aún mejor, de un calendario completo de festividades muy antiguas (que se inicia con las fiestas invernales y termina con la celebración de san Juan). Lo interesante es que, mientras la Cuaresma pierde fuerza y sentido, de forma inversamente proporcional, el Carnaval *parece* gozar de una salud inmejorable. Indagar en el espíritu del Carnaval equivale, en cierta manera, a una inmersión en el poso colectivo extremo-occidental.

La esencia del Carnaval consiste en la inversión del orden establecido. Se trata de poner todo patas arriba, el mundo al revés. En muchos pueblos y ciudades de la península Ibérica, por ejemplo, había costumbre de fustigarse, apedrearse con huevos o frutas, colgar peleles, quemar estopas, hacer corridas de gallos, mantear animales, injuriar a los viandantes, hacer sátira pública de las intimidades, ensañarse con vecinos y vecinas, disfrazarse, travestizarse, comer de forma desconsiderada, beber con desmesura, etcétera. Imperaba —y aún parece que perdura— la ruptura del orden social, la violencia al cuerpo, el abandono de la propia personalidad y la borrachera colectiva. Se entenderá que la Iglesia tratara de censurar algunas de estas prácticas. Pero, por lo general, optó por tolerar las más "sociales" y arraigadas. Su habilidad en asociar actos tan antitéticos como los rituales carnavalescos paganos con el recogimiento cuaresmal es digna de mención.

En efecto, en el antiguo mundo mediterráneo existían unas fiestas enraizadas en la misma idiosincrasia que el Carnaval. No es que el Carnaval sea un vestigio de aquellas, pero sí otra expresión de un mismo *ethos*. Se trataba de los cultos a Dionisos, polivalente divinidad de lo caótico y lo extático. Los participantes eran llamados koribantes, los acólitos del dios. También kouretes, los iniciados en los cultos dionisíacos de la isla de Creta. En Irlanda existían fraternidades similares: los korrigans. Posteriormente, a estos individuos en Grecia los llamaron bacantes, esto es, seguidores y seguidoras del dios Baco. Emulaban las tempestades, bromeaban con los dioses y los sabios, bailaban, se mofaban de la moral social. Disfrazados de sátiros, estos extáticos se sumergían en los misterios de la Naturaleza y la regeneración del cosmos. Al son de los tambores, el bacante alcanzaba la locura frenética, la *mania* que llamaban los helenos. Está claro que el Carnaval linda con viejos ritos dionisíacos, bacanales antiguas y saturnales romanas.

Al mismo tiempo, en la antigua Europa existían otros festivales de carácter agrario emparentados con el Carnaval. De hecho, el Año Nuevo eslavo comenzaba el Miércoles de Ceniza. En Alemania, en Chequia, en Estonia o en Francia se realizaban ritos de expulsión de un "espíritu" del bosque, símbolo del mundo vegetal. En no pocos lugares se daba caza al "espíritu" y, simbólicamente, se le enterraba y expulsaba de la población. Este gesto marca la muerte del invierno; la transición que da paso a la regeneración primaveral. De forma similar, las mascaradas, fiestas del arado, fiestas de vaquillas o calendas de la península Ibérica tenían por finalidad asegurar la buena marcha del grupo social durante todo el ciclo anual. Por ello se teatralizaban acciones que expulsan los males, como en el Entierro de la Sardina, y regeneraban el curso normal de la vida social.

El Carnaval no representa, por tanto, una simple supervivencia de un viejo ritual pagano sino que –como señalara el folclorista Julio Caro Baroja– es casi la representación del paganismo en sí frente al cristianismo. A lo largo de varios siglos, el viejo calendario pagano fue incorporado, ajustado y ecualizado por la acción de la Iglesia, ligándolo a la narrativa de Jesucristo. Precisamente, la fuerza del cristianismo logró que fiestas y costumbres dispares –como el Carnaval, la Navidad, la fiesta de los Santos Inocentes, el Año Nuevo, el día de Reyes, la fiesta de san Nicolás, etcétera– acabaran teniendo tanta semejanza entre sí en países y regiones distantes.

Hoy, cuando la narrativa pierde vigencia (tanto por alejamiento del espíritu pagano como de la trama cristiana que lo suturaba), queda al descubierto únicamente la vena bacanal, que desemboca en la expresión de frenesí, fiesta y éxtasis de los carnavales modernos. Nadie sabe qué se celebra, ni qué larga historia asoma detrás, ni qué misterios celebraban los antiguos. La bacanal se ha extraviado del sentido iniciático. Por eso, el Carnaval se asemeja cada vez más a una noche de farra. Como el Estado aborrece de esa violencia y desmesura (*hybris*), trata de reglamentarla y domesticarla. Esto ya era patente en los carnavales urbanos del siglo XX que –a diferencia de las viejas fiestas campesinas– recurrían a grandes bailes, lujosas cabalgatas, comparsas y concursos de carrozas. Este aburguesamiento del Carnaval marca su deceso.

Pero bajo la aparente frivolidad asoma, quizá ya imperceptiblemente, el guiño del espíritu del bosque, la necesidad de trascender nuestra carcasa social, dar rienda suelta al exceso, hacer un sano ridículo de lo sagrado... Asoma, en definitiva, el lado indómito y salvaje de la naturaleza; de la naturaleza que a veces también llamamos *humana*.

70. La santidad en el islam

Mucha gente piensa que el islam posee un nítido núcleo dogmático. Se tiene la impresión de que una batería de clérigos vela –al estilo de la Iglesia católica– por salvaguardar esa ortodoxia. Lo cierto, sin embargo, es que el islam –como toda religión– no posee una noción demasiado consensuada de "ortodoxia", por mucho que algunos de sus grupos se proclamen sus genuinos defensores.

Ocurre que esta macrorreligión ha sido fuertemente teologizada en su formulación pública. La mayor parte de las veces por arabistas, islamólogos y por los propios portavoces musulmanes que –no siempre conscientes de la colonización intelectual a la que estamos sometidos– han tomado de prestado categorías, conceptos y filtros occidentales para explicar el islam [véase §10].

Este tipo de procesos resultan de la proyección de una realidad, la cristiana, que ha sido hegemónica durante siglos y que, en consecuencia, tiende a imponerse –por conquista, por acción misionera, por *ge-yi* [véase §7], por emulación del colonizado, por considerarla natural, por creerla más racional...– sobre la mayoría de religiones del planeta. En la dialéctica y diálogo "interno" y con el "otro" ha ido destilándose una normativa dogmática y oficial del islam secundada por las facciones más conservadoras –y en ocasiones intransigentes– del mundo islámico.

Este islam "oficial" suele mostrar gran reticencia a aceptar prácticas populares como el culto a los santos, por ejemplo. Al final siempre hay negociación; pero el núcleo oficial no está muy dispuesto a tolerar sincretismos y ósmosis.

La negativa no es gratuita. En los monoteísmos más estrictos, la brecha entre el hombre y Dios es fabulosa. El *Corán* no cesa de repetir que Muhammad fue un mero mortal. Todo intento de elevar a una persona a un estatus sobrehumano no ha sido bien visto por la religión oficial. Se aproxima mucho a la idea de *shirk* (asociar algo a Dios y compartir su divinidad), que es anatema en el islam ortodoxo.

Y, sin embargo, el culto a los santos ha sido muy popular en todos los países del mundo islámico. Cabezas de órdenes sufíes, hombres piadosos, sabios carismáticos o líderes de sectas han sido considerados "santos" (*awliya*). El *wali* –en singular– no es un "santo" al estilo cristiano o hindú. No debe renunciar al mundo, ni mantenerse casto ni gusta mortificarse (excepción hecha de ciertos faquires). No va con él la ascesis o el desapego. El santo musulmán no pretende la perfección sobrehumana, sino cierta autenticidad. Los *awliya* son los que se han fascinado con la maravilla de la existencia, con la sutilidad del desierto, de las montañas... El santo recibe la presencia divina o *baraka* y sabe transmitirla. A estos aliados de Allah se les atribuye cantidad de milagros. Algunos son capaces de sanar enfermedades, otros pueden cambiar de forma, los hay que pueden leer los pensamientos, o adivinar el futuro..., todo ello a pesar de lo que diga el *establishment* clerical.

La práctica de peregrinar o visitar las tumbas de santos es una de las principales características de la religiosidad popular en el mundo islámico, ya sea en Marruecos, Irak o Uzbekistán. El devoto no acude a rendir "culto" o a "pedir" nada –eso sería *shirk*–, sino que espera recibir el carisma y bendición (*baraka*), o la buena fortuna, o la curación de una enfermedad, o la ansiada felicidad. En muchos lugares del mundo islámico, estas peregrinaciones a los santuarios y tumbas de santos equivalen –para la estimación popular– a una peregrinación a Meca. La religión oficial no aprueba este tipo de prácticas; sin embargo, la mayoría de *'ulema* tiende a inhibirse al respecto. Tan solo vociferan algunos fundamentalistas, normalmente urbanitas instruidos, seguidores de tendencias de corte salafista.* Pero para los devotos, perseguir la *baraka* de lugares y personas resulta totalmente congruente con el espíritu de protección que insufla el *Corán*.

71. El culto a los *nats*

El pueblo birmano no tiene Dios. Como país eminentemente budista, Myanmar ve en el Buddha el modelo de perfección. Pero, aunque venerado cual divinidad, sabemos que el Buddha no es un dios, y mucho menos Dios [véase §33].

---

* Se trata de una tendencia rigorista que apareció en pleno contexto colonial y cuyo objetivo era purgar la tradición, que consideraban anquilosada, vía un retorno a los textos originales y al modelo de los tiempos del Profeta. Se rechaza todo ecumenismo, lo mismo que las corrientes sufíes. La interpretación wahhabita saudí –de Abdul Wahhab (1703-1792)– ha sido el vehículo por excelencia de esta tradición ultraconservadora. Ya en el siglo XVIII, los wahhabitas iniciaron una purga puritana contra santuarios y tumbas de santos musulmanes. En Afganistán, Pakistán y la India hoy son grupos de orientación deobándica o talibánica quienes tratan de convencer a los fieles de que esas prácticas son "supersticiones" o "herejías".

Eso no impide que el universo celestial y espiritual de los birmanos esté densamente poblado por todo tipo de duendes, fantasmas de la humedad, ogros, demonios, constelaciones astrológicas o
héroes mitificados. Algunos de estos seres son de origen hindú,
otros forman parte del sistema cosmológico budista, pero la mayoría son de claro origen local. Consecuentemente, las ciencias y artes que tratan con estos submundos (alquimia, brujería, astrología,
exorcismo, sanación…) están bien implantadas en Myanmar. Sal-
tándose cualquier ficticia demarcación religiosa, los monjes budistas son diestros y apreciados en algunas de estas prácticas.

De todas estas formas religiosas, esas que los expertos han
(des)calificado de "animistas", de "superstición" o, como máximo,
de "sincretismo" (pues con frecuencia aparecen en contextos budi-
zados), el culto a los *nats* es sin duda la más emblemática.

El primer centro budista de peso en Myanmar fue Pagan. La ciudad se encontraba a unos 50 kilómetros del monte Popa, el centro
tradicional del más poderoso de los *nats*: Mahagiri.

El campeón de la unificación y budización de Myanmar fue el
rey Anawrata (siglo XI), que emprendió una cruzada para eliminar
el culto a los *nats*. Con tan escasa fortuna que optó por llegar a un
compromiso táctico con dicha tradición. Estableció un panteón
oficial de 36 *nats* al que añadió un 37º y Señor Supremo que des-
plazaría a Mahagiri. Este nuevo *nat*, Thagya-min, no fue otro que
Sakka (Indra), el rey de los dioses de la cosmología indo-budista.
A partir de entonces, los 37 *nats* se colocaron en las pagodas, a pru-
dente distancia de la imagen del Buddha. Pero lo cierto es que existen muchos más *nats* al margen del panteón oficial. Y Mahagiri jamás ha sido desplazado.

Los *nats* no son ni espíritus ni santos ni héroes ni mártires, pero
tienen algo de todos ellos. Se trata de almas errantes que en su día
tuvieron forma humana. Son fácilmente identificables porque re-

presentan a individuos concretos y, por ende, tienen vestimentas, monturas y rasgos personales. Los más importantes poseen rituales y festivales propios. Virtualmente, todas las casas birmanas contienen una imagen de Mahagiri, considerado el guardián del hogar. Por su naturaleza son distintos de los *chao* de Thailandia o los *phi* de Laos y Camboya, con los que, no obstante, poseen algún vago parecido "familiar". Una característica propia del *nat* es que en su existencia humana tuvo una vida impía (desde el punto de vista budista) y una muerte súbita o injusta. Muchísimos son de sangre noble. Los más han sido identificados con caracteres históricos de entre los siglos XII y XVII. Incluso sabemos de un *nat* que en vida fue un soldado británico muerto por un japonés durante la II Guerra Mundial. El contraste entre el panteón oficial y el folclore local es patente.

Los *nats* pueden causar cuantioso daño, de modo que reciben mucha mayor atención que otros entes o divinidades más benevolentes. Su culto (*nat-pwe*) suele estar diseñado para aplacar la cólera del *nat*; aunque también se los invoca para obtener algún favor o agradecer su beneficiosa intervención en algún asunto o negocio. En el culto se ofrecen cocos, plátanos, flores, pastelitos de arroz y otra serie de alimentos. Suele evitarse la ofrenda de carne de cerdo o de vaca para no ofender a algunos *nats* de origen musulmán o hindú. El principal funcionario del culto es el médium, el *nat-kadaw* (literalmente "esposa del nat"), la mayoría de los cuales son mujeres y, caso de ser varones, con frecuencia homosexuales. La *nat-kadaw* es poseída por el *nat* e intercede en beneficio del oficiante o la comunidad.

Podría pensarse que el budismo absorbió el culto a los *nats*. Aunque existe cierta tensión residual entre budismo y dicho culto popular, la autonomía de este último permite visualizar la relación a la inversa: que los *nats* aceptaron el budismo. Al final, estas cuestiones habitan los departamentos de los expertos. Pero poco incumben a estos poderosos señores.

72. *Iitoko-dori*

Aunque todas las sociedades han estado abiertas a trasvases culturales (o préstamos tecnológicos, o migraciones humanas, o contactos económicos…, la globalización hace ya milenios que opera), existe una nación que ha hecho de la adopción de lo foráneo un verdadero arte. Una sociedad que lo viene trabajando y refinando *deliberadamente* desde hace muchos siglos. Me refiero, claro está, a Japón.

En japonés, este proceso recibe el nombre de *iitoko-dori*; esto es, la adopción de elementos de una cultura extranjera y su adaptación al uso nipón. Prácticamente, los cimientos del país se basan en este rasgo peculiar.

El shinto es una de las grandes tradiciones espirituales de Japón. Se trata de un tipo de religiosidad que percibe lo sagrado en aspectos de la Naturaleza y en el culto a los antepasados. Una característica de esta expresión religiosa local es que no contiene una escala de valores absoluta. A diferencia del mundo judeocristiano, todo tiende a ser contextual para el japonés. Esta flexibilidad permitió que el shinto coexistiera con otros sistemas éticos y con otras tradiciones religiosas.

El budismo arribó a Japón allá por el siglo VI. Provenía de China, acompañado por otros sistemas de valores (como el confucianismo) y elementos culturales (como la escritura o la pintura chinas). El príncipe Shotoku, que reinó a caballo entre los siglos VI y VII, tuvo la rara habilidad de armonizar el culto imperial, que se basaba en el viejo sintoísmo, con la sofisticada metafísica y práctica budistas. Y lo sazonó con los principios confucianos. De donde proviene su famoso dicho: "El shinto es el tronco, el budismo las ramas y el confucianismo las hojas". De esta forma, los japoneses aprendieron a reconciliar sistemas teóricos contradictorios y aparentemente incompatibles.

La práctica del *iitoko-dori* tiene, por tanto, una larguísima historia en Japón. De ahí que en los censos de la población, una inmensa mayoría de japoneses reconoce aceptar sistemas religiosos diversos (sintoísmo y budismo, pero también taoísmo, confucianismo, cristianismo o los llamados "nuevos movimientos religiosos") con absoluta naturalidad. Recuerden: "nacido sintoísta, muerto budista" [véase §27]. A nadie le parece extraño celebrar el matrimonio con una ceremonia de corte sintoísta, participar en festividades cristianas (como la Navidad) o realizar los funerales según un rito budista. El japonés no está limitado a una única Verdad (o Dios). Resultado de todo ello es que en Japón los principios éticos tienden a ser relativos y la escala de valores puede cambiar según los contextos.

Naturalmente, gracias al *iitoko-dori* Japón comenzó a importar lo mejor (el *iitoko-dori* vale realmente por adoptar lo *mejor*) de la tecnología y la ciencia occidental a lo largo del siglo XX. A pesar de haber mantenido menor contacto con Occidente que otros países asiáticos, Japón supo incorporar cantidad de ideas, técnicas, inventos o costumbres euro-americanas y hacerlas suyas. Lejos de "imitar" y "rebajar costes" (perverso y eurocéntrico cliché acerca del extremo-oriental), de lo que se ha tratado es de armonizar lo local con lo foráneo. Hasta convertirse en una de las primeras potencias tecnológicas y económicas del planeta.

Sin querer hacer del *iitoko-dori* una "esencia" de un abstracto "espíritu japonés" (porque en buena medida este proceso de integración pone precisamente en cuestión este tipo de esencialismos monistas), entiendo que este rasgo ha proveído al pueblo nipón de su afamada capacidad de adaptación y flexibilidad, al mismo tiempo que le ha alentado a mantener su propia idiosincrasia y tradiciones. Eso es lo que algunos llamamos inteligencia.

X. RELIGIÓN IN-CORPORADA

73. El cuerpo y lo sagrado

El cuerpo es la Naturaleza. Para el mundo cartesiano eso significa que es de orden inferior a la Razón. Por consiguiente, en el hemisferio occidental el cuerpo ha sido infravalorado durante siglos. Y si el cuerpo en y para la Modernidad es un mero artefacto a disposición de quien tiene el poder político, económico o médico, se entenderá el silenciamiento al que ha estado sometido en la tradición occidental. Para mayor inri, las corrientes religiosas más ascéticas, que animan a renunciar a la tríada Naturaleza-cuerpo-mujer, han reforzado considerablemente esta marginación. La cosa viene de lejos: el cuerpo simboliza la tentación, el deseo, la incontinencia material. (Curioso, en un territorio donde la *encarnación* divina ha sido cardinal.) Está claro que las espiritualidades platónica, advaitin o budista tienen tendencia a olvidar el fundamento somático en el corazón del cristianismo, el hinduismo o el budismo.

Pero hoy el cuerpo se está revalorizando y reivindica –junto al mundo afectivo y emocional– su lugar al lado de la razón. Claro que –alimentado por el bombardeo publicitario– el cuerpo puede convertirse en ídolo de culto. Pero eso ya es otro cantar.

En buena medida, gracias a la ciencia la dimensión material de la humanidad ha sido reconsiderada. (De donde la tentación de reducir el ser humano a un mero conjunto de genes, memes y neuronas; pero eso también es otro cantar.) La ciencia nos desvela nuestra animalidad, nuestra incrustación con las demás formas de existencia. No somos excepcionales. Los etólogos saben que el altruismo y la compasión existen entre bonobos, chimpancés o delfines. Los elefantes ritualizan la muerte. Hay quien piensa que los sonidos de los pájaros están más próximos a los *mantras* que al lenguaje convencional. Todo eso apunta a que la capacidad simbólica está presente en ciertos animales.

La ritualización del cuerpo forma parte esencial de toda cultura. Las actividades corporales más básicas, como la alimentación o la sexualidad, están muy presentes en los rituales religiosos, aunque en muchos casos escapen al ojo del foráneo. Los rituales están repletos de danzas, unciones, respiraciones, comidas… Comportan movimientos secuenciales (gestos, vaivenes), socialmente interactivos (canto, danza, murmuración), y fórmulas sónicas (liturgias, textos canónicos) que sincronizan estados afectivos entre los miembros del grupo. Hasta la mística tiene mucho de experiencia somática. Todas las tradiciones yóguicas, contemplativas o extáticas, se sirven de la corporalidad para acceder a un plano transpersonal. En fin, esta recuperación del cuerpo sintoniza con el papel que ha tenido en muchas culturas, donde ha sido y es considerado con frecuencia un microcosmos del universo. Muy en especial en las sociedades de pequeña escala.

Lo espiritual entra, se da y sale por el cuerpo. La identidad religiosa, también.

74. Desvelando a Francia

Desde tiempos inmemoriales, el atuendo ha sido parte esencial de los distintivos culturales, étnicos o sociales de las personas. Diríase que un tuareg sin túnica azul no es un auténtico hombre del desierto; o una mujer maya sin su *huipil* es maya a medias; y hasta que un "heavy" sin su camiseta negra con estampado rockero no pertenece a ninguna genuina tribu urbana. Evidentemente, estas conclusiones son burdas y malintencionadas, pero ello no quita que la vestimenta pueda reflejar a menudo ideales, mensajes, identidades y hasta cosmovisiones particulares. De ahí que uno de los temas candentes de debate en el Extremo Occidente tenga que ver con los "velos", los *burkas* o los turbantes en patios escolares o en establecimientos públicos. El asunto bien merece algunas reflexiones.

Viven en Francia entre 4 o 5 millones de musulmanes. O puede que haya solo 1 millón y el resto únicamente sea gente de "cultura islámica". Da igual.

La inmensa mayoría de musulmanes franceses son "originarios" –directa o indirectamente– de tres países del Maghreb, muy vinculados a la experiencia colonial francesa: Marruecos, Argelia y Túnez, si bien existen importantes minorías de otras zonas del mundo.

Muchas de las migrantes magrebíes que se establecieron en Marsella, Lyon o París en los 1960s llevaban algún tipo de velo (*voile*). El hecho no levantó ningún revuelo porque, aparte de que su número era reducido, llevar un pañuelo que cubriera el cabello era una costumbre mediterránea todavía común en partes de Italia, España y la propia Francia. Pero a finales de los 1980s y principios de los 1990s el islam y sus velos ya se percibían en Francia como una amenaza. ¿Por qué? Por un lado, porque la nueva juventud de origen musulmán proclamaba públicamente una identidad "islámica". Por el otro, debido al inquietante progreso del islamismo político en distintas partes del mundo (la revolución islámica en Irán, el asesinato de Sadat en Egipto, el avance del FIS en Argelia, el caso Rushdie) y del yihadismo en el propio Occidente.

Ante el supuesto riesgo de caer en las garras del islamismo radical o de crear una sociedad de guetos y "comunidades" (o sea, una sociedad al estilo del modelo multicultural anglosajón), el Estado francés optó por *domesticar* el islam. El "velo" pasó a ser contemplado como símbolo de la opresión de la mujer, del islamismo militante y el comunalismo. Las cosas empeoraron tras los atentados del 11-S. Los políticos y los medios de comunicación desplegaron una feroz campaña en contra de esta prenda "retrógrada" que nos devuelve a la Edad Media.

Una pequeña aclaración de términos viene al caso. El *Corán* no menciona ni velos ni pañuelos. Habla de la necesidad de poner una "cortina" (*hiyab*) entre mujeres y hombres; una "separación" que, según el contexto, puede significar la división física en espacios diferenciados de la casa o puede remitir a vestidos decentes (*jilbab*) que cubran a las mujeres. Este segundo sentido se utiliza únicamente en referencia a las esposas de Muhammad. Sabemos que la práctica de cubrir la cabeza de las mujeres ya era común entre las clases altas de Persia y Oriente Próximo antes de la llegada del islam. Asimismo típico de muchas sociedades de los desiertos ha sido tapar por entero el cuerpo para protegerlo de las inclemencias del Sol. En cualquier caso, la utilización del "velo" no ha sido ni es una prescripción coránica. Y su práctica en países que han sido islamizados ha sido –al menos en su origen– esencialmente disuasoria, como prenda de protección a las mujeres.

A los ojos de la opinión pública francesa, el Estado tenía que preservar el ideal de la "laicidad" y anteponer los intereses generales de la República al pluralismo religioso o a los derechos individuales. De modo que en 2004 promulgó una ley –aprobada con virtual unanimidad– que prohibía llevar en escuelas públicas signos que manifestaran ostensiblemente una pertenencia religiosa. Aunque a nadie le pasa por alto que la ley iba contra el velo de las musulmanas, fue redactada de manera que no se percibiera como islamófoba. La primera –e inesperada– consecuencia fue que varios estudiantes sikhs fueron expulsados por negarse a dejar de llevar turbante [véase §76].

Por supuesto, la ley es ambigua: ¿qué significa mostrar "ostensiblemente" un signo religioso? ¿Es el velo de una joven musulmana siempre un signo de filiación religiosa?, ¿o puede ser una manifestación de su madurez?, ¿o de su piedad?, ¿o una protección? ¿Podría llevar un judío un turbante, un musulmán una cruz o una cristiana un velo? ¿No tendría que afeitarse la barba un joven musulmán, ya que, en muchos casos, puede ser esta un símbolo de identidad musulmana?

Aunque un velo no es más ostensible que el hábito de una monja católica, se percibe de forma muy distinta: es "nuevo", es "extranjero" y remite a una manera de vivir la religión de forma "pública"; un compromiso religioso que a algunos quizá les recuerda demasiado el tiempo en que Francia era un país cristiano. Eso choca. Todavía más cuando muchas de estas mujeres han nacido en Francia, hablan francés, se sienten de cultura francesa y es en su país donde dicen haber aprendido el "verdadero islam".

Según la ideología del laicismo francés, la religión ha de ser una cuestión privada. El que una musulmana porte el velo en público no puede significar mas que su Dios –o su padre, o su marido o el *imam*– se lo ha exigido y, por tanto, deja de ser una elección personal y privada. Y muchos casos así lo corroboran.

El discurso oficial, no obstante, mantiene un discurso "culturalista" e insiste en que el inmigrante o hija-de-ídem se "integre", que es una manera de invitar a perder las tradiciones, los valores o la religión propios. Si una no se "asimila" y, por contra, se empeña en llevar el velo, es entonces o una fundamentalista o una desgraciada en estado de inmigrante perpetuo. Porque una francesa –dicen los cánones esencialistas– no lleva velo. Portarlo significa oponerse a los valores republicanos y modernos. (No deja de ser irónico que la laicidad –que en parte está diseñada para evitar el comunalismo– acabe por definir lo que es la "identidad cultural francesa".) Por la misma norma, de forma automática se sobreentiende que quien lo lleva está aceptando –tácita o implícitamente– la poligamia, los matrimonios forzosos, la ablación de clítoris, la lapidación, etcétera. Todo lo lleva en su cabeza.

Al final, tal y como se preguntaba el sociólogo Pierre Bourdieu, al proyectar sobre el nimio evento del velo todos los grandes principios de libertad, laicidad o liberación de las mujeres… quizá nos estamos preguntando implícitamente: ¿tienen que ser aceptados los inmigrantes de origen norteafricano en Francia? O como señala Charles Taylor, creemos que la *laïcité* tiene que ver con la relación entre Estado y religión cuando, en realidad, tiene que ver con la respuesta que da el Estado democrático a la diversidad.

En Europa, el velo puede formar parte del esfuerzo que muchas mujeres realizan para negociar su identidad con las esferas de la libertad social y la autoridad. Indudablemente, existen formas de neopatriarquía propiciada por maridos, padres, hermanos o imames. Conocemos muchísimos casos. Lo mismo que decisiones maduras y meditadas de diferentes mujeres que libremente escogen llevar esta prenda. Encontraremos todo tipo de historias; y ninguna de ellas podrá erigirse como imagen del cuadro completo. No solo las mujeres que *no* portan el velo poseen autonomía y capacidad de acción. Como ilustran algunos de los usos del velo, el islam contemporáneo puede albergar formas de feminismo emancipador. Para muchas musulmanas, esta vía puede ser incluso superior al feminismo occidental, que exige que la mujer entre en la escena pública únicamente en términos machistas, o mejor que el neofeminismo, que celebra la feminidad básicamente en la sexualidad o la vestimenta, al estilo *Vogue* o *Marie Claire*. (Léase a la feminista egipcia Leila Ahmed.) El velo o el *hiyab* pueden formar parte de un rechazo voluntario al continuo bombardeo de ser sexys, a la esclavitud de considerar permanentemente el cuerpo de la mujer como objeto. Para musulmanas que han emigrado a Occidente o han nacido allí hijas de familias migrantes o se han convertido al islam, el uso del velo puede significar su plena autonomía como individuos, puede ser un icono de la liberación femenina, lo mismo que puede servir de marcador de identidad en una sociedad secular, de su pietismo religioso, como facilitar también la salida al espacio público, sin la oposición de un padre o clérigo conservadores. No solo la minifalda tiene el *copyright* de la liberación.

Aceptemos los múltiples significados que el velo puede tener. Sé que voy a contracorriente. Pero acabaré de ilustrarlo.

75. *Jilbab*

Concentrémonos en el estilo de vestir femenino llamado genéricamente *jilbab*, originario de Oriente Medio. Consiste en una larga túnica, a menudo de colores crudos y austeros, que llega hasta los tobillos. Lo culmina un pañuelo, generalmente blanco, que cubre la cabeza y solo deja al descubierto la faz. Todo parece estar pensado para ocultar la silueta femenina.

Interesantemente, el estilo *jilbab* comenzó a ponerse de moda durante la década de los 1980s entre jóvenes de clase media de muchas ciudades de Malasia e Indonesia. Cualquiera que visite un campus universitario en Jakarta, Kuala Lumpur o Surabaya notará la cantidad de estudiantes que han optado por esta prenda; hasta hace muy poco alejada de las tradiciones culturales de estos países. Lo significativo es que el *jilbab* ha sido importado, en el marco del "resurgir islámico" de los últimos treinta años, como símbolo esencialmente *contestatario*. Muchas jóvenes han desechado el clásico *sarong* y blusa ceñida y escotada de la tradición javanesa en favor de esta prenda que evoca imágenes de piedad islámica, austeridad y continencia. El "velo" llevado de forma permanente es, en suma, un símbolo *nuevo* en el Sudeste Asiático. La reacción de las sociedades javanesa o malaya ante lo que fue considerado una provocación fue bastante unánime. "¿Por qué no te has traído también el camello?" le reprochaba un padre a su hija. (El ejemplo es de Clifford Geertz.) El *jilbab* se ha convertido en arena de disputa; en símbolo, por tanto, de la determinación personal (no es siempre fácil romper con los cánones establecidos) y en un marcador de la espiritualidad femenina.

Los estudios sociológicos revelan que en la mayoría de casos la elección del *jilbab* consiste, efectivamente, en un acto deliberado con el que se quiere señalar una transformación interior. Las jóvenes que lo portan hablan de una sensación de renovación religiosa, y hasta de liberación. Pero, al mismo tiempo, enraízan su elección en consideraciones políticas, ligadas a la situación del islam en el mundo, la pérdida de valores en su país, o de rebeldía frente a los ideales de la Modernidad en un planeta cada vez más globalizado. En definitiva, no existe una cosa llamada "religión" amputada de lo social, lo político, lo cultural o lo personal. El atuendo no es mero folclore. Insisto: ello no implica que quien no porte el *jilbab* –o el *huipil*, o el *sarong*...– sea menos espiritual o menos auténtico que quien los lleve. ¡Faltaría menos! Significa que la indumentaria puede remitir a una forma de estar-en-el-mundo. Y que los ideales de crecimiento pueden tomar las sendas más insospechadas.

76. El turbante de los sikhs

Todo el mundo reconoce a un sikh por la calle. El turbante lo delata. La barba también. (Otra cosa es la mujer sikh, quien –naturalmente sin barba ni turbante– es casi indistinguible de otras punjabíes.) En todo caso, las culturas, los pueblos, las religiones... poseen signos y símbolos que las distinguen. No volveré a recordarlo. Pero no está de más insistir en que los emblemas identitarios nunca son estáticos y fluctúan según vaivenes políticos, sociales o culturales. Los sikhs no han llevado siempre el turbante; ni es tampoco correcto afirmar que hoy todos los varones lo porten.

El sikhismo nació –si es que puede colegirse que las religiones nazcan– con la prédica de su primer maestro, Guru Nanak (1469-1539), a principios del siglo XVI. El grueso de sus seguidores o discípulos (*sikhs*) surgió de las capas campesinas del Punjab (Norte de la India y Pakistán). A este místico carismático le sucedieron ocho maestros (Gurus); hasta la llegada de Guru Gobind Singh (1666-1708), décimo y último.

Gobind Singh fue el responsable de que el camino de liberación predicado por Guru Nanak se transformara en el siglo XVIII en un credo socialmente mucho más cohesionado, militante y entrelazado con los emblemas culturales punjabíes. Si Nanak fue el padre de la religión (*dharm*) sikh, Gobind lo fue de la nación (*qaum*) sikh. Hacia el final de su vida instituyó la orden de la Khalsa (fraternidad de "los puros") y, cuéntase que en su lecho de muerte, declaró que en el futuro la comunidad debería guiarse por el *Guru Granth Sa-*

hib, el corpus textual que recoge los himnos y escritos venerados por los sikhs. Desde aquel instante, el Libro sagrado ha cumplido la misión hasta la fecha realizada por el Guru personal; y la fraternidad de la Khalsa ha constituido el epicentro de la comunidad de creyentes.

Desde que Gobind Singh la inaugurara, en 1699, un número cada vez mayor de sikhs se ha iniciado en esta fraternidad. Todo sikh bautizado pasa a guiarse por un código de conducta propio de la Khalsa y adopta sus distintivos básicos. A saber: no cortará jamás el pelo (de donde la barba del sikh varón), portará un peine que recoge el cabello sin cortar, una pulsera o brazalete de metal (símbolo de la unicidad de Dios), una pequeña daga (expresión del carácter marcial de los clanes punjabíes) y un calzón corto. Estos cinco emblemas comienzan en lengua punjabí por la letra "k", de donde el popular nombre de las "cinco ks". Al varón iniciado se le impone el apellido Singh ("león") y a la mujer, Kaur ("princesa"). Nótese que el turbante no aparece como ninguno de los distintivos obligatorios para el iniciado en la Khalsa. Pero hoy en día viene a ser como una extensión de la prohibición de cortar el cabello, que es la más importante de las "cinco ks". Para un Singh sería tan impensable no portar turbante como para un soldado no llevar uniforme.

El símil no es gratuito. La institución de esta orden militar tiene que ver con acontecimientos históricos sociales precisos. Por un lado, el enfrentamiento permanente entre los sikhs del Punjab con los gobernantes musulmanes de la India. De ahí el carácter marcial del código de la Khalsa y sus emblemas. Por otro lado, al instaurar la fraternidad Guru Gobind quería neutralizar el poder de los corruptos "recaudadores" (*masands*) de su propia comunidad. Finalmente, con la Khalsa se daba paso a las aspiraciones políticas de la espina dorsal de la comunidad sikh: la gran casta agrícola y marcial de los *jats*.

No obstante, aun a mediados del siglo XIX los símbolos de la Khalsa no eran mayoritarios entre los sikhs. Sabemos asimismo que sus costumbres de culto, de matrimonio o de alimentación estaban muy próximas a las de sus vecinos hindúes. De hecho, hasta finales del siglo muchos sikhs eran simplemente nanak-panthis, esto es, seguidores de Nanak, y no miembros de ninguna fraternidad religiosa.

Durante los años 1850s, el gobernador colonial *lord* Dalhouise fue informado de que la "comunidad" sikh estaba "retornando" al regazo hindú. Para apaciguar viejas hostilidades (enemigos de los británicos hasta que en 1849 fue sometido el reino Sikh del Noroeste de la India), los colonizadores empezaron a reclutar a los "marciales" sikhs en el ejército. (Todavía hoy siguen copando una alta proporción de los cargos de la policía o el ejército indios, a pesar de que no llegan al 2% de la población.) Lo curioso fue que aquellos que no habían sido iniciados en la fraternidad de la Khalsa fueron considerados "hindúes" y, por tanto, menos aptos para el servicio militar. Así, los británicos promovieron los símbolos de la Khalsa como los distintivos genuinos de los sikhs.

Fueron las categorías coloniales, que precisan –administrativa y sociológicamente– que los individuos sean encorsetados y clasificados en categorías estancas, las que asimismo espolearon muchos movimientos reformistas dentro de la comunidad sikh; organizaciones que exigían ya de forma inapelable un distanciamiento de sus vecinos. Fue a través de símbolos como las "cinco ks" y el turbante (adoptados aproximadamente por un 85% de los varones sikhs, aunque la mayoría por emulación y no por bautismo en la fraternidad) como se logró el reconocimiento de la identidad (en el Punjab) o de la diferencia (en la diáspora). Los símbolos *in-corporan* la Khalsa y las aspiraciones de soberanía de la comunidad. Es lógico, por tanto –aunque siempre algo reduccionista–, recurrir al turbante y a las "cinco ks" a la hora de contornear la *identidad* sikh y apelar a la sikh-idad.

77. No comerás

Todo el mundo sabe que los musulmanes no prueban el porcino. Tampoco los judíos. Ni los rastafarianos. Y que la mitad de los hindúes no come carne. También muchos budistas son vegetarianos. Como los jainistas de la India, sin excepción. Las bebidas alcohólicas están mal vistas en muchas tradiciones religiosas.

Claro que existen asimismo culturas que jamás han puesto trabas a las delicias gastronómicas. Juran que en el Sur de China, todo lo que tiene cuatro patas –y no es una mesa– acaba en el estómago del buen cantonés. La excepción no elimina, efectivamente, que determinados alimentos gocen de mala reputación en ciertas culturas. Para algunas de ellas (o tendríamos que decir para las secciones ascéticas de ciertas religiones) incluso el hecho de comer está mal visto. Una vez en la orden, el monje o la monja tienden a disminuir la cantidad, la calidad y la frecuencia de sus comidas. El ayuno forma parte de la expresión religiosa de muchos pueblos. En la Edad Media, el ayuno posibilitó la experiencia religiosa de muchas santas cristianas (hoy polémicamente llamadas "santas anoréxicas"). En la India, infinidad de santones adquieren un vertiginoso poder espiritual con las privaciones. Y los indios americanos también ayunan para ser poseídos por los espíritus. Los ramadanes, cuaresmas y pascuas, en fin, nos recuerdan periódicamente que el mundo de los placeres, deseos y apetitos es incompatible con una auténtica vida espiritual. Judíos, cristianos, mormones, musulmanes, jainistas o baha'is están llamados al ayuno en días o meses particulares.

Invariablemente, cuando uno se "convierte" a otra religión tiende a rechazar viejas dietas (además de formas de vestir, de culto…) como expresión de su nueva orientación religiosa. Mírense los cambios alimentarios en incontables sociedades africanas que se han

islamizado en las últimas décadas. Ahora, los alimentos "permiti-
dos" (*halal*) ya no incluyen el vino, el cerdo o la sangre.

La contrapartida del ayuno y el tabú alimentario se encuentra en
los no menos recurrentes festivales, días de acción de gracia o festi-
nes (que muchas veces marcan el fin del período de restricción) que
asimismo jalonan los calendarios rituales de tantas sociedades. La
comensalidad fortalece los lazos de la comunidad. No se comparte
mesa con los enemigos, sino con los de la misma tradición o afinidad.

Algunos antropólogos han realizado una lectura materialista del
asunto (Marvin Harris). Plantean que a los antiguos indios les com-
pensaba económicamente dejar vivas a las vacas (y utilizar su leche,
su estiércol, la boñiga, los bueyes de tiro...). De ahí la prohibición
de comerlas, que aún perdura. De forma pareja, dicen que en Oriente Próximo se prohibió el porcino por razones epidemiológicas y
por el costo de mantener un animal que necesita sombra y humedad
en un territorio muy desertizado. El cerdo (que fue domesticado en
el Sudeste Asiático hace unos 8.000 años) llegó al Cercano Oriente como portador de triquinosis y otras enfermedades mortales. Así
pues, los antiguos pueblos semitas optaron por la prohibición de
comer carne de puerco. Estas teorías no son inverosímiles (algo hay
en que los tabúes relativos a la alimentación son formas de mantener el ecosistema que compartimos con los animales), pero quizá
estamos proyectando en exceso mentalidades utilitarias sobre unos
tiempos y unas gentes que seguramente se preocupaban más por razones rituales y sociales. Hemos hecho de los antiguos judíos o indios unos pragmáticos modernos, cuando lo cierto es que la prohibición del vacuno tardó bastantes siglos en materializarse y está
asociada a las nociones brahmánicas de pureza, al reto del vegetarianismo budista y jainista y, sobre todo, tiene que ver con la elevación de un estandarte hindú ante la irrupción del islam, que es un
fenómeno relativamente reciente. De forma pareja, para el pueblo

judío los alimentos "correctos" (*kosher*) sirven para enfatizar su singularidad y distinguirlo de otros pueblos. No se trata de evitar la triquinosis (ya que tampoco se permite la carne de camello, de conejo, el marisco… como ningún tipo de sangre, de ahí las estrictas medidas para desangrar al animal), o no se trata *únicamente* de eso, sino que es una prohibición cargada de simbolismos y que está íntimamente ligada a la identidad: lo que más distingue al judío observante es el cumplimiento de las normas de comida *kosher*.

Durante milenios, la alimentación (y lo que la rodea: caza, cosecha, cocinado…) ha ocupado una energía infinita en todas las sociedades humanas. Es normal, pues, que los tabúes alimentarios, los rituales para propiciar la buena caza, favorecer la lluvia o los conjuros para una mejor cosecha, abunden por doquier. Las divinidades/espíritus de la tierra, de los animales o de los vegetales pueblan nuestro inconsciente colectivo. Sin ir más lejos, el rito cristiano de la eucaristía consiste en participar en las virtudes de Jesucristo. No tan distante del viejo cazador-recolector que se asimila ritualmente con el animal que es el sustento de su vida. Por la misma razón, una vez hemos tenido la visión (*darshan*) de la divinidad en un templo hindú, el sacerdote nos da un pequeño dulce que simboliza la "gracia divina" (*prasad*) del Dios. Lo sobrenatural, no lo olviden, entra por la boca.

78. El mundo de Shitala

A los desconocedores de la India les sorprende que una diosa como Kali, extremadamente popular en Bengala, Assam, Orissa y otras partes de la India, pueda ser tan reverenciada y estimada por millones de hindúes. Razones para el asombro no faltan.

En efecto, a Kali ("la negra") se la suele representar de color oscuro y desnuda. Porta adornos cuando menos inquietantes: un collar de serpientes, otro de calaveras, un tercero con las cabezas de sus hijos, un cinturón con las manos de los demonios aniquilados y pendientes hechos de bebés. Es frecuente figurarla con la lengua afuera, goteando sangre, símbolo de la fuerza que insufla toda actividad. El ritual de esta Diosa exige sacrificios animales y, hasta hace relativamente pocos siglos, en algún lugar de la India también requería el de humanos.

Parece como si la Diosa representara a la misma Naturaleza en su costado hambriento y desbocado, cual Madre que devora a sus propios hijos. Este punto es importante. Kali no solo es una imagen de lo Femenino, sino que lo es en particular de lo Maternal. Y en lo más profundo, la vida y el nacimiento están siempre ligados a la muerte y la destrucción.

Ella representa el aspecto ambivalente de la maternidad. Por tanto, simboliza los aspectos más incontrolados y salvajes de la Madre-Naturaleza. Aquellos aspectos que ni esforzados dioses o heroicos humanos son capaces de controlar: la enfermedad, los cataclismos naturales y la muerte. Kali es el poder que devora el tiempo. De hecho, su nombre también está ligado a *kala* ("tiempo").

Se entenderá ahora que en la India la epidemia y la enfermedad hayan recibido con frecuencia nombres de diosas; diosas que pueden legítimamente verse como formas o manifestaciones de Kali, Durga o lo que se conoce de forma genérica como "Diosa" (Devi).

Shitala es una de las divinidades más veneradas y propiciadas del Sur de Asia. Una deidad del hinduismo popular que, con el tiempo, también se ha hecho con un lugar en el prestigioso panteón sánscrito; y, por extraño que les suene, también en el universo ritual de un país musulmán como Bangladesh. Y es que la diosa no sabe de naciones, fronteras religiosas o demás banalidades humanas.

Se la identifica con una enfermedad que durante siglos fue de las más mortíferas del mundo: la viruela o "enfermedad de la primavera". Hablando con propiedad, la viruela no es Shitala, sino una manifestación de su personalidad y presencia. La enfermedad es el juego (*lila*) de la diosa. En cierto sentido, equivale a un tipo de posesión divina. Significativamente, la ausencia de la enfermedad también es cosa de Shitala. Luego, la clásica oposición –del pensamiento logocéntrico– entre salud y enfermedad no es aplicable al universo tradicional de Bengala, Nepal o el Sur de la India. Cuando la diosa nos visita sufrimos de viruela. Cuando retorna a donde normalmente mora (el templo), nos deja vacíos de la diosa: sanos.

Puesto que la viruela ha sido una enfermedad especialmente mortífera con los niños, el culto a Shitala ha estado casi siempre en manos de mujeres. No obstante, los sacerdotes encargados de dirigirlo no han sido mujeres, aunque tampoco liturgistas hereditarios (brahmanes), sino miembros de la casta de los jardineros (*malis*, *malakas*).

Literalmente, Shitala significa "la fresca". Porque, en efecto, la diosa precisa ser enfriada, refrescada. El culto más extendido exige la ofrenda de sustancias consideradas "frías" (plátanos, manteca, arroz, dulces). Durante los antiguos festivales de Shitala se prohibía la preparación de alimentos cocinados, las actividades que generaran ardor (acto sexual) y hasta el alumbrado de los fuegos domésticos. Con lógica, cuando la viruela aparecía en escena, el tratamiento habitual consistía en bebidas refrescantes, y el *mali* acudía para verter agua fría que aliviara la irritación en la piel del enfermo. Las formas de profilaxis no estaban, por tanto, en manos estrictamente médicas. La gran medida protectora era la variolización, práctica muy extendida hasta que en la segunda mitad del siglo xix fue impuesta, a trancas y barrancas, la vacuna de Jenner.

Aunque la vacunación contra la viruela se introdujo básicamente para proteger la salud de los europeos, pronto asumió un lugar preeminente en la política colonial. Se declaró una guerra abierta a los inoculadores y a la superstición indígena. La vacunación se erigió como marca de la benevolencia occidental y prueba de su superioridad científica. Los métodos de tratamiento antivariólicos tradicionales fueron ilegalizados. Lo irónico del asunto es que la vacuna de Jenner (él mismo un inoculador) nació del conocimiento y las prácticas de variolización llegadas ¡de Asia a Europa! en el siglo XVIII.

Una premisa recurrente en las tradiciones índicas es la continuidad entre lo humano y lo sobrehumano o entre Naturaleza y cultura. Nótese que en los textos ayurvédicos a la enfermedad se la denominaba *shitala*, al enfermo se le consideraba poseído por la diosa, llamado —ya fuera hombre o mujer— "madre" (*ma*), y a quien se ofrecían las mismas sustancias refrescantes que la diosa recibía simultáneamente en el templo. Decir que la viruela era un mal absoluto suponía insultar a Shitala. Para las tradiciones índicas, sean populares, yunani (islámicas) o ayurvédicas (hindúes), la vida y la muerte forman parte de un continuo.

Hoy, estos saberes han sido negados por el cientifismo, el racionalismo y otros *-ismos* de la Modernidad, y por la rigidez de las versiones ascéticas, textuales y clericales del islam o el hinduismo. Con todo, muchos bengalíes, tamiles o nepalíes han hallado fórmulas para diluir cualquier antagonismo simplón. Han tratado la vacunación de la misma forma que hubieran contemplado la variolización. Se escoge un día auspicioso, se observan los viejos rituales y tabúes alimentarios, se emplean a los sacerdotes apropiados y se agradece a Shitala Devi —y no al *sahib* Jenner— por el tránsito seguro del niño.

Los devotos de la Diosa saben que la vida no puede existir sin la muerte, y viceversa. Shitala, Kali, Durga… representan el poder (*shakti*) que lo sostiene todo, de donde emana el universo. Y como Madre, la Diosa también es la compasión pura, la dadora de luz, la Vida de todas las vidas. La Devi o Diosa no solo posee un aspecto terrible, sino que Ella es también la fuente de todo amor, la Madre nutricia. Nótese que el culto bengalí a Kali se centra más en el aspecto amoroso de la Diosa que no en su simbolismo terrible o macabro. También para los gitanos, Sara la Kali es amorosa y protectora [véase §36]. Muchos hindúes consideran que Kali es el símbolo que mejor expresa lo Absoluto. Lo que en otras partes llaman Dios, allí es Diosa.

De ello que diosas de la enfermedad como Mariyamman, Manasa, Shitala, Pattini o Thakurani asuman con regularidad el rol de la divinidad protectora del poblado (*gramadevata*). No solo representan la fuerza desbocada de la Naturaleza, sino que −al ser simultáneamente la salud y la enfermedad− pueden resguardarnos de las mismas enfermedades que traen. La Diosa es la que protege el espacio-y-sus-habitantes de ciclones, epidemias, sequías y demás cataclismos. No en vano la vida se desenvuelve en el Cuerpo Cósmico de lo Divino. Ella es la *matriz* [véase §51]. Desde el más humilde al más poderoso, desde el intocable al brahmán, nadie en la aldea queda fuera de la protección de la Diosa. Su juego o, si se prefiere, su sueño, da forma a eso que llamamos Vida o mundo.

79. Tatuajes en los mares del Sur

El pueblo maorí posee una hermosa leyenda. Cuenta cómo sus antepasados llegaron a Nueva Zelanda. Dice así.

En la isla de Hawaiki, situada allende el gran océano, en algún lugar del remoto Occidente –pero que hoy los investigadores sitúan quizá en Tahití o alguna de las islas Cook–, un explorador polinesio llamado Kupe se hallaba pescando un pulpo gigante. El animal mordió el anzuelo, pero tal era su fuerza que arrastró a Kupe y su chalupa a lo largo de los infinitos mares del Sur. Después de muchas peripecias, el pescador se percató de que se había extraviado. Se encontraba –con su esposa Kuramarotini– en un lugar extraño: el estrecho que separa la isla Norte y la isla Sur de Nueva Zelanda. Bautizó esas tierras deshabitadas con el nombre *Hokianga nui a Kupe*, "Lugar del gran retorno de Kupe".

Pasado algún tiempo, el pueblo maorí decidió emigrar a ese paraíso lejano. Siguiendo las instrucciones de Kupe partieron con una flota de siete canoas gigantes, cada una con un clan de 250 personas. Así fue como los polinesios, sin el menor género de dudas los mejores navegantes que ha conocido la historia, llegaron a Nueva Zelanda, hacia los siglos XII-XIII. Las tribus que componen el pueblo maorí son conocidas por los nombres de aquellas grandes canoas. Nunca más volvieron a su remoto país y rebautizaron la isla de Kupe con el bello nombre de *Aotearoa*, "País de la larga nube blanca".

Aunque puede que no tenga más de un siglo, la leyenda de Kupe se inserta en una fascinante cosmología. Una visión que enfatiza la reciprocidad entre los humanos y la Naturaleza, pues sostiene que el mundo natural y los humanos descendemos por igual de la Madre Tierra (Papa) y el Padre Cielo (Rangi).

Estos dos progenitores habitaban la isla "celestial" de Hawaiki, permanentemente unidos en cópula intracósmica. Papa y Rangi tuvieron muchos hijos: los espíritus o "poderes" (*atuas*) de los mares, los bosques, los vientos, las cosechas o la humanidad. Los más importantes fueron Tane, señor de la selva y los animales, Tangaroa, divinidad de los mares, o Rongo, el *atua* de la agricultura. En el reducido y oscuro espacio de Hawaiki, los hijos crecieron y decidieron emanciparse de sus padres. Tane desplazó el Cielo hacia arriba, dejando a la Madre Tierra abajo. La "división" de los padres y el subsiguiente fogonazo de luz en el cosmos alumbró la vida de las plantas, los peces, los pájaros y los humanos. Añorando a su madre, Tane formó con tierra a Hina, su futura esposa. Los humanos provenimos de esta nueva réplica de la cópula entre Cielo y Tierra. De esta forma se fundó el nuevo Hawaiki, esta vez en la Tierra, de donde mucho tiempo después partirían el navegante Kupe y su esposa.

La meta máxima de la religión polinesia consiste en convertirse en un *atua* ancestral tras la muerte. Convertirse en espíritu de los ancestros equivale a la inmortalidad. Los *atuas* son especialmente venerados y propiciados porque ayudan a los clanes y refuerzan las costumbres y leyes con sus *tapus*, aquello que posee la potencialidad de "poder", lo "consagrado". (Esta es, seguramente, la palabra polinesia más universal de todas; un concepto clave en las culturas de Oceanía y que es el origen de la castellana "tabú".)

Para los maoríes, la muerte ocurre cuando el principio vital del ser humano ya no puede mantener unidos el cuerpo y el espíritu (*wairua*). Se produce una separación y, en consecuencia, se considera muerto el cuerpo. En el funeral, consideraciones sociales aparte, de lo que se trata es de cuidar el cuerpo antes del entierro para que el aliento vital salga y retorne a la fuente de todo. Al mismo tiempo, el ritual busca que el espíritu o *wairua* se libere de apegos terrenales y pueda regresar a Hawaiki de forma segura y, allí, unirse al clan de los *atuas* ancestrales.

Para todo ello los tatuajes (*tatau*) son indispensables. ¿Por qué? En el mundo polinesio se dice que, tras la muerte, el espíritu del fallecido encuentra a una bruja. Ella devora los tatuajes que el *atua* lleva grabados y le dice: "ve de Maura, la tierra de los vivos, a Bouro, la tierra de los muertos". Entonces, toca suavemente los ojos del espíritu y le otorga la "visión de los espíritus". El alma del difunto accede a la inmortalidad de los *atuas*. La sociedad tabuada queda ritualmente reforzada. Pero si la bruja no encuentra tatuajes en la tez del difunto se come los párpados y lo deja ciego. El espíritu nunca podrá alcanzar la inmortalidad. Mal asunto.

¿Por qué el motivo de la espiral? Las espirales se encuentran en casi todas las culturas del planeta. Representan el latido del cosmos, el flujo de las fuerzas telúricas, los ciclos de la vida. Es el laberinto, el árbol de la vida, el movimiento de la danza. A través de las espirales se controlan los flujos energéticos que los vórtices representan. La espiral es el mejor símbolo de la inmortalidad y, por ende, una de las claves a su acceso.

80. Sagrada eutanasia

La muerte, el ayuno, el cuerpo, la inmortalidad... todo queda entretejido en el más sagrado de los votos o ritos religiosos de los jainistas de la India: la muerte voluntaria o decisión de cometer eutanasia por ayuno absoluto (*sallekhana*).

Para los indios, los últimos momentos de la vida constituyen un tránsito crucial que determinará aspectos importantes de la siguiente encarnación. Tal como esté la mente en el momento de la muerte así será el futuro renacimiento, dicen los textos. De ahí se desprende que una muerte en meditación o en un estado de trascendencia del ego es susceptible de generar cuantioso mérito kármico. Con mayor o menor aceptación, la tradición hindú ha reconocido diferentes formas de muerte voluntaria. Una de las clásicas es arrojarse a un río sagrado y dejarse ahogar, o el autosacrificio en guerra para evitar la captura, o la inmolación de la viuda virtuosa en la pira funeraria del marido. Todas estas formas de muerte son consideradas un ritual extremadamente sagrado. Si imperan otros motivos que no sean espirituales, las tradiciones hindúes las condenan severamente.

No obstante, el jainismo considera esas formas de muerte voluntaria como variantes del suicidio y las evalúa negativamente. De lo que se trata con la muerte voluntaria jainista es de llegar al momento de la muerte con la *consciencia clara*, sin que la senilidad o la enfermedad, por ejemplo, hayan llevado a romper involuntaria y fatalmente alguno de los votos o las obligaciones rituales del asceta (monje) o el devoto. Por esto, los textos recomiendan el *sallekhana* cuando uno arrastra una incurable enfermedad o extrema vejez. El camino jainista consiste en un permanente ejercicio de autopurificación. Este pierde su sentido con la decrepitud. En cambio, si los momentos finales son de meditación serena, incluso faltas serias podrían ser erradicadas.

El rito debe ajustarse a unas recomendaciones bien prescritas. Se aconseja llevarlo a cabo en un templo, un lugar sagrado o, en su defecto, en el hogar. Con el consentimiento familiar y la supervisión de un monje –que tendrá que aprobar que el aspirante está suficientemente cualificado para llevar a cabo el rito, que puede llegar a ser durísimo–, el devoto comienza un ayuno gradual, siempre ayudado por la meditación. Excepto el ayuno, todo otro método de eutanasia está prohibido. Primero se abstiene de alimentos sólidos, luego subsiste solo con líquidos, siempre en meditación y con determinación firme, susurrando los *mantras* sagrados o escuchando cómo los recitan sus acompañantes. Ningún deseo de alcanzar los cielos superiores, de ganar mérito religioso o de tener una muerte rápida debe enturbiar el rito, pues eso no sería sino otra forma de apego y, por ende, de suicidio. A continuación, la práctica del ayuno se lleva a su conclusión lógica y dejará de alimentarse por completo. Finalmente, llegará la hora de la muerte en meditación (*samadhi-marana*), que es como se prefiere llamar al rito en los *Sutras*. Posiblemente, las últimas palabras que escuche el moribundo sean las de su maestro que le susurrará al oído: "por ti mismo ve a ti mismo dentro de ti mismo".

Aunque sabemos de numerosos laicos y laicas que han cometido *sallekhana*, ha sido una práctica mucho más extendida entre los y las ascetas (monjes y monjas). De hecho, muchísimos ascetas moribundos optan por tomar este voto en sus últimos momentos. Pero conocemos miles de ayunos absolutos de ascetas que estaban en perfectas condiciones.

El rito puede parecer fuerte, sobre todo a alguien crecido en la cultura occidental, que tradicionalmente no ha aceptado la muerte voluntaria –pues nadie, salvo Dios, tiene derecho a dar o quitar la vida– y que posee un verdadero terror por la finitud y la extinción de la individualidad. La muerte es la puerta de *la nada*. De ahí que se haya optado por la vía opuesta, por prolongar a toda costa y con los medios que sean necesarios la vida de los enfermos terminales. Pero en la India, y en la comunidad jainista en particular, el hecho de morir posee otras connotaciones y la actitud es diferente.

Por un lado, Dios no interviene en este asunto. El jainismo es una religión ateísta. Por sus concepciones del karma y la naturaleza del espíritu (*jiva*), el jainismo considera que la persona es responsable de su destino. Su posición ante cuestiones como la de la prolongación artificial de la vida es claramente de no interferencia. La muerte es algo natural. No es que los indios se muestren indiferentes ante la muerte. La muerte desencadena siempre un dolor o angustia *emocional*; sin embargo, la angustia *existencial* está ausente. No hay temor por la muerte.

Por otro lado, la India siempre ha considerado la muerte como la entrada a otro plano. La concepción india de transmigración implica que la muerte no se opone a la vida, sino al nacimiento. Muerte y nacimiento son solo los portales que atraviesa el espíritu en su peregrinar de una existencia a otra. La muerte no es más que un tránsito a nuevas formas de vida. No es ningún final, sino un elemento primordial de la vida.

Eso no es todo. Debemos tener en cuenta que la práctica del ayuno es muy común entre los –y sobre todo las– jainistas. Quien ha optado por este final glorioso previamente habrá realizado cientos y hasta miles de ayunos. No solo estará preparado física y psicológicamente, sino que lo estará anímica y espiritualmente, pues buena parte de la vida espiritual del laico y, de forma mucho más palpable, la del asceta, consisten en una preparación para esta muerte sagrada. Estamos ante un pacífico acto de purificación espiritual. Y es lógico que una tradición que ha concedido tanto valor al poder salvífico del ascetismo considere que, en los momentos liminales, el ayuno combinado con la meditación ejerzan una purificación extrema. La muerte se presenta entonces como una oportunidad para eliminar residuos de acciones pasadas. Para el monje o la devota serán sin duda los niveles celestiales superiores, y quién sabe si no habrá acortado cientos de encarnaciones en el ciclo de las transmigraciones.

XI. RELIGIÓN Y POLÍTICA

81. Mongolia y el budismo tibetano

Cuando trato de visualizar lo que las religiones son, mi punto de
partida "natural" es –como el de tantos– que lo religioso es un asunto privado. Podría ser lo que hace la gente en la solitud, que dijera
Alfred N. Whitehead, o aquel estado de fe estrictamente personal de
William James.

Pero solo hace falta echar un vistazo a nuestro derredor para
darse cuenta de que lo religioso va mucho más allá de lo personal.
Está claro que mi punto de partida es un prejuicio moderno, de anclaje protestante. La religión no solo es intimidad o experiencia de
lo sagrado. Ha estado y sigue estando muy ligada al poder, a la identidad y a la cultura. En todas las épocas y lugares, una de las funciones esenciales de la religión parece haber sido legitimar el orden
social y el orden político. Las sociedades necesitan reunir a sus individuos bajo un núcleo invisible, puro y trascendente. La estructura social es divinamente justificada, el monarca es entronizado
por una ceremonia religiosa; nobles y clérigos –en fin– han solido

estar bastante unidos. Y, claro, han proliferado guerras, conquistas y revoluciones en nombre de la religión.

En gran medida, la suerte de una religión depende de si es capaz de establecer lazos firmes y duraderos con el poder político. Pero como las propias religiones tienen una tendencia "natural" a inmiscuirse en lo político, no siempre es fácil diseccionar lo vertical de lo horizontal.

Para ilustrar estos vaivenes he tomado el fascinante caso de urdimbre entre el poder político mongol y el budismo tibetano.

Aunque los mongoles entraron en contacto con el budismo chino hacia el siglo IV, fue la tradición tibetana la que realmente calaría en el país.

El primer signo inequívoco de ascendencia tibetana sobre los mongoles fue la conversión de su gran líder Khubilai Khan, hacia el 1250, gracias a la intervención del monje tibetano Phakpa (1235-1280), que pertenecía a la orden Sakya. Veinte años después, Khubilai instauró en China la poderosa dinastía Yuan. Trasladó su capital de las estepas mongolas a Dadu, la actual Beijing.

Desde ese momento, Khubilai ya no solo era el gran *khan* de los mongoles, sino que se convertía en el nuevo *tianzi*, el "Hijo del Cielo", o emperador del formidable continente chino. Sin embargo, a diferencia de emperadores anteriores Khubilai se desmarcó del arquetipo del *tianzi* y se inspiró en el del *chakravartin*, el monarca iluminado según la concepción budista. Se ha aventurado que Khubilai y Phakpa estuvieran intentando crear un "Estado budista" centroasiático que desbancara al tradicional modelo confuciano. El *chakravartin* sería la personificación de Mahakala, la deidad tutelar y protectora de la orden Sakya.

Apoyado por su devota esposa y por Phakpa, Khubilai hizo del budismo tibetano la religión oficial del Imperio. El Estado financió la construcción de monasterios en China y el Tíbet y devolvió a la comunidad monástica budista (*Samgha*) el estatus de institución libre de impuestos. La asociación Phakpa-Khubilai fortaleció muchísimo los vínculos tibetano-mongoles.

Pero la dinastía mongola (Yuan) fue breve. Las arcas del Estado se resintieron mucho de las operaciones militares en Japón o en el Sudeste Asiático y de salomónicas empresas civiles. En 1368, el último emperador Yuan huyó hacia Mongolia. Con la siguiente dinastía, la Ming, mongoles y tibetanos fueron desplazados de posiciones influyentes.

A pesar del estrecho lazo creado por Khubilai y Phakpa es bastante probable que el budismo tibetano solo hubiera cuajado entre una escuálida élite mongola. La tarea de "abandonar" los chamanismos esteparios y adoptar la religión budista de forma plena fue principalmente obra de Altan Khan (1507-1582), el líder más carismático de los mongoles del Sur.

El budismo mongol estaba formado por distintas corrientes. Altan Khan quería seleccionar una única orden capaz de *reunir* a todos los mongoles (una constante de la historia del país, desde Chinggis). Optó por la Gelug. Altan Khan invitó a la máxima autoridad de los gelug-pa, Sonam Gyatso (1543-1588). En la reunión de 1578, cerca del lago Kokonor, el *khan* le otorgó el título mongol de *dalai* ("océano"), que unido a la voz tibetana *lama* ("maestro"), forma el híbrido *Dalai-lama*. Por su parte, parece ser que Sonam Gyatso reconoció a Altan Khan como encarnación de Khubilai Khan, hecho que dispararía todavía más su prestigio entre el pueblo.

Al año siguiente, el líder de los mongoles del Norte, Abadai Khan, también abrazó el budismo de la Gelug y recibió el título de *tüsheet* ("pilar"). El doble apoyo mongol hizo de esa orden la más poderosa de las escuelas tibetanas. De hecho, Sonam Gyatso, que tomaría directamente el título de III *Dalai-lama* (pues rápidamente se declaró que sus dos antecesores en la orden Gelug habían sido el I y II), pasó el resto de su vida entre los mongoles. Su labor de proselitización acabó con muchas de las prácticas chamánicas mongolas, en especial las que requerían sacrificios animales. No es casual, pues, que el siguiente *Dalai-lama* se "localizara" en un descendiente del propio Altan Khan.

En los siguientes años, Tüsheet Khan y Altan Khan ordenaron la construcción de monasterios en lugares emblemáticos del país. Definitivamente, el budismo tibetano, y en especial la escuela Gelug, se convertía en *la* religión de los mongoles.

A mediados del siglo XVII, los mongoles fueron vencidos por los manchúes, que se apropiaron de los símbolos (el sello de Mahakala y el sello Yuan) que legitimaban al gobierno mongol. Muy poco después, los propios manchúes fundarían la última gran dinastía china, la Qing. Con los manchúes, el budismo lamaísta recuperaría cierto prestigio en China, pero básicamente entre el cerrado círculo imperial.

En esta época tuvo lugar otro hecho que todavía ligaría más a Mongolia con el Tíbet y fortalecería el entretejimiento entre el poder vertical y el poder horizontal. El Tüsheet Khan Gombodorji (1594-1655), nieto de Abadai Khan y descendiente de Chinggis, y por entonces uno de los líderes más importantes de Mongolia del Norte, proclamó que su hijo Zanabazar (1635-1723) era un *tulku* (mongol: *khutuktu*), es decir, la encarnación de un *lama*. Por supuesto, comenzaron a aparecer historias fantásticas y leyendas –todavía muy populares entre los mongoles– acerca de las maravillas y milagros que realizaba el niño. El joven fue a estudiar al Tíbet con el *Panchen-lama* y con el V *Dalai-lama*. En 1649 recibió el título tibetano de *Jebtsundamba-khutuktu* (y el mongol de *Bogdogegen*, "Santo resplandeciente"), y acabaría por convertirse en el más importante líder espiritual de los mongoles.

Aun manteniéndose fiel a la forma de vida nómada tradicional, Zanabazar se estableció en Khalkha, en Mongolia del Norte. La comunidad que se congregó junto a él acabaría por establecer la ciudad de Urga, renombrada Ulaanbaatar en 1924. Una de sus innovaciones más importantes fue la introducción del ritual gelug-pa en Mongolia, en especial el festival de Maidari (Maitreya) o la plegaria colectiva del Monlam. También se introdujo la imaginería y el ritual ligados al *Kalachakra-tantra*, fundamental para los gelug-pas. Otro ritual de primer orden fue el Cham, inspirado en los textos de los nyingma-pas, que sirve para exorcizar a los malos espíritus.

Zanabazar no solo se convirtió en el primer *Bogdo-gegen*, sino en el artista más importante de Mongolia, fundador de una escuela de escultores y pintores que lleva su nombre.

La verdadera intención del Tüsheet al apoyar la figura del *Bogdo-gegen* había sido la de volver a unir a las tribus mongolas, como lo hicieran los grandes Chinggis y Khubilai. Consciente de la inutilidad del sistema de alianzas optó por crear una figura que pudiera ser aceptada por todos. Lógicamente, el poder imperial de Beijing vio en la figura una amenaza (no olvidemos que Zanabazar, hijo del *khan*, era descendiente directo de Chinggis Khan). En 1759, el emperador manchú decretó que todos los sucesivos *Bogdo-gegen* o *Jebtsundamba-khutuktu* tendrían que "encontrarse" en el Tíbet. Así fue hasta la muerte del VIII, en 1924.

El siglo XX ha sido uno de los más convulsos en la historia de esta nación. Tras la caída de la dinastía manchú, en 1911, Mongolia declaró su independencia y la formación de una monarquía encabezada por el VIII *Jebtsundamba-khutuktu*. China recuperó el control de la zona dos años después, si bien permitió que el *Jebtsundamba-khutuktu* continuara "reinando" en un Estado semiautónomo.

La revolución contra los chinos, alentada desde la recién crea-
da U.R.S.S., comenzó en 1921. La muerte del *Jebtsundamba-khutuktu*, en 1924, coincidió con la victoria revolucionaria y condujo
a la proclamación de la República Popular de Mongolia, el primer
satélite soviético. Las autoridades comunistas declararon que el IX
Jebtsundamba-khutuktu encarnaría en un plano celestial y no terrenal; y de un plumazo los mongoles se quedaron sin su tradicional líder espiritual.*

Así como el budismo en la República Popular de Mongolia (Exterior) literalmente se extinguió con el régimen prosoviético, también en la zona que quedó como provincia china de Mongolia Interior se volatizó bajo el régimen maoísta, en especial durante los
años de la Revolución Cultural. A pesar del declive, desde mediados de los 1980s se ha venido dando un fuerte resurgir de la tradición budista y de recuperación de los valores culturales de antaño. Con el cambio de régimen en los 1990s, Chinggis Khan ha
sido rehabilitado, el viejo alfabeto uigur restablecido, el vestido
tradicional mongol vuelve a llevarse, las prácticas chamánicas
(nunca olvidadas) han reaparecido y el número de monjes, *lamas*,
monasterios y festivales budistas se incrementa. Uno solo tiene
que visitar Gandantegchinlin, el monasterio principal de Ulaanbaatar, para darse cuenta de la velocidad con que se restablece la
tradición.

Esta breve disquisición nos ha mostrado cómo Mongolia ha conocido casi todas las formas de posible relación entre religión y po-

---

* Lógicamente, un *Jebtsundamba-khutuktu* se descubrió "extraoficialmente" en el Tíbet en 1936 (reconocido por el *Dalai-lama* en 1991). Vive exiliado en la ciudad de
Dehra Dun, en la India, junto a su esposa e hijos. En 2010, el Gobierno de Mongolia le concedió la nacionalidad mongola, aunque luego volvió a la India. En Mongolia corren intermitentemente rumores sobre su regreso definitivo, la instauración
de una monarquía y hasta de la sempiterna reunificación de los mongoles.

lítica. En algunos momentos, la autoridad religiosa ha coincidido con la política, lo que en otros contextos se denomina "teocracia", pero que –como nos ha hecho notar Josep Lluís Alay–, en este caso, deberíamos nombrar "Estado lamaísta". En la mayor parte de su historia, no obstante, el poder vertical (religioso) y el horizontal (político) han mantenido una discreta separación, aunque con lazos muy estrechos y duraderos. En estos contextos, el budismo pasó a convertirse en religión de Estado. Y hasta han existido épocas –de régimen comunista– decididamente antirreligiosas, lo que llevó a una virtual desaparición del budismo tibetano y a su suplantación por una ideología laica *quasi*-trascendente [véase §15].

82. Estados "islámicos"

Sumerjámonos en la relación entre poder vertical y poder horizontal en las sociedades musulmanas. Hoy por hoy, se trata de un asunto candente, portada de noticiarios; y asimismo extremadamente complejo.

Sabido es que, para muchos, el islam no es una mera tradición espiritual, sino un orden social y una visión del mundo; un todo que, por ende, trasciende cualquier parcelación de la sociedad, la justicia o la política. Algo que queda reforzado por el hecho de que el islam no posee una "Iglesia" separada del Estado, bien que tenga instituciones como el letrado (*'alim*) o el cabeza de mezquita (*imam, mullah*) que dirigen la práctica cotidiana de los creyentes. De ello que parecería existir una tendencia natural en los países islámicos a incluir lo religioso en lo político, y viceversa. Al menos, así gustan entenderlo muchos islamistas (también llamados fundamentalistas islámicos).

Lo cierto, sin embargo, es que el ideal de inseparabilidad entre religión y Estado no siempre concuerda con los desarrollos históricos de la mayoría de sociedades islámicas. Se trata más bien de un *mito* piadoso, alimentado por ciertas tradiciones, que encubre formaciones socio-políticas muy diversas. Dicho llanamente: no es legítimo llamar "islámicos" a muchos de los gobiernos que se jactan o han jactado de serlo. De hecho, el islam sunní ha sido históricamente bastante flexible en asuntos de política. Prácticamente ninguna de las formaciones estatales sunníes de los últimos diez siglos ha sido "islámica".

En las últimas décadas, cinco países de población mayoritariamente musulmana han propuesto alguna modalidad de "Estado islámico": Irán, Sudán, Afganistán, Arabia Saudí y Pakistán. En los tres primeros, una vez tomado el poder los movimientos de islamismo político han pasado a ser más nacionalistas que islamistas (ya que el ejercicio del poder conlleva una identificación con el Estado-nación). El caso más elocuente es Irán. En cualquier caso, está claro que –tal vez con la salvedad de Arabia Saudí– no hay Estados ni gobiernos propiamente "islámicos" en la actualidad.

Prácticas –jurídicas o sociales– arraigadas en determinados países y aparentemente tan "islámicas" como la lapidación, la ablación del clítoris, el uso del *burka*, la prohibición de la homosexualidad… no son tan fácilmente explicables con el *Corán* en la mano. Es indudable que estas prácticas han entrado a formar parte de algunas sociedades islámicas, por distintos motivos históricos y sociales. El caso es que hoy existen múltiples interpretaciones, conflictos de intereses y tensiones ideológicas al respecto. No existe *la* versión "islámica" a la hora de entender estas cuestiones, sino distintas versiones: las hay totalitarias, liberales, conservadores, laxas, autoritarias, tolerantes, etcétera.

Sin embargo, esta pluralidad y complejidad es desplazada cuando nos dejamos atrapar por las versiones maniqueas, integristas o amarillistas que hablan de "el islam" como un todo monolítico. Prosigamos.

83. El espíritu yihádico

Algunos grupos, asociaciones o partidos islámicos creen que la religión puede proveer de una "identidad" capaz de capear los males de la modernización (consumismo, individualismo, falta de valores, materialismo, pobreza, globalización cultural). Y es que la desilusión frente a narrativas ideológicas como el nacionalismo, el fascismo o el comunismo ha dejado a la religión como una de las pocas fuerzas todavía capaces de proporcionar una identidad colectiva a las personas. Las identidades no son solo religiosas, es cierto. Las hay también étnicas, nacionales, supranacionales, lingüísticas, raciales, tribales, de casta, de clase social... Pero es significativo que se pongan tantas bombas en nombre de la religión, ya sea en Belfast, Jerusalén, Kabul, Nueva York o Colombo.* Es sobre este aspecto político y mediático de lo religioso en el que quisiera que ahora nos zambulliéramos. Como se ha dicho en otros capítulos, los aspectos sangrientos y deleznables de las religiones son tan abundantes como su costado más profundo y admirable.

En concreto, propongo revisar –aunque solo a vista de pájaro– el cajón de sastre que llamamos indistinta y –creo que– precipita-

---

*   Claro que en conflictos como los de Irlanda, Líbano, Chechenia, Cachemira, Bosnia o Palestina, el componente religioso se me antoja claramente secundario. Se utiliza el lenguaje religioso e identitario para exacerbar o justificar acciones políticas.

damente "fundamentalismo", "integrismo" o "fanatismo". Y digo que es apresurado porque los conceptos no parecen sinónimos. O no lo son para mí. Además, resulta que estas versiones espectaculares y agresivas de lo religioso se asocian hoy casi exclusivamente a la tradición islámica (aun cuando el término "fundamentalismo" fuera acuñado para describir a grupos protestantes estadounidenses de principios del XX).

Como digo, hoy, el término "fundamentalismo" es sinónimo de islam. Y es que los estereotipos *esencialistas* dicen que el árabe es fanático, vengativo, agresivo… La visión predominante es la de un Occidente esencialmente secular (que ha trascendido la religión) y de un no Occidente esencialmente religioso (todavía preso por el dogma). Flojo análisis.

En cualquier caso, si bien el fenómeno del fundamentalismo afecta a la mayoría de religiones del mundo (con base escritural, habría que matizar), está claro que los de corte islámico tocan, en mayor o menor grado, a todas las sociedades musulmanas.

Concentrémonos, pues, en las modalidades islámicas de fundamentalismo o de islamismo político radical.* Un vector parece dirigir estos -*ismos*: la principal meta que hay que alcanzar es el establecimiento de una sociedad donde toda la comunidad (*umma*) esté hermanada por el verdadero islam y los designios de la Ley islámica (*shari'a*). Como gráficamente describió Gilles Kepel, se trataría de convertir a la humanidad en *umma*-nidad. Por tanto, estaríamos ante una maniobra para recuperar, restablecer o reinstaurar las doctrinas, normas y prácticas *fundamentales* del pasado en el

---

* Lo propio sería recurrir al concepto "fundamentalismo" para el mundo protestante, "integrismo" para el católico, "nacionalismo religioso" para el hindú, "ultra-ortodoxia" para el judío… y utilizar el de "islamismo" o "islamismo político" –que es el que voy a emplear– para ese marco.

momento presente. Retornar a los *fundamentos* del islam según lo entienden e interpretan los islamistas políticos.

De ahí la modernidad del fenómeno; ya que exige, por un lado, otorgar prioridad al *yihad*, haciendo de ello una obligación personal (y no colectiva, que es la posición clásica), incluso con espíritu de kamikaze (casi totalmente ausente en el islam tradicional, donde el mártir es quien muere en combate y no quien persigue la muerte), o sea, individualista en un sentido muy moderno; y, por otro lado, exige una consciencia –o imaginación– histórica solo accesible con la historiografía del siglo XIX. Una consciencia indisociable, como es lógico, del desarrollo de la cultura impresa, que en la mayor parte del mundo no es muy anterior. En contra de lo que bastante gente cree, los fundamentalismos religiosos –y aquí vuelvo a generalizar– no suelen hacer una interpretación demasiado literal de sus textos, ni son tozudos oponentes a la ciencia y la tecnología, sino casi lo contrario. Realizan una interpretación muy *sui generis* de sus textos, aun cuando los consideran inalterables. El lenguaje metafórico, poético o simbólico es descartado y todo queda reducido a un burdo realismo. Y, como las redes de terrorismo islámico han puesto al descubierto, dominan y se aprovechan a la perfección de las nuevas tecnologías. En más ocasiones de las que parece (excepción hecha de ciertos grupos "creacionistas" estadounidenses), incluso tratan de apoyarse en la autoridad de la ciencia. Razones de más que avalan la modernidad del fenómeno. En el pasado pudieron darse muchas formas de conservadurismo y hasta versiones reaccionarias del islam o de cualquier religión, pero un tradicionalista conservador no es un fundamentalista o un islamista radical. Hasta tal punto es contemporáneo el fenómeno que podría sintetizarse como un intento de "islamizar la Modernidad".

Desde mi perspectiva, no existe tanta diferencia estructural entre el sanguinario espíritu yihádico de Al Qaeda, el senderismo luminoso en Perú, el movimiento de los tigres tamiles en Sri Lanka, el neoconservadurismo mesiánico estadounidense, el terrorismo extremista de las Brigadas Rojas italianas o determinado nacionalismo xenófobo europeo. Porque todos son hijos por igual –aunque con programas, fines y estilos diferentes– de la cara oscura de la globalización y la Modernidad. Insisto: no es lo mismo un nazi que un *muyahidin*, mas ambos son herederos de una pareja visión esencializada, estereotipada, binaria, estática y cosificada de la realidad.

Por ello no estoy de acuerdo con quien dice que el islamismo radical es esencialmente un desarrollo intelectual generado por la "visión del mundo islámica tradicional" (William M. Watt). No me cuadra. Como decíamos, fundamentalismo no es igual a conservadurismo, aunque puedan solaparse en determinados contextos. Otros dicen que durante el último siglo, y en buena medida como respuesta a los retos y transformaciones ocasionados por el impacto occidental, las sociedades musulmanas han respondido con un "retorno" hacia las formas más austeras y rigoristas del "alto islam" de las élites intelectualizadas (Ernest Gellner). Quizás. Hay quien mantiene que se caracteriza por un sentimiento de fallo de los sistemas políticos, económicos y sociales existentes; esto es, un desencanto con –y en ocasiones un rechazo de– Occidente; a lo que habría que sumar una búsqueda de la identidad y mayor autenticidad; y la convicción de que el islam provee de una ideología autosuficiente para el Estado y la sociedad (John Esposito). Puede.

Dicho todo lo cual, estimo que reducir todos los casos a un único y mismo fenómeno político, económico y social, parece simplista. Existen diferencias muy grandes entre los llamados "fundamentalismos" islámicos. Hasta el punto de que Clifford Geertz considera erróneo colgar una misma etiqueta a lo que él llama *radicalismo* en Argelia, *clericalismo* en Egipto, *militarismo* en Pakistán o *tradicionalismo* en Malasia. Coincido. Abdelmumin Aya también ha resaltado lo disparatado de aplicar el mismo término para referirse al "fundamentalismo" chií del jomeinismo de la República Islámica de Irán y el Hizbullah libanés o para referirse al "fundamentalismo" sunní del wahhabismo de Arabia Saudí y el talibanismo afgano. No solo se asientan en tradiciones y coordenadas distintas, sino que persiguen ideales muy dispares. Ocurre que estos movimientos de islamismo político recurren a la retórica islámica; esto es, a los valores, sentimientos y ecos de la cultura propia, para apelmazar ideas, doctrinas, metas y prácticas muy diversas. Al anclarse en determinadas coordenadas islámicas, los tomamos por un mismo fenómeno. Pero como ha observado el islamólogo Olivier Roy, el islamismo no es el triunfo de la religión, sino de lo político. El fundamentalismo islámico no señala ningún retorno o recuperación de lo religioso, sino un desarrollo de lo político, sea en sus variantes clericalizadas, militaristas o tradicionalistas.

Desde luego, hay espacio para matices. En cualquier caso, y volviendo al nivel ideológico, un vector hilvana estas corrientes: la búsqueda de un retorno a los fundamentos del islam; a un idílico pasado imaginado según se desprende de los textos tradicionales. Lo que nos devuelve al tema de las Escrituras sagradas [véase §25].

Cuando las tradiciones religiosas ponen por *escrito* sus enseñanzas, sus leyes o su historia, simultáneamente petrifican la cosmovisión de su época. Toda la mitología, la visión del universo, las preocupaciones sociales o los debates intelectuales que se sobreentienden en el texto quedan congelados. A medida que nos alejamos del tiempo de la composición y escritura de estos textos, nuestra cosmovisión y nuestra realidad social pueden tornarse francamente extrañas a la visión del mundo que esos textos portan consigo. Esta divergencia se expresa a la perfección en la dicotomía, existente en muchas tradiciones escriturales, entre una actitud fundamentalista y otra liberal. El fundamentalista considera sus textos obra de Dios,

y son, por tanto, inalterables (de carácter ahistórico y no herme-
néutico); de suerte que se enzarza en la titánica e imposible tarea de
hacer encajar el mundo contemporáneo en la cosmovisión encarnada –o supuestamente encarnada– en esos textos. Al absolutizar la
"Tradición" acaba por desarrollar una obsesión enfermiza hacia la
Modernidad. El liberal, en cambio, trata de trasladar y trasponer los
textos al mundo y la cosmovisión actuales. La tarea tampoco es fácil, pero es claramente más factible. Permite que la tradición dialo-
gue con el contexto y se enriquezca.

Todo eso incumbe poco a aquellas tradiciones que se han perpetuado de forma oral, como la de nuestros *griots* [véase §26], que
lógicamente no han conocido esta fisura entre el fundamentalista y
el liberal. Aunque me temo que por poco tiempo.

84. Locura del Mesías

Uno de los aspectos más llamativos de muchas religiones del mundo es la creencia en una Edad de Oro futura y la llegada de un salvador, redentor o mesías.

Si uno hurga en los textos del judaísmo, el cristianismo, el islam,
el hinduismo, el budismo, el taoísmo, el zoroastrismo o la fe baha'i, leerá acerca de la llegada –más pronto, más tarde– de un sabio, un *avatar*, un *mashiaj* o una manifestación salvífica. En muchas ocasiones, la aparición del salvador marca el inicio de la Era
Dorada.

Lógicamente, ríos de tinta se han gastado en tratar de diluci-
dar el momento de la llegada del salvador, ya que en la mayoría
de religiones no se especifica muy bien cuándo arribará esa figura. Pero incluso en los casos en que todo parece más evidente, como

es el del budismo (donde se dice de forma bastante clara que el próximo *buddha* Maitreya no aparecerá hasta transcurridos 5.000 años desde la época de Gautama Siddharta, el Buddha), ello no impidió que solo 1.000 años después del tiempo del Buddha aparecieran grupos predicando la inminente llegada de Maitreya. Y aún siguen apareciendo. Cantidad de movimientos milenaristas del mundo están íntimamente ligados a las especulaciones —o certidumbres— acerca de la llegada del salvador.*

Tanto o más interesantes resultan otro tipo de milenarismos, por lo general menos conocidos que los mencionados, por afectar generalmente a sociedades de pequeña escala. Me refiero a los cultos "cargo" de Nueva Guinea y otras islas del Pacífico, al kimbanguismo del Congo, a los rastafarianos de Jamaica [véase §68], al mesianismo kongo de Angola o al movimiento hau-hau de Nueva Zelanda, por citar solo unos pocos. Quisiera hincarle el diente a un aspecto poco reconocido de estos movimientos: los milenarismos pueden expresar la búsqueda de una nueva identidad y de un sentimiento de *dignidad y respeto* que la arrogancia y explotación coloniales habían degradado.

Los antropólogos saben que, por un lado, muchos movimientos mesiánicos y milenaristas se enmarcan en las reacciones y remodelaciones que las culturas nativas generaron ante el impacto del colonialismo y la Modernidad. Se enmarcan dentro de lo que ha sido llamado "nativismo", "revitalismo" o "revivalismo" —de un pasado que el presente está a punto de destruir—. Por otro lado, muchos de estos movimientos también se constituyen en formas de re-

---

*   Dos grupos escapan a la regla del milenarismo, pues sostienen que *ya* están en contacto con el guía divino o ultramundano. Uno es el de los budistas tibetanos, que consideran que los sucesivos *Dalai-lamas* son una manifestación del *bodhisattva* Chenrezi o Avalokiteshvara [véase §34]. Otro es el grupo ismailita chií de los aga-khanis, que creen que sus líderes, los sucesivos *Aga-khans*, son imames vivientes.

sistencia de los pueblos oprimidos ante la explotación de los colonizadores. En un caso u otro pueden exteriorizar el padecimiento y expresar las aspiraciones de una determinada clase, casta, raza o etnia. (Históricamente, los mundos chino y japonés nos han ofrecido numerosos ejemplos de esta temida dimensión contestataria.) La religión, no está de más recordarlo, no siempre legitima el orden establecido. Puede constituirse en una poderosa vía para la transformación y la rebelión.

Uno de los movimientos pioneros de este estilo fue el de la Danza de los Espíritus (o Locura del Mesías) de distintos grupos de indios-americanos de finales del siglo XIX. Este movimiento alentaría la insurgencia sioux de los 1890s, que acabaría masacrada. Una vez descartada la solución militar, el revivalismo amerindio tomó carices más introvertidos. Así nacieron –o renacieron– los cultos al peyote y al mezcal, hoy tan característicos de importantes grupos indígenas de Norteamérica.

Significativamente, los mesianismos de muchos pueblos de África, las Américas u Oceanía no solo han roto con las misiones cristianas, sino también con muchas de las prácticas religiosas tradicionales de su sociedad. Aunque beben mucho de la tecno-ciencia o los valores de Occidente, la nueva identidad tiende a constituirse por oposición a la de los colonizadores "blancos", al mismo tiempo que –si bien tiene que aparentar prolongar la vieja identidad– rompe igualmente con muchas prácticas tradicionales (ahora consideradas, por ejemplo, "supersticiones" o "folclore", a la luz de las categorías diseminadas por los colonizadores).

El "nuevo hombre" exige una transformación total de su ser; un cambio que precisa de una verdadera *iniciación* en el movimiento. Por la misma razón, los milenarismos devienen con mucha frecuencia en religiones salvíficas, en el más puro sentido cristiano. Por eso los Testigos de Jehová suscriben una dicotomía muy maniquea entre el mundo profano, controlado por Satán, y el mundo sectario de la Iglesia, que asegura la salvación. Al final reencarna aquella vieja bula: *extra ecclesiam nulla salus* ("fuera de la Iglesia no hay salvación").

Pero eso no es todo. En su dinámica revolucionaria, el movimiento milenarista se ve obligado a reivindicar un nuevo orden social y abolir las reglas de la sociedad tradicional (pues en el artificial marco de los nuevos Estados-nación las viejas alianzas tribales o étnicas han quedado obsoletas). En este aspecto se asemeja a milenarismos de tipo secular (como el comunismo). No en vano los movimientos mesiánicos tienen tanto de político como de religioso.

Viene al caso el sorprendente nacimiento de los cultos "cargo" de Nueva Guinea y Melanesia. El eje de este milenarismo es la creencia en que un barco –o, más recientemente, un avión y hasta una nave espacial– traerá a los antepasados y un "cargamento" (*cargo*) de bienes occidentales. Esta noción se cuece al contacto con la abundancia de riquezas y pertenencias exhibida por los militares norteamericanos durante la II Guerra Mundial. En alguna isla de Vanuatu incluso cuajó el culto a John Frumm, centrado en una vieja chamarra de soldado (reliquia de una personalidad que solo se conoce bajo esta guisa). Los profetas de John Frumm han llegado a construir pistas de aterrizaje, torres de control de bambú y naves "cargo" de paja. La idea generalizada en muchos de estos cultos es que los antepasados lograron cargar los barcos y aviones en puertos de Estados Unidos, pero las malvadas autoridades locales –o coloniales– impidieron desembarcar el "cargo". Obviamente, el culto nace del desconocimiento de la organización de una sociedad estatal, industrial y capitalista. Pero también de varias décadas de abusos de colonizadores y traficantes del *labour trade*, eufemismo que designaba una verdadera "caza de esclavos" para las plantaciones de Queensland. La fuerza del revitalismo o milenarismo es tal que cuando los profetas "cargo" fueron llevados a contemplar modernas fábricas y almacenes australianos –con la esperanza de que renunciaran a sus creencias–, aquellos regresaron a sus aldeas más convencidos que nunca de que estaban haciendo lo correcto para obtener el "cargo". Ahora habían visto con sus propios ojos la abundancia de bienes que las autoridades no les dejaban poseer.

En todos estos movimientos milenaristas y revivalistas se palpa algo esencial: el movimiento persigue crear un mundo espiritual y cultural nuevo que sirva de apoyo a una nueva identidad digna y respetable. El melanesio, el bantú o el amerindio puede haber sido llamado, también él o ella, a construir el nuevo orden mundial. La raza blanca no es la única raza elegida. Ni la conversión a la religión del misionero el único camino a seguir.

XII. LA RELIGIOSIDAD, HOY

85. La "revolución" espiritual

Desde hace bastante tiempo, desde Descartes (siglo XVII) por lo menos, las "emociones" han sido consideradas en Occidente de naturaleza inferior a la "razón". En el último siglo, no obstante, y de forma muy acusada a partir de los años 1960s, se ha ido recuperando y revalorizando el costado físico, emocional y psíquico del ser humano. La línea la abrió William James, que reivindicó la experiencia espiritual personal por encima de la colectiva y clerical. Está claro que la espiritualidad tiene mucho que ver con nuestro universo subjetivo: nuestros sentimientos, relaciones, emociones, pensamientos, consciencia, nuestro cuerpo. Está ligada a la búsqueda personal e individual de lo más íntimo. De suerte que hoy muchísimas personas en el mundo pueden sentirse altamente *espirituales* pero no religiosas.

Pero ¿qué es la espiritualidad?

Como el de "religión" [véase §6], el término posee muchas acepciones y significados. Varían extraordinariamente de una persona a otra. En su origen, "espiritualidad" remitía a la corriente mística dentro de las tradiciones religiosas del mundo. Para muchos, todavía retiene este sentido. Existe una espiritualidad hindú, otra aymara, una islámica o la judía. Yo mismo le he dado este significado en muchas páginas de este libro. Sin embargo, a mediados del siglo XIX el término empezó a utilizarse para ser contrastado con las formas convencionales e institucionales de religión. Se esbozaba la divisoria entre la "religión", que tendría que ver con dogmas, formas exotéricas e instituciones de autoridad religiosa, y la "espiritualidad", que sería la práctica y experiencia personal, tal y como proponía James, de la dimensión profunda de lo Real dentro o –y esto es importante– también allende las tradiciones religiosas.

Por supuesto que esta diferenciación es émic (la alzan los espirituales) y poco nítida. Aunque por momentos yo mismo puedo deslizarme hacia una "espiritualidad" –de corte secular–, ni tengo tan clara la distinción [véase §4], ni me siento cómodo con la etiqueta. Pero, ante todo, aquí nos importa el uso social del concepto.

Los que hoy se proclaman espirituales (y, en muchos casos, no religiosos) ponen tremendo énfasis en la *experiencia subjetiva personal*. A diferencia del seguidor de una religión tradicional, el espiritual es él o ella árbitro de la validez o veracidad de la experiencia, que suele estar por encima de toda autoridad textual o clerical. Se otorga prioridad a la "búsqueda" y, por descontado, a la "práctica", con gran revalorización de lo corporal, lo psicoterapéutico y lo esotérico. Por lo general, se mantiene una actitud tolerante hacia los distintos "caminos" espirituales, que pueden llegar a combinarse. En muchos casos, esta espiritualidad se expresa en el mismo lenguaje –aunque no el registro– que la ciencia.

Aunque puede parecer que esta espiritualidad contemporánea es individualista (hay quien la ha calificado de "narcisista"), lo cierto es que suele reconocerse el valor de determinadas enseñanzas y símbolos, es habitual practicarla en grupo y puede tener ramificaciones políticas y sociales (ecologistas, feministas, gays & lesbianas, pacifistas...).

Siguiendo a una experta en la materia (Linda Woodhead), a modo didáctico podemos distinguir en su seno tres grandes corrientes.

Por un lado, el complejo de prácticas y técnicas denominado en la angloesfera "cuerpo-mente-espíritu" (*mind-body-spirit*). Lo que se persigue con ellas es el bienestar físico, mental y espiritual, holístico por utilizar un término recurrente. Entrarían prácticas como el yoga, el taichi, el qigong, el reiki, la aromaterapia, la reflexología, múltiples formas de meditación, de masajes y buena parte del universo de la "medicina alternativa". En Occidente, bastantes técnicas y prácticas de *mind-body-spirit* nacieron o cuajaron en ambientes contraculturales.

En segundo lugar tenemos el nebuloso espectro de lo que ha sido llamado "nueva era" (*new age*). Con frecuencia se solapa con la corriente anterior. (Estas clasificaciones son inevitablemente artificiales.) La máxima de la nueva era sería que el individuo ha de hallar y realizar su verdadero potencial, naturaleza, o Yo profundo, desembarazándose de determinados condicionamientos sociales y psicológicos. Para ello, los buscadores nueva era tienen un amplísimo abanico de tradiciones y técnicas, ya sean esotéricas, terapéuticas, religiosas, chamánicas, de cuerpo-mente-espíritu, paranormales, ocultistas, etcétera, que pueden combinar con bastante libertad. El eclecticismo es patente.

La tercera corriente espiritualista ha sido llamada "paganismo" (o neopaganismo, para distinguirlo del clásico). Muestra una gran reverencia por la Naturaleza y se idealizan los ritos y divinidades precristianos. A diferencia de la nueva era, suele haber más secretismo (iniciación) y respeto por la tradición; y menos optimismo en cuanto al futuro.

Dado que estas variedades de espiritualidad no religiosa pueden comercializarse con facilidad –en libros, revistas, utensilios, talleres, cursos, centros, balnearios, viajes– son blanco de innumerables críticas (supermercado de lo espiritual; placebos; sarta de mentiras y prácticas irracionales para beneficio de unos espabilados; etcétera). Es innegable que tales cosas abundan. A mi entender, demasiado de lo que envuelve a la nueva espiritualidad está excesivamente mercantilizado y sujeto a las leyes del márketing. Incluso existe un ala espiritualista que aboga y persigue sin timidez la consecución del dinero, el éxito y la prosperidad. De ahí que la nueva espiritualidad también haya sido tildada de "incorregiblemente burguesa" (la expresión es de Matthew Fox). Pero no olvidemos que incluso las tradiciones religiosas históricas han estado vinculadas al consumo y el dinero. (¡Casi que el capitalismo dimana de la cosmovisión y la ética de alguna de ellas!) Las prácticas profundas y sinceras son tanto o más habituales que la charlatanería. La crítica tampoco tiene en cuenta el aspecto relacional (por encima del individual) de muchas de estas formas de espiritualidad, lo que en parte explica su éxito entre las mujeres, que además están al frente de un gran número de ellas. Estas prácticas permiten a muchas mujeres "negociar" las exigencias de competitividad y autonomía que les pide la sociedad moderna con sus roles más tradicionales de madres, esposas o hijas.

A mi juicio, el aspecto más preocupante de la nueva espiritualidad es la escasa madurez espiritual o profesional de muchos de los proclamados terapeutas y maestros, y la falta de discernimiento espiritual de muchos practicantes, que van picoteando por acá y por acullá según los vaivenes de la "moda", ensamblando cócteles espirituales "a la carta" y banalizando, en muchas ocasiones, el sutil misterio de la búsqueda espiritual. Pero esas limitaciones no deben llevarnos a desacreditar *in toto* el fenómeno.

Algunos sostienen que nos hallamos ante una verdadera revolución espiritual, aunque muestre enorme diversidad interna y no tenga líderes reconocidos. Hablando de Europa, Australia y Estados Unidos se ha calculado que entre un 2-5% de la población es practicante comprometida, un 10-20% dice adherirse (sentirse "espiritual" y no "religiosa") y hasta un 20-40% estaría bastante de acuerdo con sus postulados básicos. El fenómeno no es nimio. Lo detectamos por igual en Latinoamérica y, con otros matices, en Japón, India y China.

Yo entiendo el fenómeno no como una "revolución", sino como un cambio de orientación. Porque si bien es evidente que los movimientos nueva era, neopaganos o de cuerpo-mente-espíritu han conocido un auge espectacular en las últimas décadas, muchos de ellos están anclados en movimientos, sensibilidades y tradiciones que pueden tener varios siglos de antigüedad (como las corrientes esotéricas y teosóficas u, obviamente, las prácticas importadas de Oriente o de culturas chamánicas). No se da ningún renacimiento de lo religioso, pero sí una reubicación y reintegración de creencias y prácticas en un contexto social nuevo.

La reconfiguración de esta "nueva" espiritualidad constituye, junto a nuestro siguiente tema, una de las grandes transformaciones de la religiosidad contemporánea.

86. Los votos de las mujeres

La mayoría de tradiciones religiosas han sido y son abrumadoramente androcéntricas (centradas en el *hombre*). Los textos, las instituciones, las prácticas… fueron diseñadas, pensadas y han sido monopolio de varones. En el antiguo Egipto, Mesopotamia, Israel,

India, Grecia, Roma, Arabia… los máximos sacerdotes fueron varones, incluso cuando los cultos tenían que ver con divinidades femeninas. Por ello es tan importante la crítica feminista al papel de la religión como mecanismo de subalternización de las mujeres. Muchas tradiciones tienen tonos claramente misóginos, en especial las más ascéticas y las más legalistas, que ven en la mujer la encarnación del pecado, la tentación, la promiscuidad o el apego. Si uno mira las jurisprudencias religiosas (de rabinos, brahmanes o *qazis*), verá lo poco que vale una mujer desde el punto de vista ortodoxo.

Curiosamente, en estas mismas tradiciones uno también puede leer parajes excepcionalmente permisivos con las mujeres; casi contraindicaciones que la costumbre social acabó por abortar. La "religión" no siempre es el malo de la película (aunque, si tenemos que ser justos, no sale demasiado bien parada). De ahí que muchas expertas en ciencia de las religiones traten de incorporar hoy un nuevo enfoque. En lugar de criticar la religión (foco de la primera generación de feministas), este nuevo abordaje trata de explicar cómo las mujeres han negociado y reinterpretado las ideologías dominantes y cómo las han ajustado a su realidad cotidiana. Cómo las mujeres, en suma, han vivido y reflexionado sobre su espiritualidad.

Para el menester, los textos sagrados no son de gran utilidad. Al hilo de lo que decíamos en otro capítulo acerca del sobrepeso otorgado a las escrituras sagradas en el estudio de la religión [véase §25], creo que entender la India –por ilustrarlo con un ámbito que conozco en profundidad, pero podríamos tratar igualmente Arabia, China o Europa– a través de los textos sagrados conlleva riesgos y equívocos. Los textos hindúes en sánscrito fueron escritos por varones de alta casta (los únicos miembros instruidos y alfabetizados de la sociedad durante muchos siglos). Si uno se guía por lo que dicen estos textos puede llegar a la curiosa impresión de que la mujer hindú, aparte de amamantar a sus hijos varones, ni participaba ni se beneficiaba, ni tenía nada que ver con la religión. Tan solo pasando unas semanas en la India es fácil comprobar que esto no es así, ni sería así en el pasado. Un análisis crítico de las fuentes clásicas permite apoyar mi conclusión. Si es que de verdad en alguna ocasión lo buscaron, el caso es que la pretensión de los sacerdotes de eliminar a las mujeres del ritual ha fracasado estrepitosamente. La mujer hindú siempre ha sido más activa en la práctica religiosa que el varón. Y precisamente una de las tradiciones más dinámicas y ricas dentro del hinduismo la ha constituido el ritual practicado y transmitido por las mujeres.

Dada su dependencia de las referencias escriturales, hasta hace relativamente poco los estudiosos de la religión pasaron de largo estas tradiciones rituales transmitidas oralmente y conocidas con el genérico *vrat*. El término significa literalmente "voto", pero posee el significado de "rito" doméstico. Una de las características más notables es que la transmisión de las leyendas, los símbolos o los *mantras* y conjuros asociados a los *vrats* ha seguido casi siempre una línea femenina: de madre a hija, de vecina a amiga. Se trata de una forma de espiritualidad patrimonio casi exclusivo de las mujeres.

Estas reuniones femeninas se llevan a cabo días considerados auspiciosos (tras un nacimiento, una boda, alguna consagración doméstica, la festividad de un dios o diosa particular). Las participantes se dedican a cantar a las deidades y ancestros que protegen sus familias o determinadas parcelas de la vida. Las mujeres sienten que es responsabilidad suya el mantenimiento de este poder benéfico a través de estos ritos votivos.

Cualquier diosa o dios puede ser destinatario de uno de estos *vrats*, si bien predominan deidades benevolentes, como: Lakshmi, diosa de la prosperidad; Hanuman, el fiel devoto; Shashthi, protectora de los niños; Gangaur, que asegura una vida en familia a las que todavía son vírgenes; o la impredecible Shitala, diosa de la viruela [véase §78]. Las divinidades protectoras del pueblo (*gramadeva-tas*) y los ancestros de la familia (*pitris*) son también objeto de muchos de estos ritos.

La finalidad de los *vrats* tiene que ver principalmente con la protección de la familia (salud de los niños, economía doméstica, felicidad conyugal) y contra las calamidades (enfermedad, pobreza, inundaciones, sequía, muerte, ruptura familiar). Aunque predominan las metas prácticas (rasgo común de la religiosidad femenina), también puede pedirse la liberación (*mukti*) de la rueda de existencias. Los propósitos pueden ser múltiples.

El *vrat* exige demarcar un espacio sagrado –normalmente en el patio de la casa– que se decora con diseños auspiciosos, *yantras* y *mandalas*. En muchas ocasiones, un objeto abstracto (un pote de arcilla) sirve para representar a la deidad. El punto central del voto es el cántico de himnos y *mantras*, al que normalmente sigue una serie de recitaciones de historias y leyendas acerca de la magnificencia de la divinidad y sus devotas. En los *vrats* más públicos puede haber un culto en el templo del pueblo, en el que quizá intervenga algún sacerdote masculino.

Estas formas religiosas no entraron en las recomendaciones de los textos sagrados simplemente porque estos, más que describir las formas religiosas de la época, miraban de mostrar unos ideales, unas recomendaciones, según los concibieron los varones de casta alta. En algún caso los mencionan, dentro de la categoría de rituales optativos. Pero, como antes decíamos, las fuentes textuales misóginas no son necesariamente una descripción de la sociedad o de la realidad de las mujeres.

¡Ojo!, los textos naturalmente sí son pertinentes para estudiar cómo la religión ayuda a construir el *género* (es decir, los roles socialmente construidos y las imágenes culturales de lo femenino o lo masculino). Los textos ofrecen patrones y modelos que han sido incorporados por hombres, mujeres, transexuales... de todos los tiempos para fabricar su identidad de género. Pero, a la vez, hay que reconocer que estos modelos no siempre han sido tan interiorizados por las mujeres como a la tradición patriarcal le habría gustado. Por ejemplo, en las versiones populares del *Ramayana* (y las hay a cientos, que recogen tradiciones anónimas, vernaculares, marginales, muchas veces transmitidas por mujeres), la protagonista Sita aparece como un personaje mucho menos conformista y sumiso que en la versión clásica sánscrita. Como bien ha visto Uma Chakravarti, también una subcultura femenina es clara y evidente en las versiones del *Sitayana*, accesibles a través de las canciones de las mujeres.

El punto que quiero poner sobre el tapete, en fin, no es tanto mirar de describir cómo se ha visto a "la mujer" desde el islam, el hinduismo o la religión mbuti (entre otras cosas, porque, como ya se ha dicho, hallaremos todo tipo de pronunciamientos contradictorios, y porque no es lo mismo ser musulmana o hindú en Londres que en Dhaka), sino en cómo las mujeres han vivido y participado del islam, el hinduismo o la religión mbuti. Hay que hacerse eco de las prácticas o caminos de crecimiento espiritual que las mujeres han tomado y proponen. Cómo, en otras palabras, viven las mujeres la religión o la espiritualidad.

En la India, la cultura ritual de los *vrats* sigue siendo hoy uno de sus más elocuentes testimonios.

87. Pluralismo religioso

Me encuentro en Londres, una de las ciudades más cosmopolitas del planeta, rodeado de gentes de todas las razas, nacionalidades y religiones. Esta ciudad –pero podría haber escogido igualmente Nueva York, Estambul o Berlín– es un mosaico de culturas y estilos de vida. Muy representativa de uno de los fenómenos más importantes de nuestros tiempos: el *pluralismo* religioso.

Desde luego, no solo el moderno Occidente urbano tiene la experiencia de una sociedad plurirreligiosa. En la India, por ejemplo, han convivido docenas de religiones (y sus miríadas de sectas y subsectas) durante muchos siglos. También en el Imperio otomano. Pero nada es comparable a la proliferación de denominaciones que hoy encontramos en un espacio tan reducido como esa capital. Aquí cohabitan anglicanos, católicos, metodistas, baptistas, luteranos, ortodoxos, pentecostalistas, mormones, sunnitas, chiítas, ismailitas, hassidims, theravadins, gelug-pas, sikhs, pushtimargis, gaudiya-vaishnavas, shaiva-siddhantins, saibabistas, digambaras, shvetambaras, parsis, sintoístas, taoístas, wiccas, kimbanguistas, cienciólogos, teósofos, baha'is, santodaimeros, yorubistas, santeros, rastafarianos... y personas de infinitas afiliaciones cuyo nombre desconozco. No se trata de hacer un inventario de confesiones, sino de ilustrar su impresionante variedad. Cada una de ellas tiene sus lugares de culto, asociaciones de fieles, festivales emblemáticos, etcétera.

Estuve en el barrio de Southall, al Oeste de la ciudad, no lejos del aeropuerto de Heathrow. Es famoso por albergar a una gran comunidad surasiática (recordemos: India, Pakistán, Bangladesh, Nepal, Sri Lanka). Se celebraba el Baisakhi, una fiesta muy querida de los indios y, en particular, de los sikhs. Marca su Año Nuevo y conmemora el día que su último Guru humano, Gobind Singh, estableció hace ya más de 300 años la fraternidad militante de la Khalsa [véase §76]. Allí nos reunimos decenas de miles de sikhs y surasiáticos. Carrozas y camiones de las distintas asociaciones –de casta o culto– eran seguidas por los devotos; disfrutábamos del *langar* (comida gratuita que los sikhs ofrecen a todo el mundo como parte de su servicio a la comunidad); demostraciones de artes marciales por doquier; escuchábamos música devocional; visitábamos los templos (*gurduaras*); etcétera. Uno tenía la impresión de estar en el Punjab. Pero era el Reino Unido.

El moderno pluralismo religioso es consecuencia de la globalización; principalmente de la migración de las últimas cinco o seis décadas. La nueva realidad multicultural crea diásporas, hibridaciones, archipiélagos culturales, conexiones transnacionales, movimientos políticos, guetos, etcétera. Este pluralismo puede incluso llegar a cuestionar el Estado-nación secular. En efecto, en las sociedades modernas la religión es para algunas minorías un vehículo con el que defender sus intereses o su identidad y retar a la mayoría secular.

Si alguien piensa que la globalización implica la uniformización cultural o una homogeneización secularizante que vaya a Londres –o se dé una vuelta por el centro de cualquier gran ciudad– para concluir lo contrario. Aunque es verdad que se crean estilos mundializados, al mismo tiempo se coagulan nuevas identidades en contextos diversos. No es lo mismo ser un sikh en Southall que en Amritsar, ni se vive la religión de la misma manera. Y estas nuevas formas de religiosidad son ellas mismas globalizadoras. El sikhismo británico está influyendo poderosamente en el sikhismo punjabí y, como muestran sus movilizaciones en favor del uso de sus símbolos religiosos (turbante), que datan de los 1970s, su incidencia traspasa con creces el ámbito de la religión sikh.

Ídem para cualquier otra filiación.

En buena medida, este pluralismo religioso es fruto de la colonización. A principios del siglo XX, Europa y Norteamérica albergaban al 83% de los cristianos del mundo. Latinoamérica tenía el 11%, y el resto del mundo un escuálido 6%. Cien años más tarde, Europa y Norteamérica albergan solo el 48% de los cristianos del mundo. África ya representa el 15%.

Claro que lo que en una estadística se cuenta como "cristiano" –o "musulmán", o "budista"…– puede contemplarse desde distintos ángulos. Entre un 30 o un 40% de los africanos sudsaharianos se adhiere nominalmente al cristianismo o al islam, pero sin dejar de participar de las religiones tradicionales africanas. Lo mismo vale para Indonesia, Nueva Guinea, Tanzania, Haití y un largo etcétera de países. Y lo que es todavía más significativo: las Iglesias africanas ya no son meros subproductos de las Iglesias del "Norte", sino que están inmersas en una extraordinaria reinterpretación del cristianismo. Solo en Sudáfrica existen más de 3.000 Iglesias cristianas nativas. Como ha ilustrado Moojan Momen, si un cristiano europeo va a visitar una congregación en una iglesia en Kimbangu, en Congo, puede sentirse tan fuera de lugar como si estuviera en una mezquita de Arabia Saudí. Miles de religiosidades locales germinan por doquier.

Ahora, estas confesiones sudafricanas, jamaicanas o filipinas pueblan los suburbios de Londres y conforman nuevas religiosidades; unas formas religiosas bien distintas de las matrices misioneras cristianas que les dieron su primer impulso.

Seguramente gracias a este contexto pluralista viejas y anquilosadas verdades han quedado desfasadas. Desde el momento en que reconocemos que lo religioso *habita* de un modo distinto en personas y culturas diferentes, lo religioso deviene fragmentación y pluralismo. El marco de la sociedad secularizada y de pluralismo religioso favorece enormemente la eclosión de caminos místicos, de combinaciones espirituales de todos los colores, de diálogos interreligiosos…; y de roces, ansiedades, desconfianzas y fisuras también.

Queda claro que el paisaje religioso ha cambiado de forma increíble en el último siglo. Lo que plantea interrogantes que algunos expertos no acaban de explicarse: ¿no se vaticinaba la muerte de Dios? ¿No tenía que finiquitar la Modernidad la antigualla de la religión?

88. Resiliencia y transformación

La cultura religiosa es muy resistente al cambio. Aunque se transforma sin cesar (¿cómo podría no hacerlo?, en seguida lo comentaremos), algunas de sus características pueden resistir el cambio durante milenios. Muchos dioses, textos o rituales de fabulosa antigüedad se mantienen hoy en día. Sabemos de rituales hindúes que ya se practicaban hace casi 4.000 años.

En efecto, los símbolos y los rituales perviven mientras colmen las necesidades cotidianas de los pueblos. Y es que los rituales pueden ser tan poderosos que resultan mucho más estables que la racionalización que los acompaña. Es decir, puede que el soporte ideológico de un rito se haya transformado (incluso de forma radical), pero ello no impedirá que el rito se mantenga estable al margen de vendavales políticos, sociales o ideológicos. Tan enraizado está que puede ser reapropiado por distintas religiones sin que su estructura fundamental se modifique en exceso.

Esta resiliencia de lo religioso contrasta con otros ámbitos de la cultura. La tecnología cambia de forma exponencial. Los sistemas políticos varían con rapidez. La fonética muta. Resultaría casi imposible entender el castellano hablado del siglo XV. En cambio, muchos rasgos religiosos se han mantenido durante milenios. ¿Por qué tiende a inhibirse la variación religiosa?

Yendo todavía más lejos: ¿de qué sirve –en puros términos darwinianos– sacrificar una gallina a un espíritu invisible o postrarse ante un sumo sacerdote? Dado que algunos de los rasgos de las religiones son claramente contrarios al sentido común, el asunto se torna aún más interesante: ¿para qué sirve la religión?

Una de las posibles respuestas es que la religión tiene por función conjuntar la comunidad. Puede ser altamente adaptativo –dice el sociólogo– distorsionar la realidad, tal y como hacen muchos dogmas religiosos. Porque las religiones no están ahí para explicar las verdades últimas o trascendentes, sino que existen para promover la solidaridad grupal. Por eso no evolucionan de menor a mayor realismo, sino que se autoorganizan para asegurar la armonía cósmica y social. La religión no es mala ciencia, porque no pretende describir la realidad. Para el sociólogo, su propósito es claramente otro.

Claro que la cohesión social que otorga parece asimismo inversamente proporcional a la fragmentación que genera. Las religiones atomizan las sociedades en sectas y subsectas, en herejes e infieles, los de adentro y los de afuera. Las religiones solo conjuntan determinadas *secciones* de la sociedad.

Yo no me voy a pronunciar sobre el debate [véase §6].

En Europa, donde vivo, quizá estamos asistiendo al fin del papel social de la religión. Aunque existen creyentes y practicantes de una pluralidad de religiones, habitamos una sociedad laica, secular y atea, tanto en sus bases como en su funcionamiento. Esta es la hipótesis de Marcel Gauchet. Claro que tampoco hay que oponer en exceso el mundo desencantado de la Modernidad secularizada del mundo clericalizado de la Iglesia. Se autoimplican tanto como la ciencia y la teología. En alguna ponencia he desarrollado la tesis de que es en buena medida la Modernidad la que –al pluralizar y cosificar el concepto *religio*– acaba dando forma y contorno a la mayoría de religiones del mundo.

En cualquier caso, una cosa ha quedado bien clara: la *perdurancia* de la identidad religiosa y la espiritualidad. Puede que hoy sobresalgan o convenzan más algunos de sus equivalentes funcionales (consumismo, cientifismo, nacionalismo, fascismo, racialismo…), pero estos -*ismos* no dejan de ser, como ha visto Lluís Duch, encarnaciones vivas de lo religioso. El potencial de religiosidad parece destinado a permanecer.

Aquel anticuado cliché que afirmaba que el "hombre primitivo" era muy supersticioso, en contraste con el "hombre moderno", que se habría emancipado –o estaría en vías de emanciparse– de la religión, debería ser desenmascarado. El estudio de poblaciones como los ju'hoansi [véase §55] podría incluso hacernos concluir lo contrario, ya que habitan un mundo simbólico francamente secularizado. Y lo interesante es que, al mismo tiempo, podemos afirmar que las divinidades y espíritus son tan antiguas como el género *homo*. Desde mi punto de vista, la religiosidad es connatural al ser humano. No me refiero a ninguna alma eterna que mora en nosotros, sino a una capacidad, una propensión humana. Aunque se detecta una galopante sordera del oído místico, ello no elimina la vigencia de lo sagrado (como tampoco ciertas hipertrofias de lo religioso). Somos animales incorregiblemente *symbolicus, religiosus* y *demens*.

En contra de lo que había pronosticado la crítica de Comte, Feuerbach, Marx, Nietzsche y Freud, las religiones no están en liquidación. Puede que algunas tradiciones históricas hayan entrado en crisis (la desconfesionalización de los cristianismos europeos), pero lo de la "superación" de la religión no se aguanta. (Otra cosa es, desde luego, la superación de determinados dogmas, instituciones o prácticas.) Las religiones –o si prefieren, las espiritualidades–

son poderosas vías de afrontar la contingencia y conjuntar las sociedades. Eso ya lo intuyó Émile Durkheim. Lo mismo que poderosas vías para enfrentar a las sociedades y exacerbar animosidades. Tanto en un caso como en otro resultan ser mecanismos adaptativos poderosos.

Existe una atávica conciencia eurocéntrica que sostiene que lo que sucede en Europa es exactamente igual a lo que sucederá en el futuro en otras partes del mundo. Como en Europa disminuye el peso de la religión, ese es el porvenir que espera a otros pueblos. Los europeos se jactan de vivir en el *futuro* de las demás sociedades. Lo que equivale al absurdo de decir que no todos los pueblos somos contemporáneos. Pero solo hace falta mirar a las mezquitas, a los templos hindúes o a ciertas iglesias cristianas no europeas para ver que ni Dios ni la religión han sido desplazados. Incluso muchas Iglesias del muy occidental y moderno Estados Unidos conocen hoy un crecimiento espectacular. Según una encuesta de Gallup, en 2011 un 92% de los estadounidenses creía en "Dios", y un 91% confesaba creer en un "universo espiritual".

Sin contradecir lo que antes decíamos de la resiliencia, las religiones *simultáneamente* tienden a la transformación. Permanentemente se generan nuevas oraciones, se reinventan ritos, brotan maestros, se reportan hierofanías... Lo religioso es una estructura mucho más flexible de lo que aparentan sus manifestaciones históricas. Las tradiciones están siempre en proceso de cambio por los procesos de modernización, mestizaje y globalización, lo mismo que por su autorreflexión. (Son como sistemas autopoiéticos.) Como ha señalado un experto, la emergencia de nuevos movimientos religiosos (como la cienciología, el Hare Krishna o el pentecostalismo) muestra que las personas no se han vuelto menos religiosas, sino diferentemente religiosas.

Véanlo.

89. De sectas y nuevos movimientos religiosos

Desde siempre, las sociedades se han visto salpicadas por *nuevos* movimientos religiosos. Nacen allí o vienen de lejos; se cuecen a fuego lento o se escinden de Iglesias mayores. En la actualidad, el concepto "NMR" se utiliza para referirse a religiones "alternativas", de reciente implantación o a lo que periodísticamente se llama "sectas". Puesto que el término "secta" posee tan mala prensa, los expertos prefieren el más ambiguo de "nuevo movimiento religioso"; pero hay que admitir que el fenómeno no es novedoso.

Un grupo en cuestión será caracterizado de "secta", de "nuevo" o de "alternativo" en función de su posición en la sociedad en la que surge y la relación que establezca con el poder. Por ejemplo, el movimiento Hare Krishna emergió en Occidente como "nueva religión" (o, más peyorativamente, como "secta") a mediados de los 1960s, pero hunde sus raíces en el devocionalismo hindú del siglo XVI y posee una larga historia y buen prestigio en la India, donde se conoce como Gaudiya-vaishnava. ¿Hasta cuándo va a seguir siendo considerada una "nueva religión" la Iglesia de Jesucristo de los Santos de los Últimos Días (mormones) si tenemos en cuenta que se fundó hace casi 200 años? De igual forma, grupos escindidos de Iglesias protestantes, como los cuáqueros, los pentecostalistas [véase §17], los Testigos de Jehová o la Iglesia de Unificación (Moon), son considerados NMR. Lo nuevo parece poseer un elemento de ruptura. Incluso el budismo es considerado en Occidente una "nueva" religión, aunque hace ya más de siglo y medio que existen budistas en Occidente, ¡y hace más de veinticinco siglos que existe el budismo en Asia! Un nuevo movimiento es *nuevo* siempre según el contexto.

Hubo un tiempo en que los cristianos no eran más que una pequeña secta, tenida por subversiva y dañina. Más tarde, en su calidad de fe misionera y colonizadora el cristianismo volvió a ser considerado "nuevo" en muchos lugares y épocas. Uno sospecha que los "nuevos movimientos religiosos" son el *resto* que queda una vez se han sustraído los grupos con pedigrí de una sociedad.

Sea como sea, está claro que la proliferación de los NMR en nuestras sociedades conoce un ímpetu extraordinario. Constituye otra de las transformaciones interesantes de la religiosidad contemporánea.

Aunque los clichés dicen que los que van a parar a los nuevos movimientos son los más vulnerables (jóvenes, marginados, personas atravesando momentos críticos), faltos de verdadera capacidad de acción o agencia (cuando no lavados de cerebro), lo cierto es que no puede generalizarse en ningún sentido. No existe un perfil determinado. Y los motivos de afiliación han demostrado ser extraordinariamente variados.

En realidad, la gente suele permanecer en la religión en la que ha nacido. Pueden darse traspasos e hibridaciones, pero el cambio completo y voluntario de identidad religiosa no ha sido muy frecuente en la historia de las religiones. Lo tocamos con las conversiones [véase §22]. En el caso de los nuevos movimientos religiosos, utilizar el concepto de "conversión" es incluso problemático. De entrada, la mayoría no exige una conversión formal. Un seguidor de Osho no tiene que abandonar su vieja identidad religiosa, caso de que la tuviera. Suelen ser los grupos más cerrados teológicamente (mormones, moonies…) los que lo requieren.

Normalmente, quien se adhiere a un nuevo grupo no suele hacerlo por hondas convicciones filosóficas o espirituales. Uno se aproxima a un nuevo movimiento porque ya posee *relaciones* con alguno de sus miembros. Es también muy importante el papel de las emociones. Si el grupo en cuestión otorga plenitud, alegría, armonía, sabiduría, reconocimiento…

Los medios de comunicación y los estamentos políticos muestran una verdadera obsesión por estos movimientos, que suelen catalogar de "sectas". Pero a diferencia de lo que durante algunas décadas manifestaron grupos antisectas y psiquiatras "desprogramadores", los sociólogos creen que muy pocos movimientos religiosos (la Iglesia de Unificación sería una excepción) han empleado técnicas de lavado de cerebro o abiertamente coercitivas. La mayoría de informes que lo insinúan proceden de organizaciones antisectas. Por eso no resultan muy convincentes. Sabemos que muy pocos de los lavados de cerebro conocidos en la historia han sido realmente efectivos. Ni los utilizados en China durante la Revolución Cultural, ni los que emplearon los norcoreanos con prisioneros estadounidenses, ni los métodos de reforma de comportamiento que habitualmente se utilizan en prisiones y sanatorios; casi nada de eso ha dado buenos resultados. Es, pues, altamente improbable que unos neófitos de un incipiente movimiento religioso sean capaces de actuar con la profesionalidad y eficacia que la prensa les atribuye.

Más de un sociólogo ha comparado la persecución a la que están sometidos muchos de estos grupos religiosos a las cazas de brujas de tiempos pasados. El que algunos de estos movimientos hayan sido destructivos, que los ha habido,* oculta que la inmensa mayoría de nuevas religiones que aparecen –y desaparecen– sin cesar por doquier, ni emplean ni secundan la violencia. Y aunque algunos grupos puedan parecernos patéticos, recomiendo el cultivo de un cierto pluralismo intelectual [véase Epílogo].

---

* Aun así, un estudio ponderado muestra las grandes diferencias que existen entre el macabro suicidio colectivo de 900 personas desesperadas en Guyana, la matanza de 70 davidianos en Texas, la eutanasia activa y consciente de 39 miembros de la secta Heaven's Gate en California, o el atentado en el metro de Tokyo ordenado por el líder de Aum Shinrikyo en el que murieron 12 personas. Se trata de fenómenos muy distintos y no tan fácilmente comparables como aparentan.

El ataque a las sectas y a los nuevos movimientos religiosos revela mucho acerca de nuestra sociedad. Estos grupos ofrecen una subcultura paralela, en muchas ocasiones claramente antagónica con los valores de la sociedad de la mayoría. De ahí cierta animosidad mutua. La secta rechaza las normas de la sociedad, de suerte que la sociedad rechaza la secta. En una sociedad tan secularizada como la occidental, estas muestras de compromiso religioso incondicional causan estupefacción y malestar.

No sucede lo mismo con otras formas de adhesión emocional muy potente.

90. La mano de Dios

¿Puede ser el deporte otra forma de religión? En el país en el que vivo existe un verdadero culto al fútbol. Y en Argentina, a donde viajo con frecuencia, las expresiones de devoción y fanatismo son tanto o más elocuentes. La gente se reúne periódicamente en el sacramento colectivo, en la cancha-templo, que incluye cánticos y gestos altamente ritualizados. Cada Iglesia posee sus mitologías, sus símbolos, sus emblemas, su panteón de héroes y gestas épicas; y sus demonios y villanos. Que se lo pregunten a los de River o a los de Boca. Si uno comulga con el Barça no puede ser de la Iglesia del Real Madrid. Y viceversa. Como con las religiones, la política no es ajena al asunto.

Los hinchas hacen verdaderas peregrinaciones para acudir a las finales de copa y coleccionan reliquias sagradas (como remeras firmadas por los jugadores más venerados, réplicas de los trofeos). Muchos forofos encuentran en el fútbol un sentido a su vida y una

identidad grupal –o nacional– sólida. Y hasta pueden hallar la trascendencia catártica (cosa que no sucede con las ideologías o "religiones civiles" [véase §14]) o el éxtasis con la consecución del gol
o el ansiado trofeo. Si no, curioseen en la Iglesia Maradoniana La
Mano de Dios, fundada en Rosario en 1998, con parroquias en distintas ciudades de Argentina, Uruguay y España. Uno no tiene muy
claro si Diego Maradona es considerado Dios, o si es Dios quien
ayuda providencialmente a Maradona a conseguir –con la mano– el
gol en aquellos cuartos de final de la copa del mundo de 1986; un
tanto que acabaría por llevar a Argentina a ganar la final de aquel
campeonato. En cualquier caso, lo divino merodea en el asunto.

Párrafos idénticos podrían escribirse a propósito del béisbol en
Estados Unidos, del cricket en la India o del rugby en Nueva Zelanda.

Quizá sea excesivo hablar de una "religión" del deporte (la liturgia, y la estética, tienen bastante de circo romano y de mitin fas-
cista), pero sin duda es un sustituto, un "equivalente funcional". La
escatología no va más allá de ganar la Champions, la Libertadores
o la Copa del Mundo, pero eso es lo que hoy toca para muchos en
estos tiempos antiutópicos y aplanados.

91. ¿A dónde va la religión?

No hace mucho tiempo se vaticinaba el fin de la religión, la muerte de Dios, la implantación de una sociedad plenamente secularizada. Parecía la inevitable conclusión del Progreso, el sino de la
Modernidad. Pero, contrariamente a lo augurado, hemos comprobado a lo largo de todo el libro –y en este capítulo en particular– que
nuestras sociedades hacen germinar nuevos movimientos religio-

sos, promueven inverosímiles sustitutos de la religión, formas híbridas de religiosidad... incluso se detecta cierto reencantamiento del mundo. Como hemos visto, existen razones para pensar que se está dando una "renovación espiritual" (en un marco ciertamente secularizado y al margen de las religiones históricas), en muchas partes del mundo.

Los contornos y contenidos de las religiones se transforman y se reconfiguran. Siguiendo al antropólogo Lluís Duch destacaría unos cuantos desarrollos quién sabe si irreversibles.

Sin contradecir lo dicho anteriormente, es evidente que existe un declive en la participación en la religión *institucionalizada*. Los ritos de paso (nacimiento, iniciación, matrimonio) cada vez tienen menor intervención clerical y las cifras de asistencia a las iglesias siguen disminuyendo. La religión no desempeña aquel papel social estelar de antaño. Pasa que este fenómeno es casi exclusivamente europeo (tal vez porque las Iglesias europeas se han aliado con demasiada frecuencia con regímenes opresivos), lo que equivale a decir *local*, por mucha influencia que todavía tenga ese continente cultural. No sucede lo mismo con mezquitas, templos hindúes o iglesias pentecostales (incluso en la propia Europa).

La religión está pasando a ser un asunto cada vez más personal, en la línea vaticinada por William James. El *individualismo* de la sociedad moderna queda perfectamente reflejado en la actitud de "religión a la carta" de numerosas personas que picotean de una amplia gama de ideas, creencias, prácticas y actividades que toman de libros, talleres, internet y otras fuentes. Mucha gente ya no hereda una religión, sino que la escoge ¡o la inventa! Pero ojo que eso no indica necesariamente mayor madurez o discernimiento espiritual. Incluso puede que nuestra sociedad moderna sea más crédula y manipulable que antaño. De ahí la abundancia de tanta charlatanería espiritual y demagogia política.

Al mismo tiempo se da un creciente desprestigio de los símbolos religiosos y una pérdida de confianza en las religiones institucionalizadas. Esto tiene que ver tanto con el proceso de *secularización* como con el creciente *pluralismo* de nuestras sociedades. La autoridad de las religiones queda relativizada y, en muchos casos, desacreditada. ¿Cómo puede sobrevivir una institución de autoridad como la Iglesia romana, por ejemplo, en una sociedad democrática, pluralista e igualitarista? Necesita de un lenguaje nuevo para hablar a aquellos que no comparten sus dogmas y no aceptan su hegemonía. Y no lo encuentra. Pero aunque los individuos abandonan las iglesias oficiales, la espiritualidad –por encima de la religiosidad– gana mayor reputación. Y el anhelo por la experiencia de lo sagrado no mengua. Brota en nuevos contextos.

Los grupos religiosos están cada vez más preocupados y centrados en cuestiones de este mundo (y menos en los planos trascendentes). La función *terapéutica* de la espiritualidad sigue presente, aunque normalmente al margen de las instituciones oficiales. De ahí la popularidad de ciertas formas de autoayuda espiritual.

Es muy significativo que en la reconfiguración de las religiones se hayan *invertido* algunas de las constantes sociológicas clásicas: hoy son las ciudades –y no el espacio rural– el "lugar" de las religiones; también se detecta un mismo interés por la religión entre los jóvenes que entre los ancianos, contradiciendo asimismo aquí los patrones sociales del siglo XX; y este interés y participación es más acusado entre las personas con un nivel de estudios elevado.

El proceso de desacralización del mundo iniciado con la Modernidad sigue en marcha, de suerte que el misterio de lo que nos rodea tiende a decrecer. Aunque lo sobrenatural se camufla bajo otras guisas, queda también claro que la ciencia ahora explica muchas de las cosas que antes sorprendían, fascinaban o atemorizaban. Los mitos y dogmas han perdido enteros. Sabemos que el mundo no fue creado en seis días ni reposa sobre ninguna tortuga. Aunque la ciencia se desliza por momentos hacia un nuevo *-ismo* (el cientifismo), con Iglesia militante del racionalismo duro, por lo general tiene mejor capacidad de autocrítica y autocorrección que muchas religiones o ideologías. Quizá este sea el motivo por el cual ideologías como el nacionalismo, el socialismo, el fascismo o el racialismo, que han servido en muchos casos de sustitutos de la religión, conozcan en estos tiempos horas bajas, después de que todas ellas hayan fallado rotundamente. Los otros *-ismos* en alza son –con permiso del deporte o el consumismo– el xenofobismo y el fundamentalismo.

Los flujos migratorios y el despliegue de las nuevas técnicas de comunicación están haciendo de la mayoría de países auténticas sociedades plurirreligiosas, como en nuestro ejemplo londinense [véase §87]. Eso ocasiona conflictos, tensiones y ansiedades. Aunque también constituye el marco para reconfigurar las religiones, promover el diálogo y generar nuevas espiritualidades.

Todas estas tendencias paralelas, algunas en claro antagonismo entre sí, ilustran la enorme complejidad de las sociedades modernas. A medida que el mundo es desacralizado por la visión utilitaria y chata del capitalismo y el cientifismo, tiende a ser reencantado desde otros ángulos y vectores. Además, la rapidez con la que se producen los cambios en la actualidad hace imposible cualquier tipo de pronóstico. Pero de una cosa sí estoy bastante convencido: las personas seguirán experimentando con nuevas y viejas formas de religarse con lo sagrado en los diferentes contextos de la contemporaneidad. Porque *eso* transpira por nuestros poros y nuestras neuronas; y, quién sabe, si también por el aire que nos acaricia.

EPÍLOGO

Fin de viaje

Han sido varias vueltas al mundo repletas de experiencias, guiños y reflexiones. Ojalá hayan disfrutado de la lectura de este libro tanto como yo de su escritura.

Al final, en el aprendizaje anda también lo sagrado. Conocer al "otro"; a las múltiples formas como los "otros" simbolizan o se aproximan a lo sobrehumano, lo trascendente, lo inmanente... nos enriquece, nos reta, nos libera de nuestro pequeño y estrecho círculo; nos enseña, nos transforma. Doy fe.

Sería propio de un Epílogo extraer algún tipo de conclusión. ¿A dónde nos conduce este repaso de tantas tradiciones y aspectos de lo religioso? Pero, como ya avancé en la Introducción, me resisto a construir una nueva teoría, narrativa o gran síntesis del fenómeno religioso. No va con mi talante. Ni con como la Diosa soñó este libro.

Lo que sí puedo aportar es una última reflexión, entre personal y filosófica, a propósito de un viejo y conocido dualismo.

Existe, por un lado, una corriente –que podríamos llamar "universalista", "inclusivista", "esencialista" o "perennialista", aunque estos puntos de vista no son idénticos– que tiende a considerar las religiones como *esencialmente* iguales o fundamentadas en una misma base. Esta es una visión de larga alcurnia en Occidente, donde históricamente han dominado dos tradiciones muy universalistas (cristianismo y cientifismo). Aunque se admite que las religiones puedan expresarse de variadas formas locales, para el "universalista" la esencia o naturaleza de estas sería muy semejante o forzosamente ajustada a determinadas leyes. Algunos dirán que las religiones pueden reducirse a unos *outputs* de nuestro sistema neuroquímico, otros que beben en mayor o menor grado de una Fuente Primordial, y habrá aquellos que aseguren que todas las religiones se sustentan –aun sin que los interesados lo sepan– en una única Iglesia del Altísimo. En resumen: se minimiza la particularidad. Estas son el tipo de grandes generalizaciones o leyes –del agrado de filósofos, teólogos y científicos– en las que he evitado incurrir y recomiendo no incurrir, para el buen entendimiento de las religiones y las culturas. Un diálogo solo puede darse con el reconocimiento del "otro" y su particularidad, no anulándolo y haciendo de él una copia –generalmente imperfecta, para más inri– de uno mismo. Reconozcamos la *hierodiversidad*, la diversidad de lo sagrado, en la atinada expresión de Javier Melloni.

Por otro lado, existe el extremo opuesto –que podríamos llamar "culturalista", "exclusivista", "nativista" o "particularista", aunque estas perspectivas tampoco son equivalentes– que tiende a considerar cada religión o tradición espiritual como un mundo en sí mismo, inconmensurable e irreducible a las demás religiones. Se trata del tipo de conclusiones –más del agrado de antropólogos, clérigos y algunos demagogos– en los que también he evitado incurrir (aunque a veces es saludable repescar, dado que ha sido la corriente minoritaria en Occidente), ya que solo realzan las diferencias y tienden a no dejar espacio a ninguna fusión de horizontes. Yo no pienso que solo los musulmanes puedan entender de verdad el *Corán* o únicamente los budistas puedan apreciar el ideal del *bodhisattva*, como pienso que no solo los europeos pueden maravillarse con los frescos de Giotto o únicamente los afro-americanos puedan interpretar de forma magistral el blues.

Es evidente que hay aspectos de las religiones (mitos, ritos, deidades, filosofías, instituciones…) que se muestran muy recurrentes. Pero me resisto a un universalismo o perennialismo que con frecuencia puede tornarse opresivo (en boca del misionero, de las leyes genéticas universales o del estudioso de mística comparada). Decir que todas las religiones apuntan a lo mismo o se basan en lo mismo es tan banal como decir que todas las músicas se fundamentan en el sonido. Por supuesto. Todas las religiones son –excúsenme– religiones. Por tanto, vamos a hallar innumerables aspectos comunes, muchos de los cuales han sido prestados, exportados, plagiados o impuestos; lo mismo que encontraremos –por seguir con el símil musical– estilos, tonos, melodías, ritmos o instrumentos musicales extraordinariamente diversos. Igual que nuestras capacidades cognitivas no permiten todas las variables musicales posibles, nuestra naturaleza y nuestra cultura solo admiten cierto tipo de religiosidades. Pero dentro de los parámetros que la biología, la cultura y la consciencia nos permiten, el abanico es sorprendentemente amplio. Los universalistas no tienen en cuenta el poder y la capacidad transformadora de la religión, que reconfigura muy poderosamente eso que llamamos naturaleza humana.

Al mismo tiempo, las religiones están en perpetuo diálogo, intercambio e hibridación. Hemos visto muchos ejemplos. Las religiones no son "todos" autocontenidos y aislados. Se imbrican en lo social, lo político, lo económico, lo biológico… de sus múltiples entornos. En tanto fenómenos históricos y sociales, están en perpetuo cambio y transformación. De ahí que tengan mucha mayor flexibilidad y porosidad de la que solemos atribuirles. Los culturalistas pasan de largo sobre aspectos de la religión sospechosamente afines y comunes a muchas de ellas. Hay prácticas rituales, experiencias contemplativas, ideas cosmológicas, arquetipos mitológicos o emociones religiosas sorprendentemente familiares entre religiones de lugares y épocas muy distantes. Y es que… ¿cómo podrían no serlo, tratándose todas ellas de religiones, religiosidades o tradiciones espirituales? Y aún diría más: cuando viajamos al corazón de algunas de ellas, a la experiencia apofática o no-dual, *por fuerza* trascendemos toda diferencia y particularismo.

Mi proposición es que solo con un talante pluralista podremos respetar la diferencia y reconocer la semejanza. Si somos capaces de suscribir *simultáneamente* ambas posiciones, entonces creo que podemos mantener un "justo medio" fructífero y dialógico. No propongo un compromiso ireneico o una reconciliación táctica; mas una *actitud* ante la vida. Una actitud que pasa primero por reconocer la complejidad de lo real y la limitación de nuestra perspectiva. Es la forma más segura de mantener siempre el horizonte abierto.

Algunos llamarán a eso relativismo (una palabra con muchas connotaciones, no siempre positivas). Si por ello se entiende una oposición al absolutismo y al dogmatismo, bienvenido sea entonces. Mi relativismo no es moral, sino epistemológico: el reconocimiento de que nuestro conocimiento es limitado, parcial y relativo.

Les invito a suscribir la tendencia que tiende a ver lo general a la vez que aquella que descubre lo particular. Ambas no son incompatibles desde una perspectiva genuinamente pluralista. Si hasta la física nos habla de pluriversos y multiversos, ¿cómo podemos seguir reduciendo el campo de mira de lo social a un único ángulo o perspectiva? Mi visión concibe simultáneamente una connaturalidad con los demás seres humanos, de cualquier cultura, lo mismo que la particularidad de sus diferencias. En lugar de buscar una síntesis o una unidad trascendente entre lo universal y lo particular, disfruto más saboreando ambos extremos *a la vez*.